湘 学 研 究 丛 书

王 礼 培 辑

易新农 夏和顺 编校

民主与建设出版社

湘学研究丛书总序

·袁行霈·

由中央文史研究馆与全国各地文史研究馆通力合作的文化工程《中国地域文化通览》，在历时六年之后，终于全部完成，陆续出版，这无疑是一件令人振奋的事情。更让我欣喜的是，湖南省文史研究馆在《中国地域文化通览·湖南卷》编撰完成之后，即着手湘学研究，这是对湖南地域文化研究的拓展和深入。因此当"湘学研究丛书"执行主编、湖南省文史研究馆馆员陈书良先生嘱余为丛书作序时，余乐见其成，遂欣然应允。

湘学作为一种极富地域色彩的学术思想，在中国传统学术思想史上有独特的地位，并在历史上对中国的学术思想演变产生了很大的影响。"湘学"的独特品格是儒学地域化的结果。但这一地域化的过程并不是完全被动的，它既有南北的交流与互动，也有东西的冲突与融合。中国传统的学术文化不断对湘学施加影响，湘学也因其自身特质影响了全国的学术发展。其表现最突出的主要是两个时期，一个是南宋的湖湘学派，一个是晚清湖南的经世派。

南宋时期，以胡安国、胡宏父子和张栻为代表的湖湘学派，主张"性本论"和"气本论"，与朱熹的"理本论"和陆象山的"心本论"三足鼎立，朱熹更是深受胡氏父子和张栻的影响。过去我们过多强调张栻接受朱熹的观点，修正师说，而忽视了朱熹所受湖湘学派的影响。实际上，朱熹正是从湖湘学领悟到践履功夫的重要性，并纠正了佛老之弊。刘师培在论朱熹学问的进程时曾指出"考亭早年泛滥于佛老之学，及从延平问道，讲明性情之德皆由发端处施功，乃渐悟佛老之非……乃从南轩于湘南，而治学之方始易以察识为先、以涵养为后，由蹈虚之学加以徵实之功。"（《刘申叔遗书》之"南北理学不同论"，江苏古籍出版社，1997年，551页）这一点随着对南宋思想和社会发展的深入研究，已经越来越成为共识。

至于湘学与晚清学术思潮的转变，最突出的就是湖南理学经世派的强势复兴。陶澍、贺长龄、魏源作为晚清理学经世派的第一批领袖人物，在道光年间积弊丛生的时局中崛起，他们因此而有机会将湘学的经世传统付诸实践，湘学也正是在此时再次兴盛。到了咸同年间，中兴名臣曾国藩借由湘军的壮大不断传播其"以礼调和汉宋"的主张，将"经济"一门与"义理、考据、辞章"并举，将经济藏于义理之中，在乾嘉考据之外，大大提升了理学的地位。他强调时务致用，兼收并蓄，以撮合、化解汉宋之争，成为当时经世学风的主流。但曾国藩的这种努力，基于更多的现实考虑，从学术上来说，并没有解决汉宋之争存在的学理问题，事实上影响了清代理学的发展。同时，在对西学的引进上，湘学的思考习惯和学术精神也影响了时人对中体西用关系的理解。对西方器物、制度、文化的次第引进，在湖南本土产生了激进与保守的严重分歧，它不仅使中国传统学术的发展呈现出复杂的局面，也深刻影响了中国社会发展的方向和进程。关于这些，仍有待更多的研究。

作为传承近千年的地域学术思想，湘学的学术内涵极为丰富，一方面随着历史变迁而不断发展，另一方面却保留着学统上的延续性，形成了一种学术精神传统，深刻地影响了湖南的民风民俗和政治、经济、文化的发展。

因此，开展湘学研究，对湖湘地域学术文化和学术群体深入开掘，具有重要的学术史意义。有关湘学的研究，近年来湖南地区的学者已经取得了不少成果，这种学术自觉充分显现了湖湘学人的自信，也非常契合湘学的旨趣与独立精神。但作为一个学术思想史概念，湘学的历史研究和学理研究仍然很薄弱，还有许多工作要做。湖南省文史研究馆作为政府机构，牵头组织部分学有专长的文史研究馆馆员和一些学术界的朋友共同整理、研究、编写"湘学研究丛书"，显示了他们的学术勇气与社会担当，昭示着湘学研究进入一个新的阶段。最后，我希望这套丛书的出版，能成为各省地域学术研究的参照。

（作者系中央文史馆馆长、北京大学教授）

目　录

辑二　谈艺录

辑三　文录

辑四　题跋及书目

附　录

前　言

一

　　王礼培（1864—1943），字佩初，号南公，晚号潜虚老人，斋名紫荆精舍、扫尘斋等。湖南湘乡人。清末民初藏书家和诗人。清光绪十九年（1893）举人。光绪三十一年（1905）任湘乡中学堂首任监督。民国二十二年至二十六年（1933—1937）任湖南船山学社董事长。著有《湘武述闻》《雨丝集》《小招隐馆后甲子诗编》《小招隐馆谈艺录》等。

　　湖湘文化至罗泽南、曾国藩时代，"异军突起，而自成湘乡派"，正如钱基博在《近百年湖南学风》所言："自来言宋儒程朱之学者，无不拘谨，而罗泽南发之以大勇；为桐城方姚之文者，多失缓懦，而藩矫之以神奇。"曾国藩将文化藉战争之力引至政治、经济等领域，终于引发重大社会变革。曾国藩是湖湘近代文化史上一位集大成者，他的周围聚集了一大批深受湖湘文化熏陶的文人士子，其中就包括王礼培的祖父王勋和叔祖父王鑫。

　　王礼培《湘武述闻初编自序》："天下之大难，湘军者起。以韦布书生，激于义愤，驭田夫牧竖之子，披舆图，揽形势，扼其要害，寇相顾始骇畏。时论以天下不可一日无湖南，湖南不可一日无湘乡。"洪秀全率众在广西金田村起事后，太平军于咸丰二年（1852）五月入湖南，破道州、郴州，王鑫即上书知县朱孙诒举办团练保境。而他与罗泽南试办团练，时间更早。王礼培称："先世二公，始募老湘营，事在道光二十九年。曾侍郎咸丰二年十二月，奉朝命以钦差督办团练，练水师于衡阳，相去且三年。"令他骄傲的是，他的祖父、叔祖父举办团练要早于曾国藩奉朝命督办团练三年。

王礼培叔祖父王鑫（1825—1857），字璞山，清道光二十八年（1848）以府试前茅入泮，受知于长沙知府恽光宸，旋补县学生员。当时湘乡县学使为广东番禺人梁同新。梁同新之子梁庆桂曾撰《番禺梁氏两世传状》，其中有言："梁同新为湖南学政……在楚南所取士如罗忠节公泽南、王壮武公鑫，皆为当代伟人。"是年归同县罗泽南门下，研究经学，并与罗氏同时创办团练。

咸丰三年（1853）正月，王鑫被巡抚张亮基檄调拱卫省城，属团练协办大臣曾国藩统管。七月，带病去桂东、安仁、衡山等地平定各地土寇。咸丰四年（1854）曾国藩出师东征，王鑫受命前驱，此后三四年，他率老湘营在湖南境内及广东、广西与湖南交界处扫荡各地土寇及太平军徒党，经年累月行军作战，遂以荡平湖南境内群寇。咸丰七年（1857）三月，王鑫受命出兵江西，率老湘营三千人，数月间，大捷十二次。击杀太平军将领沈之悦、卢友三，斩杀平东王何胜权，大败杨辅清。王鑫老湘营以其勇猛凶悍，人称"王老虎"，太平军传言"出队莫逢王老虎"。

咸丰七年（1857）七月，王鑫已染热疾，但仍带病率军作战。八月，王鑫感热疾殁于军，时年仅33岁。王鑫死后，清廷赠布政使衔，晋封荣禄大夫、谥壮武。王鑫等招募的老湘营日后成为湘军中坚，南京光复后，曾国藩遣散大部分湘军，老湘营仍得以保存，左宗棠收复新疆，用的就是王鑫旧部。

王礼培祖父王勋，字人树，谱名开伟，于湘军首创居功至伟。早在其弟王鑫征剿郴、桂等地土寇之时，王勋即开始为其增募并训练湘勇。后率军转战赣、粤、桂等地，随曾国藩支援浙江，办理营务，后以病假归，数年后卒。王勋以其功绩补用道（湖北），加布政使衔，赏戴花翎，诰封三代。

王礼培的父亲王诗白，字少青，承父业从军从政。官陕西补用道，加盐运使衔，二品顶戴，诰封二代，诰授资政大夫。他曾追随左宗棠平定同治陕甘回变，因功赏戴花翎，后随同刘锦棠征战新疆，在攻占古牧地坚巢，收复迪化（乌鲁木齐）等城中立下战功，光绪二年（1876）八月初一，左宗棠奏疏为请加二品顶戴。《清德宗皇帝实录》光绪二年亦有载：道员王诗白着赏给二品顶戴，并赏给三代正二品封典。

王礼培生于清同治三年（1864）农历十二月初一，那一年正是太平天国战争硝烟熄灭之时。他是在中兴名将的家族荣耀和耕读之家的书香氛围中长大的，王氏世居湘乡后峰石碛上大宅那时正处于鼎盛时期。王礼培从祖上继承的，更多的是宝贵的精神财富。他直到晚年仍以祖辈的功业为荣，这是他编撰《湘武述闻》，撰述《刘襄勤公事实》的精神动力。出生在这样文化涵养深厚的湘乡石碛上，王礼培自然成为湘乡文化以至湖湘文化的承传者，他本人也代表着湘乡文化的高峰。

二

王礼培十岁时，随祖父居住长沙又一村，开始求学生涯。1933年，他七十岁时重寓又一村，曾作诗感叹："老骥嘶风未要渠，短筇安步当牛车。酒潮浮颊心无系，诗债倾囊意有馀。"

王礼培曾就读长沙思贤讲舍和致远楼，思贤讲舍始创于湘籍著名思想家郭嵩焘。郭嵩焘是清廷首任驻英公使，被称为"睁开眼睛看世界"的第一人，极重视教育的感化与创建功能，其境界即使在清末洋务派中也是拔尖的。郭氏及思贤讲舍经世致用的教育思想对王礼培的一生有着重要影响。

光绪十九年（1893），王礼培参加癸巳恩科湖南乡试，中式第二十七名。此后，他曾数次进京会试，直至光绪二十九年（1903）癸卯补行辛丑（"借闱"开封河南贡院，是为最末一届科举考试），终归名落孙山。王礼培对科举的态度是矛盾的：一方面，他难违母命，要承续传统的取仕之路；另一方面，他又"颇厌苦时文"，更喜欢随心所欲地吟诗读书。科举从客观上造就了王礼培，乡试中举奠定了其藏书治学的基础，进京会试、参与乙未年公车上书，扩大了其认知世界及搜书赋诗的视野。即使在民国，旧时功名对官场、学界甚至商界人士仍至关重要，伦明在《辛亥以来藏书纪事诗》中误以王礼培为光绪癸卯进士，后人以讹传讹即是例证。

光绪三十一年（1905），清廷废除科举考试，倡办新式学堂。王礼培于1905年前后出任湘乡中学堂第一任监督，其间与近代民主革命家禹之谟交往密切，受其影响秘密加入了华兴会，并进而卷入由陈天华之死引发的湖南学潮与继之而起的湘乡抗捐风潮。是年6月30日（农历五月初九），禹之谟、王礼培率领学生至县衙门请愿，要求追回被贪污的食盐附加学捐、惩办贪污犯。在交涉中激于义愤，有学生砸烂了县衙的"明镜高悬"匾额。8月10日，禹之谟被捕，后被绞杀于靖州东门。王礼培被迫逃往汉口，并由汉口乘船至上海，再从上海东渡日本，开始为期数年的留学生涯。

辛亥革命后，王礼培于1912年曾在湖南省铜元局任职，但不到半年即辞去此职。他曾与亲友数人赴城隍庙起誓，不入仕途，不担任任何官职，其诗有云："逐须埋名小招隐"，"引退江湖祇独吟"，"书痴诗瘦吾何似，荣辱随人话两般"。

王礼培退隐江湖后，希望走出一条实业救国的道路。他东渡日本期间，曾目睹日人通过实业振兴国家的景象，于是回国不久即投入到开矿的事业中，成为湖南最早的实业家之一。王礼培毕竟是一介书生，他虽有自知之明，退出了尔虞我诈的官场，而商场同样不是净土，亦非他能纵横驰骋之地。如此坚持二十余年，结果还是归于失败，最终落得以书易米的境地。

三

太平天国战争与湘军的崛起对近代湖湘文化至关重要。因主要战场在江南一带，那里是中国经济、文化最发达地区，战争的结果，湘军从江南掠得大量财富，还把大量的图书、文物运回湖南；同时，众多湖南名将成为各地地方官吏甚至成为封疆大吏，湖南的政治地位大不同于从前，其文化也跟着上了档次。

清代中叶以来，湖南藏书名家辈出，安化陶澍、道州何子贞、湘潭袁漱六、巴陵方功惠、衡阳常大淳、常德赵慎畛、宁乡刘康、长沙叶德辉等享誉全国，而民国以降，知名度最高者当属叶德辉。其实王礼培当时是与叶德辉齐名的藏书家，杨钧称"叶、王藏至富，故版本之考究，为吾湘冠。两君之版本，已不让人"，王礼培似乎对自己的收藏更为自负，他曾作《小招隐馆谈艺录》序自谓："余家颇富古籍，亦既遍观，而尽识之，爰囊括而成兹篇"。又云："余搜书四十余年，视莪翁三十年精力所聚，未许让也。"其《宋元版留真谱》题跋则称："余家所收宋元版，积四十馀年之力，得宋椠二十馀种，元椠及明初本不下百馀种，残缺者十居四五，以今日视之，皆拱璧也。"

　　王礼培藏书得益于家族传统和湖湘文化新的构成方式。湘乡王氏为诗礼之家，祖上数代致力于科举，其遗存的典籍为王礼培收藏之始。湘籍藏书名家渐次败落，其散出者大大充实了王礼培紫荆精舍庋架。湘潭袁芳瑛卧雪楼藏书从苏州运回长沙，堆置五间楼房，袁氏后人积年不问。这些珍贵典籍大部分为李盛铎购得，王礼培与曾纪纲、叶德辉、缪荃孙等人也"分得一藏"，包括《篆竹堂稿》《云林先生续集》《林泉高致》等，均为明初刻本，且多为孤本。善化贺瑷为贺熙龄之子、贺长龄之侄，其啸楼藏书曾名动海内，王礼培从啸楼所得包括《节庵存稿》《广陵先生文集》《耕学斋诗集》《梅花先生遗墨》《夹漈遗稿》等数十部。

　　当然，王礼培藏书中更大部分来自他数十年孜孜以求的北上搜书。晚清以后，北京、上海仍是全国文化中心，王礼培于光绪二十年（1894）进京会试开始，即对琉璃厂、隆福寺产生浓厚兴趣，此后至 20 世纪 30 年代初，他几乎每年都要北上，而且每次滞留达数月甚至半年之久，其赋诗曰："异书时一获，外物更何求？"王礼培对书籍的迷恋已经到了忘我的境地。

　　王礼培是学者型藏书家，购书、藏书的目的是读书、校书。其另一斋名为"扫尘斋"，取"校书如扫尘"之义。王氏所藏多数典籍均经其手自校雠，如现藏于武汉大学图书馆的明万历年间朱谋玮刻《水经注笺》四十卷，即经过其认真校雠，被当代郦学专家陈桥驿称为《水经注》八大版本之一。王礼培在《夷白斋稿》题跋中说"书经抄写，非校则等于无"，足可见其治学之认真。

　　王礼培由藏书而成为版本目录学家，他曾在湖南船山学社发表学术演讲，题目即为《版本目录之学》。王氏与张元济、孙毓修等上海收藏、出版界人士多有交往，张元济与其言版本目录之学，赞其"甚深邃"，商务印书馆选编《四部丛刊》，王礼培曾应邀参与谋划。

　　湘乡王氏家族至王礼培时已渐趋中落，加之矿业经营不善，王礼培长期靠变卖祖上有限遗产，以外出搜求书籍，更致其有入不敷出之感。叶德辉赠王礼培诗中，有"买痴日见田将鬻，负债时常逼岁除"即可为证。

　　大约在 1927 年，王氏将其部分收藏编成《复壁书目》，希望将这部分典籍整体出售，以资家用。据当时权威人士审定，《复壁书目》所录书籍，多系海内未刊孤本，所抄写者笔墨精妙，复经海内收藏名家鉴别，印、跋多出乾嘉以来各藏书家及当时名手，较叶德辉观古堂藏书，殆尤过之（时叶氏所藏精华部分已散失）。傅熊湘等湘中士绅闻迅敦促湖南省政府出资将王氏藏书购下，以便藏于湖南省图书馆，不使其出省，惜终未果。这部分藏书的一部分被另一湖南人易培基购得，藏于上海江湾寓所。1931年淞沪一二八抗战，易氏江湾寓所惨遭兵燹，王礼培旧藏也大都付之祝融，实在令人扼腕。

所幸天不丧斯文，王礼培当年珍藏仍不少存留于国内的湖南图书馆、国家图书馆、北京大学图书馆、上海图书馆以及台湾傅斯年图书馆、国立中央图书馆，流出海外的则存于美国国会图书馆、哈佛燕京图书馆、普林斯顿大学葛思德东方图书馆等处。其中北京大学所藏宋刻残本《淮海集》等则为遗世孤本。

四

思贤讲舍与船山学社代表了湖湘文化的近代转型，王礼培与两者都有着密不可分的联系。

光绪二年（1876），湘人为纪念曾国藩，在长沙小吴门正街建成曾文正公祠，由曾氏生前挚友，曾任广东巡抚和驻英公使的郭嵩焘主持其事，郭氏并利用曾祠的一部分建成思贤讲舍，用来传道授业。讲舍取名思贤，有崇拜王船山之意，也有景仰曾国藩之情。王礼培是思贤讲舍早期的学子，他曾在此聆听王先谦等湘中大儒讲学。

郭嵩焘去世后，思贤讲舍既定学风尽失，办学逐渐萎缩。民国以后，刘人熙在思贤讲舍旧址内开办船山学社，是为近代湖南重要的学术团体。

郭嵩焘与曾国藩都以张扬船山之学为己任，郭氏又特在思贤讲舍内设船山祠。王夫之是湖湘文化中兴以前的重要人物，被称为湖湘文化的精神源头，王礼培当然也对其崇敬有加，屡有诗作赞颂王船山，有句云："艰贞船山翁，挺立天人希"。他又在《后五君咏》中将王夫之置于顾亭林、孙夏峰、李二曲、黄梨洲五君之首，其诗题曰："五君者盖明代逸遗之士，毅然任继往开来之责，辨人禽区界之所从，斯可谓独立不惧，遁世无闷者欤！有清一代，汉宋学派皆由此出。景仰攀附，慨然咏叹。"他力赞王夫之，并以承传船山思想精神自勉："大道久沦夷，六经谁贯穿。天遣公不死，留与开生面……强为注群经，弱管穿铁砚。遗书百万言，言言厌藻绚。天不丧斯文，后死其敢倦。"明亡后王夫之曾避难湘乡，游涟水泮重石，与欧洪等人有联吟："水底月如天上月，梦中身是故乡身。"王礼培以此事为自豪，并赋诗曰："梦中身世换沧桑，披发还应叫大荒。飞角行边无可着，碧流黄石两茫茫。"

但对思贤讲舍更名船山学社一事，王礼培却有自己的看法。他在《小招隐馆后甲子诗编》中写道："船山先生盖继濂溪周子，而为南方之学者，湘阴郭侍郎筠仙建思贤讲舍，以祀先生而授徒焉。国变后乘时窃位之鄙夫，竟借口先生严夷夏之辨，猥曰吾为种族革命而出……彼方欲以改名船山学社，聚徒讲学，淆乱观听，识者已窥其用心与侍郎异，与先生更异。"王礼培对思贤讲舍及郭嵩焘先贤有着很深的感情，他不忍见有人借革命之机否定既有之文化传统。

但是船山学社已成不可更改之事实。1933 年 10 月，刚刚结束不断外出搜书访学生涯而定居省城长沙的王礼培被补为船山学社董事，不久即当选副董事长，继而代理董事长，次年正式当选董事长。王礼培登上船山学社学术舞台，一方面是他本人不计前嫌，另一方面说明他的学术水平和个性修养受到湘中士绅的普遍首肯。

船山学社为近代湖南思想文化重镇，在其逾半个世纪的历史中，湖南重要的文化名人、思想大家都与它有着密切的关系，甚至从保守到激进的各种思潮都在这里有过激烈交锋。船山学社以"研究船山学说，发扬民族精神，倡明国学，扶翊风教"为宗旨，尽管后来有人批评船山学社为军阀何键推行尊孔复古政策、巩固其政治地盘的工具，但船山学社却自称"绝对不含何种政治意味，不作任何方面之工具。除遵守船山先师遗教外，不立何项派别，力排一切门户私见。"客观地说，船山学社基本做到了这一点，行辕及兵营占据学社屋舍事件足可说明。

1936 年 6 月，蒋介石行辕移驻长沙，船山学社顾全大局，将中山东路紧邻曾公祠的学社屋舍全部让出。但两个月后，委座行辕移驻广州，船山学社仍被军队占据。船山学社同仁不卑不亢，据理力争，他们于几个月内，多次与长沙绥靖公署、湖南省军事应接处、广州行辕总务处等机构联系交涉，甚至两次致电南京宪兵总司令谷正伦，三次致电驻跸广州的军事委员会委员长蒋介石本人。

王礼培主政船山学社 4 年时间（1933—1937），是学社历史上最为辉煌的时期。只可惜，船山学社的辉煌和王礼培的学术舞台，结束于 1938 年 11 月 8 日的"文夕大火"。

五

当年求学长沙，治举子之业，王礼培在同窗中是以诗才闻名的。徐崇立晚年为《复壁书目》题跋，谓："佩初当年裘马翩翩，游冶平康，有《两丝集》之作。"《两丝集》或为《雨丝集》之误。叶德辉赠王礼培诗中，也有"年少清才赋雨丝，诗人未老变书痴"之句，两人对王礼培的诗才持同样肯定的态度。

王礼培早期诗作《雨丝集》，今已不存。王礼培乡试朱卷的个人履历中，记有《紫荆精舍诗文钞》五卷，亦不存，是否含《雨丝集》，亦不可考。王礼培早年曾参加过碧湖诗社。碧湖诗社由王闿运为社长，刘善泽为副社长，常雅集于碧浪湖、开福寺等地。

写诗与藏书、校书一样，是王礼培一生的事业，未尝间断。1937 年（丁丑）4 月，王礼培编成《小招隐馆后甲子诗编》，他在自序中称："所为诗文稿草如积，未有定本。先是儿子传经请付刊印，匆匆不及编就，而传经逝于沪滨。比岁传麟复亟请之，仅成《谈艺录》四卷，六十以后十年之诗未经散乱，遂订为《后甲子诗编》十卷，排印于金陵，自馀诗文别著，亦姑俟之。"

《小招隐馆后甲子诗编》刊行于兵荒马乱的年代，估计印数不多，存世更少。上世纪 40 年代初，尚且年幼的新农居住石磡上时，看见《谈艺录》和《后甲子诗编》的印刷纸版也堆放在王礼培的书库里。估计纸版也与王氏的大多数藏书一同毁于兵燹。

所幸，《小招隐馆谈艺录》和《小招隐馆后甲子诗编》仍可零星见于公私收藏。上世纪 80 年代，易新夏曾委托湖南图书馆将馆藏的这两部书复印装订，虽然不是宣纸线装，但仍可见两书原貌。

王礼培诗作以七言、五言为多，师承宋人，用典殊夥。诗编全文刻印，仅所附陈三立题跋为陈氏手迹，亦可见王礼培重视程度。陈氏题跋作于甲戌（1934）年，全文如下："奥邃精严，志深而味隐，能收拾涪翁坠绪，益自振拔，蔚成气象者，廓寥天壤，此为照影独步矣。甲戌夏四月，散原老人陈三立读毕题记于旧都，年八十有二。"

1943 年 4 月 7 日（农历三月初三），王礼培病逝于故居石磡上，享年 80 岁。其子王君谦、孙王公绶等人为他操办了隆重的葬礼，为期三天。前来吊唁者络绎不绝，石磡上大堂及左右横堂都挂满了挽联，其中一幅写道："摇笔动星辰，看虎将三代哲嗣；拨云起风雨，哭龙城一代诗人。"龙城为湘乡旧称，这幅挽联对仗工整，气魄宏大，很准确地概括了王礼培的出身及生平。

近代以来，湖南人文鼎盛，湖湘文化蔚为气象。如果认真分析，就会发现近代湖湘文化是一个多元复杂的综合体。它是保守的，又是激进的；它是传统的，又是现代的；它时而内敛深沉，时而锋芒毕露，时而惠风和畅，时而浊浪排空；它可以反革命挽救一个世界，又可以革命砸烂一个世界。岳麓书院濂溪祠有一联曰："吾道南来，原是濂溪一脉；大江东去，无非湘水余波。"可视其为对大气磅礴的近代湖湘文化概述。

王礼培是近代湖湘文化中的典型个体。他不仅是藏书家、版本目录学家，也是教育家、诗人和文化活动家。他早年曾出任湘乡中学堂第一任监督，晚年返故里石磡上居住，还曾协管乡中土桥学校，可谓自始至终热心教育事业。王礼培生性淡泊宁静，不攀援附会，不曲学阿世，他生于中兴名将之家，早年奔波于科举路途，虽然历经鼎革沧桑，他的内心深处更多聚集了传统文化的因子。王礼培是更为接近湖湘文化本真内核的典型范本。不论作为藏书家，还是诗人及诗论、文论家，王礼培在近代湖湘文化史上的重要性均不言而喻。

六

近代中国内乱外患频仍，文运处百六阳九之会，各类典籍迭遭损毁散失，湮没于历史尘埃之中，实为可悲可痛。王礼培所有著述，除少数刊登于 20 世纪 30 年代的《船山学报》，印数极少的《小招隐馆后甲子诗编》《小招隐馆谈艺录》外，其他诗文著述如《雨丝集》《紫荆精舍诗文钞》《读经日记钞》《孟子小笺》《湘武述闻》《水经注钩元》《文纪纂》《文苑英华补纂》等，均已散失。

20 世纪 80 年代，《船山学报》重新刊载《小招隐馆谈艺录》（前三卷），由当代学者陈书良、熊治祁标点注释，其编者按语曰：

"王氏此书立论精当，真正做到了他自诩的'不曲说以徇己，不凭虎以骋辩'，稳健中透出新奇，尖锐处不失偏颇。兼之骈散相间，文辞华美，读之觉珠玑照眼，情趣盎然。"当代学者蒋寅在论及唐代文学家独孤及、论述诗的"意境"概念时曾引用王礼培《谈艺录》有关论说，对王礼培诗论、文论表示关注。相信随着时间的推移，王礼培诗作及其诗论、文论、题跋会受到学界更为广泛的重视。

湖南省文史馆成立湘学研究中心，以整理出版近代湘籍著名学者著述、光大湘学为使命。我们在撰写《近代藏书家王礼培》时，已着手搜集、整理王礼培诗文著述，承陈书良教授美意，将其列入湘学研究丛书出版计划，在此谨表衷心谢忱！

王礼培诗文及题跋中，有不少手写体、俗体、古体字，借助于《康熙字典》等辞书，仍有少数不能辨识者，曾得中山大学古文字学专家陈斯鹏先生相助。本书大部分诗文，承李红女士协助键入电脑；易新伟、张千红多次至湖南图书馆抄写、影相王礼培有关资料；易丹缨、易丹轩也在编辑过程中助力不少。对以上诸位，在此一并表示谢意！

本书分为四辑：一、诗歌，二、谈艺录，三、文录，四、题跋。我们在编校过程中，除少量注释外，仅作标点、分段处理，同时对原文误刻之处给予校正。为方便读者阅读，将原著中的繁体、异体字全部改为现行简化字。由于编校者学识有限，书中错误在所难免，还望读者方家匡我不逮。

易新农　夏和顺
2015 年 6 月

辑一　诗歌

　　王礼培少有诗名，徐崇立为《复璧书目》题跋称："佩初当年裘马翩翩，游冶平康，有《两丝集》之作。"叶德辉赠王礼培诗中，也有"年少清才赋雨丝，诗人未老变书痴"之句。《两丝集》或为《雨丝集》之误，遗憾的是，此集今已不存。

　　王礼培诗，仅存其六十岁以后作品。1937 年（丁丑）4 月，王礼培编成《小招隐馆后甲子诗编》，他在自序中称："所为诗文稿草如积，未有定本。先是儿子传经请付刊印，忽忽不及编就，而传经逝于沪滨。比岁传麟复亟请之，仅成《谈艺录》四卷，六十以后十年之诗未经散乱，遂订为《后甲子诗编》十卷，排印于金陵，自馀诗文别著，亦姑俟之。"《小招隐馆后甲子诗编》刊行于兵荒马乱的年代，存世极少。今根据湖南图书馆藏本全部经校正迻录于此。是编前附有陈三立题跋手迹："奥邃精严，志深而味隐，能收拾涪翁坠绪，益自振拔，蔚成气象者，廓寥天壤，此为照影独步矣。甲戌夏四月，散原老人陈三立读毕题记于旧都，年八十有二。"

　　《后甲子诗编》之后，王礼培仍有所作，零星刊载于《船山学报》。今亦据《船山学报》，全部收录于此，凡十题三十二首，是为"集外诗"。

小招隐馆后甲子诗编刊辞

　　余生之岁，当有清同治三年甲子，今年七十又四矣！所为诗文稿草如积，未有定本。先是儿子传经请付刊印，忽忽不及编，而传经逝于沪滨。比岁传麟复亟请之，仅成《谈艺录》四卷，六十以后十年之诗未经散乱，遂订为《后甲子诗编》十卷，排印于金陵。自余诗文别著亦姑俟之。丁丑四月潜虚老人佩初氏题记。

小招隐馆后甲子诗编卷一甲子

岳阳观湖作一首有序

　　昔马氏据有湖南，远交高季兴以为屏蔽，遂安然称雄南服。处今日角逐扰攘之会，上联粤桂，下瞰江汉，尤为跋马中原者所有事。安在地狭不足以回旋如汉藩定王云云也。东门卖卜人尝酒酤为余谈往事因赋。

　　江声归浩渺，湖水供吞吐。东汇纳群污，配天仰神禹。我来已春暮，连宵坐濛雨。君山远盈盈，烟鬟惨无语。泪痕点斑竹，黄陵叫杜宇。苍梧碧云合，南巡遂终古。自昔阻声教，僻陋比邾莒。炎德暖地脉，文明格干羽。风会浸千年，盛泽若吹煦。南服亦雄图，豪杰想开府。长沙四战地，设险此门户。马殷颇恢豁，远交蹝全楚。堂堂文忠公，谋鄂固吾圉。胡为坏藩篱，恣人记风土。筋力走江湖，徘徊耻建树。柳丝拂征衫，芳草薰南浦。城乌上风旗，细儿寄心膂。达官日咄嗟，随事效媚妩。东门卖卜人，阅世如酌湑。投老荒江滨，酒酤倾肺腑。西南指阵云，精采犹奋武。壮猷托盐车，拔剑方起舞。风急浪花高，大舶械楼艣。白日吼蛟龙，出没势腾怒。朝宗赴海门，百怪不敢侣。沉水起湘累，投赋反骚语。志士重忧乐，澄虑观废举。凭栏天外思，日月邃如许。旅怀足悲诧，莅事更龃龉。斜阳下城礜，湖光散洲渚。淹留复淹留，苍茫见修阻。辗转摇归心，暮钟送凄苦。

　　光绪中叶道员张鸿顺画界筑墙，阻城陵矶租借商埠。

访陈诒重①天津租市，为述其大父少保公甲午戊守辽东战事，诒重晚岁著书自遣，至足尚也。赋赠一首。

我初发湘源，冲程犯风雾。涉江采木末，微意托骚赋。不见弄珠人，已失荆门树。麦陇青以黄，村农相劳苦。山洞黑无风，行旅事恐怖。倏忽一线天，黄流狎杯渡。默坐想精悍，冲烟屡回顾。亦有古道客，牛车当安步。梦不到京华，老犹守坟墓。缚虎栖枯禅，不效螳螂捕。甲午客津门，近畿严招募。湘军论宿将，逊抗称都护。精卒五千人，扼守辽东路。孤愤气横秋，前席犹借箸。公车遂弃繻，随营学无惧。长德宏卵翼，从客悭所遇。飞梦三十年，市朝已非故。眼中改旌旗，道旁泣老妪。四朝盛勋伐，君自免垢圬。柳塘葺荷屋，照影写真素。傲然义熙人，耻作新莽附。西崦访桑麻，东坞种薯芋。溪毛数漾洄，花光弄轻姹。低头诵经史，刿心鄙章句。余时方读礼，山堂敦古度。长筵讼诸儒，一廛列四部。仰屋称南面，肃若陈大璐。君颇患一瓻，令人伤肺腑。别离复几何，风轮不堪驻。鲸波翻地轴，铜盘泣秋露。婆娑类居夷，推襟惜去住。春明续梦余，虞卿表新著。相顾雪盈颠，此事终须付。金石有时泐，柔肠几回互。

罗振玉②国变后东浮日本，甲子四月始于津门一晤，出所证殷墟古文奇字，惜不与乾嘉考订家商榷一堂，余方谋南还，留诗志别。

浓绿成幕天无暑，燕游草草投逆旅。黄尘扑面初识君，各有千秋付缃纻。自从白日沉虞渊，群盗如毛废春田。故宫瓦铄骄厮养，原野膏血啄乌鸢。罂粟作花颜色好，穷檐鼃面骨瘝瘝。海翻岳震神鬼泣，猛如急雨西风颠。有鸟啁啾指东渡，缥缈仙山认归路。白头异国返南冠，孝孺誓伴孝陵墓。朽龟留篆启殷墟，磊落宁作虫鱼注。明窗剔刮寄古思，恐遂凌夷为此惧。人言当哭有悲歌，废书泼墨当奈何。径须埋名小招隐，岁晚期与君同科。

---

① 陈诒重（1871—1929）名毅，字诒重，又称诒重以字行。室名郇庐。湖南湘乡人。清湘军将领陈湜之孙。光绪三十年（1904）进士登第，授刑部郎中，后官至邮传部主事，京师大学堂提调。1913 年溥伟密谋复辟，陈诒重起草"檄文"，史称"癸丑复辟"。1917 年张勋复辟时，曾授邮传部右侍郎。

② 罗振玉（1866—1940），字叔蕴、叔言，号雪堂、永丰乡人，晚号贞松老人、松翁。浙江上虞人。农学家、教育家、目录学家、校勘学家、古文字学家，"甲骨四堂"之一。一生著作达 189 种，校刊书籍 642 种。

郭河阳松溪泛棹图为郭詷伯[①]题，用东坡《郭熙〈秋山平远〉》诗韵，时同客天津。

红尘涨天帘幕闲，遥岸沙痕没春山。开轩读画花阴午，恍如坐我潇湘间。何人落墨寄荒远，叠嶂烟峦清溪晚。桥边孤艇接飞泉，驴背夕阳望绝巘。我从羁旅误星霜，君似秋雁忆衡阳。联吟追逐苏黄韵，至今草木借辉光。摩挲缣素销永日，阅历沧桑搔短发。飞梦归棹展画图，却证新诗买泉石。

詷伯招游俄国租市公园同赋

九衢车马万云屯，便脱飞埃寄此园。尽有夷雏供笑语，竟非吾土话烦冤。诗如野鹤秋空唳，风过白杨日暮喧。欲拍洪崖话桑海，解衣磅礴已忘言。

日本租市闻湘乱又作

墙角清阴不满株，盆池新绿上菖蒲。帝阍虎豹方狞恶，故国蛟螭正啸呼。何日卜居离混浊，到今无地说江湖。问天枉自设天对，曷不悲歌伴酒徒。

五日读《楚辞》即题卷端

竟体芬芳一卷随，海门无处荐江蓠。鸩谋鬼睇身前事，莫遣蛟龙到五丝。

甲午辽东之役余客天津，甲子重来，则壮而衰衰而老矣，得诗四首。

野馆浓花及夏初，拦街新绿正愁予。白头想见江南好，草长莺飞恣所如。

高文飞檄两蹉跎，碧血青燐一刹罗。三十年余重到此，梦魂犹自说防倭。

---

① 郭宗熙（1878—1934），字侗伯，湖南长沙人。清末进士，历任翰林院庶吉士，长沙府中学堂监督，奉天森林学堂监督，吉林提学使，教育司司长，吉长道尹，兼长春交涉员。1916年至1919年任吉林省长。后任中东铁路督办，国立京师图书馆馆长，伪满洲帝国尚书府第一任大臣。

带水拖泥笑老僧，壮心寂寞对残灯。天宁尽有黄荠菜，漫向窗前拨冻蝇。

高邱望海荡烦思，正到榴花照眼时。见说故乡兵又动，南云吹断意难支。

题杨升庵①《七十行戍稿》
凤嬉亭子谪仙才，七十今朝行戍回。犹对江花揩病眼，黎涡清浅酒频催。《升庵集》初刻为《闳览斋类函》，《七十行戍稿》其一种也，归途始发云："乌蒙瘴雾昏眸久，想对江花眼倍明。"又有"好醉樽前掌上身"之句，则胡澹庵谪回不忘黎涡之一念矣，滇人为筑凤嬉亭以居升庵。

北行火车驶至良乡站出轨，腾涌斜轧挂于支线，跋疐震荡竟脱奇险，惊魂既定，作诗二首。
中原鸿雁已无家，大地风轮亦可嗟。覆辙相寻弈势换，蚁旋磨转送生涯。

到处巉崖笑此生，奔车应识覆舟情。风波更在江湖外，谁信周原似砥平。韩非子"奔车之上无仲尼，覆舟之下无伯夷"。

福佑寺与杨子澄②夜话湘将遗事
齿豁头童数中兴，破廊月下意腾腾。岂知龙象销沉夜，闲煞趺跏一老僧。

壬戌携敏君访杨子澄于福佑寺，葡萄初熟。甲子六月重游，作诗寄敏君湘中。
青子圆圆缀露光，柔条攀折思何长。重来满架清阴地，忆否分甘为尔忙。

---

① 杨慎（1488—1559），字用修，号升庵，明代文学家。四川新都人，祖籍庐陵。正德六年状元，官翰林院修撰，豫修武宗实录。因议朝政受廷杖，谪戍云南。后人辑有《升庵集》。
② 杨子澄，湘乡团防局局长，生平不详。

题瑶华道人①画

炉香公退小神仙，想见梁王全盛年。不似赵家芳草恨，春阴泼墨写云烟。

北海子荷花二首

污泥雪藕佳人腕，北地燕支初日花。开遍故宫魂欲堕，和烟和露任欹斜。

阴房鬼火乱秋萤，坏壁蛛丝暗画屏。花雾茫茫香似海，露凉人在水心亭。

什刹海闻蝉二首

饮露餐风高树巅，托身清冷意如仙。故乡应在夕阳外，为报秋声入旧年。

软红尘外天开境，西陆声中客未归。芳草王孙频驻马，晚风吹上旧朝衣。

废帝欲售内廷古物，奸商多窃天禄官书，事有同慨。

梁殿鸿门文武尽，铜仙金鞭智愚哀。武宣事业东京梦，窃国窃钩祇鸩媒。

訚伯藏宋人大集略备，余为审定椠本，编成小册。贻余黄玉印材，林吉人②旧物也，酬答其意。

肺腑倾前事，溪山指后期。喜贻黄玉印，贪读宋人诗。堆案书成阵，筹边鬓有丝。草风沙雨外，覆鹿到今知。

子澄寓福佑寺，每日必过访，憩南长街石桥望宫树郁葱曰："此

---

① 爱新觉罗·弘旿（1743－1811），清朝宗室、画家。字卓亭，号恕斋，一号醉迂，别号瑶华道人，又号一如居士。康熙皇帝爱新觉罗·玄烨孙。

② 林佶（1660—1720），字吉人，号鹿原，福建侯官人，林侗之弟。清初藏书家。

麋鹿地也"。有诗。

沟水秋犹渌，宫槐晚更黄。长街南北路，分手鬓毛星。莽莽伤心地，劳劳送客亭。洛城相见后，慎莫话飘零。刘梦得诗："海北天南零落尽，两人相见洛阳城。"

王船山先生画像二首

匡岳犹编集，观生且作居。匡岳有《岳余集》，剪发令下，营观生居土窟，有《惜余鬓赋》，邵阳曾廉刻之。不成收宝邸，毋乃混沮洳。郑天虞收宝邸，先生往依。桂岭天如墨，船山石起予。瞿式耜守桂林，就行人司职。朽龟谁与卜，骚怨在遗书。"龟于朽后随人卜"，先生自题像赞语。

南学开生面，荒山剩老儒。先生言："六经由我开生面"。德衰歌凤凰，菀集耻乌乌。余鬓心犹壮，危冠貌甚癯。谁知夷夏辨，异代起奸谀。辛亥国变若谭郭者不足置论，乃有自署都督；藉口先生夷夏之辨以自盖覆，改思贤讲舍为船山学社者，湘潭罗正钧补辑先生年谱，撰《辛亥殉节录》。有人取两书送之，始惭惧去职，亦已晚矣。

五月三十日淫雨至七月三日，永定河连决，东南六七省同时稽天巨浸，群小兆阴，目击心怵而作是诗。

阴生九地遽漫天，儿戏搏沙自圣颠。竟欲飞霜冤似海，从知溢井雨如泉。赵女南山空有豆，蜀王精魄化成鹃。三尸队里鸿门唢，吾意乘鸾叩大千。

濡轮曳尾尚何之，雨替风凌是此时。世外金丹能换骨，峡中神女本凝脂。六经糟粕诸儒守，三馆精英海客知。北渚新愁南浦恨，有人清泪湿江蓠。

驻颜无术夜何长，吹笛乞灵事已荒。东渡神山风自引，西归只履佛偏忙。虫沙猿鹤装成幻，人鬼蛟龙铸不祥。安得此身消槁木，魂随飞雨去堂堂。

为霖为雨润枯枝，孔庙煤山两树奇。鲁国无鸠何用唤，隍中得鹿本来痴。白华可废经无字，天问难凭楚有辞。墙角酸风助凄紧，恐随秋影入灯帏。

城南游艺园漫赋

觉来蝴蝶梦纷纭，总会仙倡赋旧闻。出《西京赋》。电闪光余催短景，南柯战罢策奇勋。风回路转迷花径，月驶云移误使君。欲折青条无可赠，素波清泪迸横汾。

秋疾

巡檐悄无欢，坠叶纷可拾。簟凉疏茗椀，向夕秋气袭。头眩身如寄，思烦心已縶。驿楼叫风雁，落英护寒蝶。矫首极西山，颓龄正煎急。皇皇京华道，平头年六十。黍离宫阙高，残照表孤塔。铃声变市朝，马力摧城闸。畴昔游侠窟，今看鸟乌集。悲歌混屠沽，结交鲜齐隰。惊飚摇鬓发，清露早可浥。莎虫趋女工，物化交相及。虚馆弄丹铅，修绠待滋汲。画壁图十洲，指马喻辟翕。排闷亲天人，卧游开画牒。心光佛前灯，众生秋萤熠。吾欲赋思玄，河清俟历劫。张衡《思玄赋》："俟河之清只怀忧"。

病久不愈再赋二首

槐影窗前碎，虫声秋后忙。夕飚吹惨淡，霏雨裹空茫。肺热摇残梦，衾单护早凉。炉香余篆字，一一浸书床。

多事西来意，人间甲子忙。茶功晨浩荡，药力夜微茫。灯烬更声定，楼高雁影凉。休粮清不寐，白月下匡床。

吕晚村[①]墓

尺布裹头归未了，道旁三尺指孤坟。质亡集散遗逸尽，耐可庵荒姓字存。朱篆藏书留毁迹，白衣异世想河汾。吾衰梦寞畴昔夜，争得人间记此冤。晚村诗："醒便行吟埋亦可，无惭尺布裹头归。"其收吴孟举诗云："吾质已亡矣"，因命名《质亡集》。耐可庵则先生避征聘所居。余藏正德刊《陈后山诗注》有吕晚村藏书朱文印，或涂垩吕晚村三字，或火烂吕字

---

① 吕留良（1629—1683），字庄生，又字用晦，号晚村，浙江崇德人。具有反清复明思想，拒不就征辟，遁迹吴兴妙山，筑风雨庵著书、讲学。其死后49年，受湖南儒生曾静反清一案牵连，被雍正钦定为"大逆"，惨遭开棺戮尸，家属、亲戚、门人无一幸免。

中画，乾隆禁书之严如此。

读湘绮先生《圆明园词》

唱罢宫中行乐词，上林乌鹊已无枝。仓皇海水飞腾日，惨淡神州醉梦时。玉树庭花罗绮恨，苍梧黄竹帝王思。鼎湖龙去相如病，一例埃尘陌上吹。

检亡友杨煦林遗诗

故山归卧故山知，刻意删除半格诗。荒舍月明孤犊影，鲍家清唱使人思。君诗有："荒舍月明犊影寒"之句，友人潘仲乔谓其有鬼气。

晴川阁

江气秋兼雨，凉云断复连。狎鸥闲弄水，孤艇去如烟。辞赋芳洲晚，勋名晋代传。独谣无与和，哀怨入风弦。

登黄鹤楼，时浙江苏州混战，鄂中频有调发。

楼外江山战虎豹，楼中玉笛弄参差。汉南移柳看憔悴，荆国呼鹰有怨嗟。独雁叫云隔湘浦，扁舟冲雨阻天涯。徂年秋气来无限，壁上春痕尚有蜗。

答陈士展韵二首

昔在中兴日，先臣副盛名。两家矜战伐，异代想精神。筋力吾真老，文章气未平。江西诗派在，青眼到诸甥。洪驹父、徐师川皆山谷之甥。

晚雨生衣悭，新凉灯火亲。怀哉秋有信，已矣国无人。灰烬前朝事，人天现在身。暮钟催月上，初息六街尘。

八月十五日晓起，候车正阳门，残月在林凄然有忆。

病后维摩带眼知，征尘初动独行时。透帘斜月侵团扇，待晓轻云吐乱丝。飞梦天涯绕归路，泥愁秋影入新词。哀蝉落叶长安道，澉滟盈襟不自持。

题华秋岳①画鹭鸶

夕风吹雨荡秋思，水阔天低云四垂。生计白头栖不定，暮江寒影一丝丝。

京厂载书将归漫题

泱漭南云断，淹留栗枣秋。异书时一获，外物更何求。后死天将丧，余生我欲愁。夜窗刊潓漫，车马正如流。

路旁石兽

朱门草没别成春，雨打风欺有暗尘。真见市儿骑作马，倔强无语意如嗔。

---

① 华秋岳（1682—1756），福建临汀人，工诗善画。

小招隐馆后甲子诗编卷二 乙丑

东郊

竹树萧疏带远村，云岚晴日护柴门。春农闲话西畴事，稍杂归巢晚雀喧。

叶某军借冬防名，以一师之众屯驻乡城，预征田赋十五万。余家以除夕迫于追逋，为之废飧，人日晴霁，惊魂稍定，拈笔成诗。

凭仗春王讯，冬防许退军。风回衣带水，山涌兽形云。吉语哀情迸，黄童白叟纷。儿时竹马事，灯火闹榆枌。

题梅公写竹

褐裘乌帽陈居士，寂寞秋窗拥被时。画竹围棋浮耒水，鲍家高咏几人知。梅公《浮耒水诗》："大半画竹与围棋"。

读《道藏》

盈颠点鬓雪侵侵，二百签疑问道林。小品经书闲读罢，草玄堂外有龙吟。殷浩①读《小品经》，以二百签疑问支道林②。

许伯尊六十初度和韵二首

漫逐京尘亦自雄，广筵沉醉信天翁。径山朱草看呈秀，姹女丹砂似养蒙。春入酒痕颜未老，诗成灯晕意无穷。当年矮屋频摩垒，黑白赢亏一梦中。

---

① 殷浩（303—356），字渊源。东晋陈郡长平（今河南西华）人，善谈玄学理论。
② 支道林（314—366），名遁。陈留（今河南开封）人，东晋高僧。擅佛学，亦精通老庄之说。

瘴乡蛊蜮射清波，吏隐官贪且代耕。早有文移消犷戾，本无渣滓照虚明。两家兄弟承先德，三世交亲托旧盟。松菊未荒吾自辨，升沉应不问君平。

去年夏客都门，淫雨四十日有诗，今年苦雨再赋。

连雾天疑坠，扶衰意不欢。晨光鸦翅湿，午梦芥舟宽。踝没车犹碾，楂浮路有湍。隔年吟苦雨，虚馆夜重看。

和詗伯夜雨不寐，用荆公《独卧有怀》诗韵。

海气上层楼，虫声楼外静。飞雨搅心魂，淅沥动清听。新凉趁徂年，物化息争竞。鸣琴不可理，酒冷灯分暝。

和詗伯书斋蛙声

弃官据专城，睥睨观四部。荒池少人过，鸣蛙近秋雨。纬络响空林，虚织勤无补。苇间怒两目，向谁道甘苦。气贯荒江月，幻作虹蜺吐。聒聒金井栏，肺热今小愈。

题秋江琵琶小景

弦定江空月在沙，不胜清怨寂无哗。寒潮初落灯频闪，夜半机声有几家。

和詗伯夜坐

禾黍离离风露秋，孤心真拟托虚舟。高官君自轻三已，微笑吾何爱一牛。断雁叫云天北顾，枯桑飘雨海西流。婆娑风月窥鸿宝，微觉刚亡有舌柔。

秋暑渐歇游北海子用旧韵

三朝白塔表青螺，涉水寻秋泳素波。凉入新蝉浩风露，雨昏曲磴冒烟萝。佛楼夜半栖残月，辇路人稀响败荷。渐动故乡云外梦，扁舟麦饭饷渔歌。

和詗伯书斋寄怀韵

客散空庭日又曛，翛然寂照灭知闻。风前敧枕心无系，酒后论诗气不群。别院笙歌么鼓闹，书堂秋影短檠分。高鸿寥廓长安道，未许羁怀盼社枌。

北海子观盂兰盆，用谲伯诗韵。

阳焰空花照水滨，市儿呼走喜逢辰。散斋兰若招新鬼，乞祭墦间餍比邻。泪滴铜驼百六运，梦回蝴蝶亿千身。暮歌如哭秋郊道，不尽飞埃没路人。

七月十五日北海子所见二首

念珠滑泽气如春，禳厌新装善女人。金像尘封龙象冷，松枝西向已无灵。

履綦裙裾天如水，辇路宸题梦有痕。头白乌啼人去后，延秋门外一招魂。

作客

老犹作客三尸祟，懒不观书万户侯。习习生风吟陆羽，蓬蓬欹枕梦庄周。烧丹炼汞仙家事，走马呼鹰肉食谋。墙角蜂房探物理，真王端拱护金瓯。

穷年

白饭青蒭付马奴，饮河鼹鼠未憨愚。穷年一榻身如寄，半偈千峰意自孤。采药但医悬壁口，探奇莫拟睡龙珠。烟升月上清岩谷，闲倚山藤共憔癯。《汉书》注三辅：谓忧愁面瘦曰"憔冥"。

客有属题孔老释迦像者

苦李薄衰周，柱下寄悲悯。扶老一青牛，函关迹未返。黄面老瞿云，特挺人天眼。西方证无生，难等鸡虫混。东家有一丘，纷不辨枯菀。围匡试弦歌，心与物舒卷。怀哉舞雩风，喟然春服晚。造物岂其徒，人嗤丧家狗。九流鲜制裁，器器骋言辩。十里螳蛄声，吾自甘澳涩。玩象析爻辞，穷年守韦简。气屈刘师服，舌挢目空眰。闻道殊大惑，井蛙恣窥管。不读东鲁书，西来意讵展。虚堂夜气清，庭草排深浅。生意动一般，酒红上微暖。万物各得时，天道常与善。

题高尚书①画

风流谁似房山老，颠倒倪迂画里诗。踏遍钱塘江上路，尽收云水入支颐。

箧中旧有日本拍影，时光绪三十一年，题记用日本历，今旧历已不见人间矣。偶题。

汉腊周官事杳然，月圆月缺不知年。张骞枉自乘槎去，多恐荒唐误散仙。

观昭仁殿所藏《欧阳文忠公集古录》草书墨迹

秋蛇春蚓墨花飞，争得人间见古微。投老寄怀清颖尾，玉堂天上滞公归。欧公尝言：追思玉堂如在天上。

钱南园②侍御草书侍御曾劾何珅

映日墨锋笔有神，鲁公三表动奸人。千秋更有南园在，白首狂歌托后尘。

尘箧检得亡儿传书遗墨

平生短札数行墨，今日荒丘三尺坟。何事聪明斲肝肾，暮山重叠灭知闻。

老马

瘦骨清标倚战袍，嘶风喷玉见旋毛。曾经横阵轻生死，沙岸夕阳拜谢翱。

---

① 高景（1608—1681），字似斗，直隶省保定府新安县（今河北省安新县），官至清朝刑部尚书、工部尚书，进士出身。

② 钱沣（1740—1795），字东注，号南园，云南昆明人。乾隆二十六年（1761）进士，授检讨，官至御史。擅书画，著有《南园集》。

效作一首。

波光层叠卷青旗，飞雨西滕饱坼龟。衔尾哑哑无锡道，掉头一一宋人诗。两三星火明还灭，百八钟声疾又迟。遥夜荒机相倚答，贫家缫得几绚丝。杨大年晚年头自掉，人谓吟诗所致。

水村

苦竹参天晓雾雾，沙头凫雁自为群。虫声暂歇荷风浅，陂北陂南闹水云。

双蕅古樨图为高循道题

花药琴樽地，栖迟任化机。晴江醅酿酒，凉月薜萝衣。红袖催檀板，黄金脱马鞯。草堂劫后梦，惭愧采芝薇。

平台赋骤雨

赤乌湿翅商羊舞，连朝海气作飞雨。南云吹断北云昏，波光明灭收渔罟。有客长啸呼天风，招手欲障百川东。人物风流浪淘去，指点贝阙与珠宫。雷公劈山群龙走，失匕自足惊儿童。聚散一邱乱苍狗，觥船清浅酒如空。角声乌乌天漠漠，凉入新蝉解重缚。万方昏垫盼舒苏，海上虚传不死药。但愿一粟藏世界，莫化归时苏耽鹤。

沪滨在昔承平时，有顾家园林，广可千亩，今为法国租地，溽暑与伯秋①憩息，觉半淞黄浦诸园境狭人稠，伶伎市儿浩浩憧憧未堪伯仲也。

掌样平场划水滨，岸花无数似藏春。崛然深翠降炎午，冪锁轻云罩软尘。块漭市声摇柳浪，空明眼力照青苹。妬他占住残山水，客主年来认未真。

---

① 王伯秋（1883—1944），字纯焘，湖南湘乡人。早年就读杭州武备学堂，后留学日本早稻田大学，参加同盟会，再留学美国哈佛大学。与孙中山二女儿孙婉结婚，生有一男一女。王伯秋回国后任国立东南大学政治经济科主任，后曾任立法委员、军事委员会委员南昌行营秘书、长乐县长等职。

倦知老人①索和除夕用庸庵韵

穷阴不辨酒中天，称得先生号乐全。晓雨湿鸦开画牒，长鲸吹海带腥涎。编年自理丛残稿，随例分量厌胜钱。谁是慢藏谁海盗，青毡一榻已多年。邻居新移富室盗误劫掠，庸庵有诗慰问。

雪臣王叟述东陵盗发之惨有诗和答

搬息春温梦吉祥，闲阶草色护书堂。眼花如雾玄相借，人影当帘月自忙。残暑俶装灯火近，新凉着叶夜声长。苍颜秀骨前朝士，泣向冬青证海桑。

球场

鞍马行游地，红妆度晓莺。流星千步迥，脱手一丸轻。草长描新碧，天垂丽午晴。当年汴泗地，歌舞忆升平。

秋日半淞园作

平分庭柳下凉飔，水底云奔天影移。横海屯船秋惨淡，倚栏吹笛意栖迟。忘机驯鹤随孤杖，施食跳鳞闹一池。逐客幸不趋手板，暂来磐石坐枯棋。

暑退一蝉落窗棍，长鸣似诉，作诗代答。

蝉声似故乡，客思判吴楚。断续借风檐，相知余与汝。有如劳者歌，顾我曷宁处。又若壮士吟，烦急表艰阻。露下天气高，空腹贮清苦。本无不平鸣，讵有恩怨语。众生竞五欲，逆风持火炬。蚁穴梦王侯，蜗角营钩距。肮脏耻咿嚘，终焉两龃龉。我生千迕遭，岁月了无补。文翰焰绿发，精悍罩俦侣。说经起废疾，论史严借许。高会据胡床，海甸分缟纻。履迹傥知津，境过迷处所。海枯石可烂，心酸齿或齼。打包望云水，骇浪莽州渚。长啸登吹台，金风急碪杵。恨满意不传，空江诵鹦鹉。秋税迫程期，生事供刀俎。辕驹信局促，

---

① 余肇康（1854—1930），字尧衢，号敏斋、倦知老人，湖南长沙人。光绪十二年（1886）进士。曾任署湖北荆州府知府、汉阳府知府、武昌府知府、山东按察使、江西按察使、粤汉铁路湘路总理。著有《敏斋诗存》等，另有日记十七卷四百万言，现藏湖南图书馆。

黄鹄善冲举。物化柳书虫，农隙家盈黍。归及橘州晚，园茗犹堪煮。

江南重话李茹真①

急劫倾襟到酒边，故人颜面尚依然。江声浩浩摇孤月，秋影荒荒拼十年。王气销沉民气壮，前陵风雨后陵烟。南朝金粉浑如梦，虚对楸枰忆谢玄。

古井在清凉山寺后圊

寺僧不识前朝事，瞥井无波想丽人。梁殿佛灯明暗里，鼠仙飞过白如银。

儿子麟出徐州战图，云是毛炳文②赴敌之图，为题一首。

想像楸枰势，当时胜算操。阵云横黯淡，阴雨出腥臊。废垒余京观，空村似石壕。胶东犹扰攘，珍重吕虔刀。

九日茹真出孙郑斋诗史阁第五图卷属题

岁在戊辰逢九九，策蹇孝陵寻旧友。侧身街吏杖儿扶，秋旱荒荒面尘垢。敲门灯暗声咿嚘，诗史阁中诗在手。海内题者第五图，云是前朝一诗叟。五代干戈文字厄，此诗此史今敝帚。玉堂风月偦与论，高歌神鬼期不朽。礼教今同死天囚，东家还见丧家狗。白发苍松晚岁心，篱菊无花瓮无酒。霜清邮亭款夜语，社友飘零台城柳。故乡群盗喷腥涎，西望甚嚣尘涨天。展图拍手招苏仙，鸾凤长啸振山颠。

茹真游宦江南，国变后结庐黄山置秫田以居，有黄山采芝图卷属题。

李侯牧民阔斧锧，摘奸徒木秋鹰疾。壮年积薪百僚底，论事侃侃略无匹。奔轮光景小拍肩，浩荡志业殊难必。三间虚就詹尹卜，

---

① 李岳衡，一名侠伯，字茹真，湖南湘潭人，生卒年不详。宣统二年（1910）曾任泰州知州。精于书法，以小楷见长，擘窠大字尤著。

② 毛炳文（1891—1970）湖南湘乡人，国民革命军陆军第八师师长。1928年春，毛炳文奉命率部向济南前进，4月29日，克复济南。日军挑衅，杀我军民，是为济南五三惨案。

子真肯混监门卒。人言一姓不再兴，往事金陵吾能述。吴宫花草疑云雨，南朝寺殿荒基礩。妖氛窃据号天国，阅六十年犹昨日。秋深螯蟹持左手，且尽杯杓笑蚌鹬。刘郚百计人所指，计然七策我无一。三老董公遮汉王，秘口坚牢莫把笔。高词君自赋雌雄，挽强吾犹矜句律。极望乡国雁翅回，夕风恻恻吹觱篥。不踏村落踏朝市，颠倒尘霾走短褐。露零寒桂香入云，怀袖分金贡么橘。楚臣惜誓思悲翁，岁晏空惭华与实。安得与君归谋二顷秫，荷锸入山采芝术。

久滞海滨，游西人哈同花园，觉秋气摇落怵人怀抱，因忆昔年同焕彬赋诗酬韵，谓余"凉生西国树，心折北山移"二句，可以歌泣。宿草墓木之恸，再见此诗矣。

从绿疑无地，朱栏草不侵。冷盱秋月魂，静契岫云心。海石迷龟伏，竿灯表鹤阴。留题借光景，闲梦一追寻。南雁窥黄落，西蝉咽绿边。长云行似马，归思急如弦。惨淡人千里，咄嗟壁九年。高邱有骚怨，谁与寄重泉。

租市游观之地，傍大世界改造落成，观百戏二首。

高馆张灯夜，笙歌破寂寥。吴音调绿鸟，胡舞拂红绡。笼鹤终难举，圈狮遂不骄。啼妆与笑靥，城阙一相招。

蔓草零清露，高枝湿晓蝉。青云头髻拥，明月耳珰悬。东海黄公技，西京汉殿年。水流车马散，空巷斗婵娟。

晚雨

晚雨横江去，冥鸿倚塞归。楚骚南北岸，湘怨芰荷衣。吹海波如阵，嵌云日不晖。一瓯试风露，短梦入幽微。秭归县有南北岸，屈原女媭之所居。

黄浦滩公园

草浅秋如剪，滩横夜自陈。密疏弄凉月，突兀见长身。狎浪冲孤艇，留云占小春。听风复听水，何事问前津。

客中送人归蜀

去去非吾土，栖栖愧汝贤。蜀江曲似线，峡水急如弦。风惨秋方壮，山移海未填。天囚谋解脱，虎食亦神仙。杜诗"蜀江如线针如水"。

枕上闻角

清角连孤戍，寒砧响近邻。残书如旧友，高枕当游仙。身世风遭水，江城雨送年。危栏度车马，通夕自喧阗。

夜景

大鱼窜浪江潭黑，细水穿沙岸柳黄。满鬓秋光灰万事，夜阑风软听鸣根。

题太白画像

谢朓青山有梦思，澄江如练酒如池。神仙何事人间住，闻说蓬莱税紫芝。

夜楼

夜楼无语意腾腾，老境折腰谢不能。白傅近传新乐府，韩公虚对短檠灯。忍饥欲死长身士，习静结跏有发僧。危涕无从聊自献，飞息吾意问鲲鹏。

逢李经畬①有所慰解

高梧风雨送凄其，挽袖黄尘迫此时。蝴蝶梦中吾丧我，南山诗里豆为其。欲超世界疑无地，已印楞伽浪皱眉。瘦尽声音今尚在，暮年心事大江知。

甘氏园林

石径欹斜风暮吹，流年暑退已如期。秋山平远郭熙画，初月婵娟小杜诗。闲煮春芽跳白雨，稍修斋鼓奏青词。云泉一角君毋误，此是乾坤藕孔丝。

---

① 李经畬（1858—1935），字伯雄，号新吾、惺吾，斋名退思堂。李瀚章长子，光绪庚寅恩科（1890）进士，改翰林院庶吉士，授职编修，历任翰林院撰文、侍讲，实录观提调，兵部武选司员外郎。

题石溪画报恩寺图

承平金碧谁能说，画里笔端尚可寻。深巷锻声围柳浪，荒庵幢影落松阴。掉头不肯人间住，行脚何曾世故侵。我是苏仙重到此，髡残毛发意难禁。石师至京师住报恩寺，王石谷踵门请谒，袖佳纸求画，师便作报恩寺图，石谷叹为天人，非学所能攻，石师有髡残白秃残道者诸画印。

题画红梅

看花倚醉卧袁安，长护丹心照岁寒。作意未春先有晕，红云飞泛海漫漫。

寄梁大①庐山小天池隐居二首

踮蜷桂树试花艰，云涌熏炉自往还。买酒过溪活得计，稍妨戒律下庐山。

鸟唤花惊倦眼开，翠屏丹嶂隐楼台。天绅潇洒松涛混，知是云隈是水隈。

飞蚊

飞蚊一一绕篝灯，凉雨乘秋夜气腾。清啸援箛楼外断，虚堂闲著看云僧。

柂楼

柂楼舒啸气如云，斗柄摇江波浪沄。此夕袁宏高咏罢，风流犹忆谢将军。

拥床吟十首

拥床书帙混茶铛，向壁灯花秋夜长。强韵未成翻墨渖，待营新句补残章。

上雨旁风客梦孤，文狸睒笑换吴歈。昂藏昔日金闺彦，岁晚刚

---

① 梁大，梁辟园。

肠得健无。

天上白榆丹桂老，湖边青箬绿蓑闲。算来奇福都无分，勃窣嫛姗走峡山。

冲雨冲尘心事违，读书今悔辨妃豨。老年筋力供馋饱，回忆呼鹰雪打围。

霜飔吹空万窍号，朱弦枯木让萧萧。愁媒睡思含糊夜，待晓钟如奏舜韶。

生死交情问翟公，虞卿何事怨途穷。纵横权术原无主，痴绝韩非一辩雄。

旁行斜上新文字，花眼枯肠老孝廉。卧病刘桢漳浦外，夜阑清饿肺生炎。

市儿得饼市儿痴，胡服夷言子自知。我便牧羊通帝籍，金华白石落鞭笞。

金刚句大谁能识？消得佛家最胜儿。一触即焦般若火，众生贪爱把降旗。

虱悬蚁斗心为役，知见香熏灯影沉。岩桂蹎蜷招隐士，故山风月夜堂深。

金息侯[1]贻书言：热河故宫文溯阁四库全书议开馆印行，且拟续新补旧。搜罗既难，审择匪易，视乾隆全盛时，殆有人才乏绝之叹。却寄一首。

---

[1]　金梁（1878—1962），号息侯，又号小肃，晚号瓜圃老人，杭县（今杭州）人，寄居北京。满洲正白旗瓜尔佳氏。金梁工书法，擅诗赋，富收藏，著述甚伙，曾任《清史稿》校刊总阅。

旷野行吟虎兕诗，文坛册府感离披。湿薪伴客鸣春蚓，煴酒吹炉露伏龟。中垒校书空想像，幼安去国尚犹夷。乾隆事业丁全盛，岩壁搜求未易期。

郭绰莹挽诗

去矣泉台路，看云忆仲翔。平生多历落，纵迹杳湖湘。芳草秋无际，夕阳晚更黄。楚臣饶古怨，骚注恐难详。君注《楚辞》颇攻王逸，其稿尚存门人任楷南处。

偎火

偎火活红相伴住，形容变尽识霜颠。鹳声豪健海门去，邻笛凄清夜雨悬。碧眼窥人金发炫，短衣蔽骭市儿儇。药炉丹鼎长生事，肯让枯筇换马鞯。

小桥

小桥落日收渔网，松影夹堤璎珞垂。暑退园林凉石骨，月生洲渚冷诗脾。荒塍晚稻收余颗，野铎归牛响短篱。入耳寒螀声断续，为谁行乐为谁悲？

投老

投老归与扫钓矶，此身犹梦马衔鞿。晚逢名画开青眼，秋到东篱待白衣。陆氏钞方勤细事，兴公作赋悟前非。稳知身健诗应瘦，饭颗山头饱蕨薇。

续《春陵行》

昔元漫郎伤天宝兵乱，作《春陵行》。自丁卯戊辰之间，湘粤接壤兵匪混杂，余甚哀夫民生之日蹙也，依韵继作以实其事。

好生无等伦，维天实所司。道州昔丧乱，漫叟抒愤悲。我续春陵行，我病民癃疲。少壮填沟壑，宁计衰与羸。妇孺横刀俎，宁论骨与皮。官兵如云屯，调发一何迟。戮孕而刳孕，逃威欲何之。竿索溅血肉，掷扑更踢追。呼号期一死，寸磔死无期。前者糜毒痡，后者鱼贯随。有亩掘其膝，有产倾其资。邻诗叹苌楚，沃若乐无知。农既误陈相，民亦靡孑遗。奈何扑鞭猛，一一背仁慈。贼去兵如栉，民胡以生为。违道干民誉，颠危仗谁持。县官坐堂皇，谓云礼亦宜。正供逾十倍，铁案山不移。寅年征卯粮，杂税无休时。日有时而蚀，月有时而亏。吾欲探天理，盈虚视此辞。

瓶梅

雨洗梅梢奇绝处，北窗孤月影如如。羊裘煴火觉春近，山馆编诗照岁除。持钵诸村曾乞食，传灯一榻尚留书。夜阑鹤梦栖禅静，三嗅临风最起予。

落叶

落叶依根还粪本，一身千恨岁逢兵。稳知老境扶犁手，不当春风出谷莺。煮药雨声侵短梦，吹窗灯影翳残更。披衣推户人何世，七字诗成白发生。

海滨忽闻左寿人扶病过此，访之则已归湘阴，遥寄二首。

寒菹粝饭殊不恶，要试平生铁石心。远岸云横孤鹤唳，近湖天廓一龙吟。江蓠泛雨秋无限，岩桂留人岁已深。我欲因风托微意，梦中归路恐难寻。

秋来多病悭诗句，山翠湖光荡眼空。新制荷衣伴卒岁，旧栽松柏吹暮风。养心习静九年壁，遵渚冥飞万里鸿。老矣济南经术尽，右文稽古说乾隆。

残月

青冥风露下人间，待晓修眉不解颜。断雁长云天路迥，倚秋心事一班班。

东岭

东岭倾残月，林深夜有霜。虫潜声伴砌，萤度影侵床。笔退诗心瘦，魂清石骨凉。六窗尘翳尽，秋梦不飞扬。

古意四首效山谷

风力渐欺飞宋鹊，南湖霜月浸虚帏。九歌何事沉湘苦，水底蛟龙未餍饥。

临川欲渡谁当语，风起扬波意惨凄。筑室水中荷作盖，夕阳秋影在吾西。

合浦吹来落叶多，孤云茕独水纹波。剪江归阵声如扫，夜半寥天飞鹳鹅。

毒蛊含沙溪水立，老鸮吹火涧光寒。黄金铸泪酸风射，薜荔空墙惨不欢。

曩游日本东京，寓居靖国神社之九段坂，伯秋日夕来谈，二十年间踪迹都异，戊辰避兵沪滨，相见疑梦，赠诗以证后会。

神社羁臣老，频频误马缰。沉沦熏卯酒，豪健据胡床。穷海非吾土，冲年厄闰杨。桑榆收得否，家国两难详。是岁逢闰。

心在王伯秋为余拍影

堂堂心在万缘虚，脱壳风蝉悟有初。秋入重阳诗律健，雁来汾水故交疏。当筵谁抚桓伊笛，拊缶真惭杨恽书。落叶辞柯胎息转，一般生意浸畦蔬。

读姚广孝[①]《逃虚子集》

佛灯明暗照袈裟，为读阴符一念差。觉范参寥诗句子，任人评取话龙蛇。觉范诗境静而不定，朱元晦讥其不足比于参寥，晚年果还俗。

赠日者

虞翻骨相青蝇吊，注易参玄信所天。何事北来席未暖，白衣虚滞杀龙川。

---

① 姚广孝（1335—1418），长洲（今江苏苏州）人。元至正十二年（1352）出家为僧，法名道衍，字斯道，自号逃虚子。明成祖朱棣自燕王时代起的谋士、靖难之役主要策划者。

清凉山暮归

湿萤下秋竹，思妇倚砧杵。道逢寒色月，似伴幽人语。枯荻摇
鬓发，哀鸿集沙渚。柔橹短作程，冲烟望孤屿。远心延断云，平生
怅俦侣。旋风吹马足，碧燐熠坏户。新鬼依故鬼，啾啾答微雨。王
气阒钟阜，秦灰辨黑土。铁锁沉江底，遗钗出荒圃。盛衰各有时，
统如听曙鼓。

山村隐居图，高尚书为仇仁近画，仁近不能买山而栖，尚书为作图以居之。

世间底处伤迫窄，高士无宅亦有宅。未闻巢由买山栖，横占烟
云强数尺。窈然篱落秋香冷，暑退林空露寒碧。涧水松涛有声画，
谁与作者拟仙客。提壶沽酒劝归休，窗前落叶鸣策策。日昔牧羊下
烟岭，风吹草低见白石。

雷天鸣能以符水起人沉锢，传经患目瞍果验。昔东坡赠眼医诗似偈似赞，游戏斯文偶效一首。

金色臂轮回天手，杨枝一拂捷如寻。慈风广被普昭王，大石毒
蛇纷却走。孤月翳云刮金篦，银海无波舒带纽。丹鼎药炉几时合，
上池符水凝天酒。乖龙夜叩真人前，肘后奇方龙宫守。张湛示我澄
内观，祇园佛影现左右。藕丝织像法猛能，蚍虱车轮试击搰。一念
静洗千劫忙，神与天游朒南斗。老眼昏瞀更逢君，四座如春气如云。
结交湖海数异迹，犹有楚才张吾军。

观象台作

扶老逃醉乡，酩酊适清净。暇日上荒台，身轻我无病。昏花眼
力微，尘尾摇长柄。行星度蝟毛，人事看水镜。京房与甘石，前史
著神圣。我不习天官，安能辨七政。仰观信蒙昧，讵云示戒儆。矫
首愤舐天，跌足落眢井。海溢平陆漫，吹万烈风劲。失枝乱栖鸦，
听声伤新郑。飞梦五百年，与民期惠庆。

客有作《沧桑集》者偶拈其韵

一墩晓日上扶桑，万事还生脚底忙。已辨浮云幻苍狗，更从急

溜下瞿唐。迷阳处处伤吾足，醇酒年年老是乡。三百枯棋酣战罢，与君都已悟兴亡。

题金阳山人画马一匹
瘦骨铜声带刺花，拂云汗血走青蛇。画师已向风尘老，牵过长楸试一檛。

匡床四首
不系舟边住，天风尽日吹。目光新觳觫，脚力短筇支。大洞森经律，玄关守蓍龟。山花开落后，诗瘦一春知。

鸟下春归院，逃禅一老翁。好山吟不尽，觅句我无功。有梦吞羲画，无书结子公。身心浑了澈，趺坐气千虹。

早逐桑榆暖，今来松菊荒。作书误空咄，问梦析膏肓。嘲解草玄寂，人怜歌凤狂。河车分夜课，略不犯锋铓。

岩桂婆娑绿，山梅惨淡香。猿啼霜夜苦，幢坏石栏荒。万窍清魂梦，一灯照海桑。重帏关锁密，搬息拥匡床。

牿鼻
牿鼻穿牛马，谈天笑鷃鹏。鬓雕心尚在，脉绝力难胜。凉雨凄相续，孤蓬暮自腾。乱离诗百韵，何事气填膺。

邑治涟水所经有洲横其前，长可半里，土人谓之孤洲，景物空明足可幽栖，少时游泳老始题诗。
晴昊诸峰献，霜飔策策鸣。倚栏吟水调，摘叶写山铭。树影明波立，沙痕见蛤行。渔舟拏苇岸，真借白鸥盟。

访道士罗太和不遇
穷年松粒镇长饥，黄叶空山履迹稀。闻说过溪骑一虎，月寒霜重去如飞。

旧宅

前年淫雨浮山绿，空堂凫鸭掠波浴。书城不浸三版余，高墉周垣风泻烛。归来妻孥述苦辛，毋乃天公湿薪束。双鬓蓬蓬面菜色，高门潭潭踏赤足。日往月来猛织梭，安能俯视从人欲。我疑天上差足乐，仙人告我以刺促。九关虎豹不可详，兜率未胜一椽屋。紫芝清稅有期会，下界艳说膺图箓。去年群盗乱如麻，绕屋扶疏斤斧劚。古柏璎珞佛无言，翠缕丝丝泪珠续。石龛长年度劫灰，朱鸟临春叫云木。陇亩禾生无东西，荒农释耒吞声哭。浩浩憧憧过年年，杀人如草食人肉。我室既毁我东归，岁暮巡檐空踯躅。

改定戊辰诗有作

白屋青灯照华发，自斟忽已醉兀兀。恶韵抵触扰通宵，偶然拾得拳霜鹘。收敛光芒审玄密，反常合道趣呭呭。涪翁真谛谁仿佛，千年浸衍纷颠蹶。悬崖奔云春脱手，黄流东鹜驶孤筏。潏如大泽郁龙蛇，险同巧匠斲山骨。入鬓长眉晚翠横，逸艳窗栊望超忽。晴虹倒射金碧光，冷魄遥沉西海月。昔闻赵简命王良，心手险易两俱忘。二十四蹄投所向，目无旁瞬神飞扬。我今抚卷野茫茫，扫黛挼蓝陋齐梁。

大寒节探梅

梦浅香疑海，寥空为返魂。密枝传雪意，疏影补天痕。岁闰春先到，霜清气自喧。黑貂无可敝，霑醉欲忘言。

小招隐馆后甲子诗编卷六己巳

得印昆书却寄

前年走京尘，父手一相见。衰残怯远游，却忆京尘面。投身涉世故，难与人方便。莽荡游侠窟，冠盖飞蓬转。春回脱敝裘，垢腻渍针线。巡檐观星历，少坐待其变。露泫鹃承泪，灯昏眼方眩。运数岂回天，春秋无义战。寂寞故人心，尺素余恋恋。分定吾差乐，任世忘贫贱。鱼龙混业海，吾不濡喉咽。觉迷辨真谛，试叩空王殿。

子康[①]道长六十生日，因忆昔年致远楼读书之乐成长句叙怀。

致远楼前小磐石，围棋挟策共秋夕。致远楼荒不记年，湘城灯火话畴昔。花光楼影比年华，细泉泠泠分沙砾。赤脚轻松行经微，清晖未许千金易。小劫六十倒箭軵，绿发青衫倦南北。道有豺虎水有蛟，捉手班荆意惨戚。旅舍春愁夜向晨，金台燕市人不识。晚岁依然一榻谋，卓荦观书狎天游。抚事已多老将智，得谤如屋恬不羞。夸夺声利虚弹指，心随江波没白鸥。城东驰道谁家子，满鬓飞埃思九州。去帆如鹜来如阵，何异一毛施万牛。得马失马差视此，父兄携我今白头。始念佐州鄙升合，讵期说将尚不纳。径须自劾谢哗沓，阮生游屐犹可蜡。

---

① 子康，张子康，生平未详。

芋园看荷用何猿叟①韵园为李文恭②故宅

桔槔声歇露珠泻，节近黄云压秋稼。长街蜿蜒屋鳞鳞，奔走儿童读书罢。绿池香定散文楸，箧有新诗悲代谢。凉入风蝉摇鬓丝，昂藏七尺独不化。卧诵周易梦羲皇，消息初回如食蔗。胸中自有水镜清，座上可无灌夫骂。粉廊嵌石黯题痕，湿萤低水点初夜。当时诸老咏江山，兹游定为天所赦。扣腹如壶空滑稽，劳薪讵比连城价。白酒初试象鼻弯，绿影分摇扁豆架。抱须疑有大士坐，卷水方逢远帆卸。花光雾雨两濛濛，十丈峰头想太华。更无热客啄门环，剩有双屐响水树。猿叟旧韵叠四三，寒窘何能一战霸。玩此须臾好景光，搁笔从容退三舍。人生行乐田南山，莫代乌乌呼伏蜡。

石溪画洮湖山水并题长歌，即用何猿叟题罗苏溪所赠石溪画韵。

画禅诗仙两奇绝，唐得三僧今石溪。苦瓜坚苦浙江冷，占断人间辟町畦。洮湖山峭水清溜，秋花照眼晴鸟啼。云影山光淡容与，雾气晨蒸变阴翳。竹屋吟风楼阁迥，望仙不到心惨凄。岩石孤高松偃蹇，疑有木客来息栖。读画题诗夸老马，扶藤携榼来竹西。摩挲云海荡心胸，笔端万象恣取携。

荆公

三十六陂烟水碧，头白江南一归客。名心终挂谢公墩，当年最传万言策。一椽茆屋接蒋山，寺废难寻江令宅。蹇驴小舫随短童，桐帽棕鞋称标格。弦急柱促至今疑，熙丰元佑皆倒逆。平生不服紫团蓯，奈何争利伤民脉。

和白翁③自号乾秀道人，作画兼金不易，为余绘白云红树图，仿院体青绿重色而逸气胜之，盖自伤老废，杳然有终焉之志，酒酣纵

---

① 何绍基（1799—1873）晚清诗人、画家、书法家。字子贞，号东洲，别号东洲居士，晚号蝯叟。湖南道州人。
② 李星沅（1779—1851），字子湘，号石梧，湖南湘阴人，道光进士。先后任兵部尚书、陕西巡抚、陕甘总督、江苏巡抚、云贵总督、云南巡抚、两江总督等职，曾参与禁烟与鸦片战争。谥文恭。
③ 尹金易，名锡，字和白，湘潭人。

谈往事历历若有所深惜者，且云他日展览画中人可呼余也。屡思拟题，遽难下笔，迄今四十年，余亦六十有六，视翁作画之年抑又过之，即成长歌写入额端。

石气青苍木脱发，高林残水送孤月。瘦藤扶我短桥西，南涧题诗心超越。先生隐几作天游，声出金石响清秋。桂树踵蜷小招隐，岁暮蟪蛄鸣啾啾。颇忆过江盛名士，六十年中射脱韝。长空雁影无留迹，蜗角蚁穴皆王侯。红树青山吾欲老，白云笑我归不早。峰回岭复深复深，酩酊放歌接　倒。清厨爨烟供生事，萧萧戚戚叶如扫。自写人天诸佛机，莫因王孙怨芳草。殷勤赠我九秋图，为言此中茅可诛。残年细字补画隅，想见掀髯貌清癯。

读史四首

异世衣冠想出游，新丰鸡犬足淹留。千秋百岁魂犹在，老去英雄也解愁。

图霸图王竟不成，虞兮重唤奈何声。江东父老知无恙，虚负平生衣绣行。

娶妻当得阴丽华，铜马君王似斩蛇。容得客星窥大度，富春终古属渔家。

事去英雄绝可怜，邺城漳水两茫然。年年官伎台前路，空复西陵望墓田。

题倪高士①画二首

裹饭无人过子桑，空林鹤语响塘。苍头吹笛来相和，时有松风拂面凉。

陶潜诗境倪迂画，野趣飘如云水僧。枯梓槎枒丛竹冷，短篱茅舍闪秋灯。

---

① 倪瓒（1301—1374）元代画家，元四家之一。字元镇，号云林，别号幼霞生、荆蛮民、奚元朗等。

观物

傀儡抽牵里，桔槔俯仰中。了知吾丧我，几见绿催红。火灭木还尽，觉来梦已空。惺惺不受谩，谁是主人翁。临济师云："看取棚头弄傀儡，抽牵全仗里边人。"瑞岩常自呼云：主人翁惺惺着，莫受人谩。

端亮①刘兄示其大父中丞养晦先生②《挽曾文正公绝句百首》手稿册子，奉题一首，时溽暑同寓会城，湫隘嚣尘，感晏婴之一言，思古伤乱，情见乎辞矣。

余子纷纷安足数，开卷深心惬期许。想像强虏在目中，旷代殊勋起一旅。三千大千轻掌掷，指顾山川收断取。前辈风流揽群策，握发推士哺复吐。荒荒不见赤舄翁，九京可作吾其与。大星西陨湘波歇，千里讴思激吴楚。养晦堂中隐龙德，曾是风云齐翅股。灵旗徘徊赋大招，数纸哀怨几寒暑。衣冠归葬岳云西，身欲奋飞泪如雨。先世袍泽黯墨痕，喜君示我目未睹。爞爞夏气结帘栊，车尘涨天罩数罟。长街踏破青鞋底，远心直欲群孤鹜。眼中俗物一斛泥，登高始叹无洲渚。君其慎守我则惭，吾家瑰宝伺豺虎。咸同间大父与曾、罗、胡、左及中丞之军书手札尽散于丁卯长沙之乱。巨册细字关至计，琅琅到口无私语。未须与世较贤能，视此已道不如古。

城居移舍

薜荔摇空壁，楸枰冷坐隅。上床离屦屣，拂镜问真吾。晚雨街尘净，初凉蕹叶舒。海滨多旧侣，毋乃感沮洳。

秋日忆旧居

谯东精舍水泥间，引路槐榆信往还。惆怅暮年虚此愿，独登陇首看秋山。谯东精舍用曹公事。

① 刘端亮，刘蓉之孙，生平不详。
② 刘蓉（1816—1873），字孟蓉，号霞仙，晚号养晦先生。湖南湘乡人。同治元年（1862）任四川布政使，同年石达开军入川，奉命赴前敌督战。次年调升陕西巡抚，后为张宗禹部西捻军所败，革职回家。着有《养晦堂诗文集》《思耕录疑义》等。

荻港

荻港扬舲秋惨淡，夕风吹雨月苍凉。萧萧悴柳飘残叶，曾与游人系马缰。

见霜

霜冷虫声切，灯昏月色侵。旧书犹可读，仙药恐难寻。养志驯孤鹤，扶衰戏五禽。自温丹灶火，儒释亦能参。

西园

露下西园冷石栏，丝虫催女响林端。长云孤鹤寥空唳，曾向仙山振羽翰。

天心阁旧址新建三阁落成

追逐征帆混远烟，昔游春梦不堪圆。野云移树山如扫，暖日催花午欲然。近市饧箫频拂耳，兼旬病榻却参禅。扪星楼阁饶孤望，西壁镵诗记往年。

得从弟峘书独步城南驰道排闷

偶寻水石涤烦襟，城废池平变古今。小市秋光菊尚稚，旧畦生理草如侵。行边飞角围棋局，忆弟看云晚岁心。火急著书非细事，芦中日月太骎骎。

寄李大浩江南

栖鸦流水绕深秋，转毂兴亡貉一邱。狎客尚怜璧月夜，青溪犹舞白符鸠。江声送雨催黄叶，野色连云上戍楼。三亩蓬蒿归计谬，市桥挂杖数更筹。

曾闻

曾闻白首随东阿，真见辕车困坂坡。半死枯桐心已矣，全生苦李意如何？补天锻石疑呼帝，接果移花信改柯。浩荡白鸥惊岁晚，江胡犹自狎风波。

桂林山水之胜经志称之，余至老未尝涉足，客有言独秀山踞城东偏，广可里许。昔颜延年[①]尝守兹郡赋诗云：“未若独秀者，峨峨郛邑间。”今颜公读书崖在焉，自绝众山因以得名，崖镌五君咏，冥契千载遂赋景光。

岑寂契独秀，逍遥咏五君。龙性殊矫矫，卷舒难可群。环堵无坡阜，罅隙生白云。南州此冠冕，众山接纷纭。嵇阮遗世才，轮囷赦斧斤。未须愁过岭，猿狖俯听闻。读书窥往事，剖击出裂文。聊欲托达生，趺坐正炉熏。

题李公麟[②]画鬼子母揭钵图卷事出《宝积经》

魔母攀绳魔女戏，扬旗击鼓群魔肆。琉璃钵中婴儿机，烈火绕身十二臂。莲坛虚静排诸天，莲花承矢作兵器。猛兽毒蛇助狞恶，拏攫躁扰竞却避。须臾雷电劈空来，二执杵者行前侍。捧出天人乘白龙，魔母惊告释迦至。

送端亮返遂初园

瘦骨天难热，惟应高遁肥。春随麋鹿友，秋理芰荷衣。病鹤惊霜早，孤萤带雨微。遂初犹有地，自拗首阳薇。

古松为藤蔓侵缠命斧斤伐去作诗

孤松阅世老岩阿，藤蔓侵寻奈尔何。凭仗斧斤加剪伐，自怜生意已婆娑。

江殖

江殖容与舟维岸，心境空明雁影来。猎猎风苹吹不定，晚凉先作水云媒。

晓云

满园风露浩无声，花影山光入画屏。我向禅心参物理，晓云平

① 颜延之（384—456），字延年，刘宋琅琊临沂（今山东临沂）人，少孤贫好学，宋孝武帝时，为金紫光禄大夫。其诗与谢灵运齐名，并称“颜谢”。

② 李公麟（1049－1106）北宋著名画家。字伯时，号龙眠居士。

远一星明。

达摩面壁图

面壁无言年复年，趺跏稳坐见诸天。解脱未容桑下恋，通澈不碍世间缘。声闻文字迷心印，清净虚明有正传。素月流天人意定，了无渣滓落樽前。

病起

萧斋秋静客来稀，梵册茶铛梦亦微。庭际一花明晚照，卷帘双蝶向人飞。

读钱牧斋①《题松园老人画扇诗》

僧帽缁衣话劫灰，亡羊臧谷共徘徊。当年典午河山恨，进入松园画扇来。

范铎者五季隐士，避地去余家里许，有高峰焉，后人谓之范铎峰，常所游憩，晚逢世乱益羡高踪，屡托吟咏，复得四首。

避世疑无地，潜身托杳冥。潭空蛤似吠，龙去洞余腥。采药千峰晚，寻诗万象灵。自甘鹿豕混，慎莫叹伶仃。

鸟下僧趺坐，云归梦与闲。白衣扶瘦杖，红叶照衰颜。戒定生空慧，推敲信往还。悬岩荒草树，秋后试花艰。

天阔山逾瘦，风回云忽连。松花明玉露，柏子缕秋烟。卧石疑青兕，悬崖挂水帘。观空随所适，吾意已忘筌。

纵目江村路，修萝荫短门。高陂收雨脚，绝壁隐云根。空翠烟峦蹙，归航柳岸喧。晚晴横约外，荒影泻潺湲。

---

① 钱谦益（1582—1664），字受之，号牧斋，晚号蒙叟、东涧老人。苏州府常熟人。明万历三十八年（1610）探花，东林党领袖之一。官至礼部侍郎。明亡后，附马士英、阮大铖在南京拥立福王，为礼部尚书。后降清，为礼部侍郎。

秋日望麓山

市声浩浩天如覆，莽荡流年换袂衣。沙浅岸夷红蓼瘦，风揉霜染晚菘肥。青山埋骨无忠佞，白水盟心有是非。老眼逢秋更凄眩，望中烟树影霏微。

兵变

倾覆真成性，妖氛肆豕蛇。前军飞炮火，余力喷泥沙。血泪渍袍袴，刀光犯雪花。冻旗翻不动，啄肉噪寒鸦。

椅棹

椅棹吴天去，扶衰奈尔何。海空晴上蜃，江阔夜鸣鼍。战苦真无极，客愁底许多。梦中经历地，重叠阻兵戈。

携儿子传麟上黄鹤楼旧址，坯土仅存，往迹如扫，称兵黩武者竞言拆城之利，肉食者鄙未能远谋，振古若斯其又奚责。

城郭人民荒是非，杲日冻云憺不晖。扶儿循磴望仙阁，下界虫沙安适归。白塔照江白石烂，长明灯火烛星汉。安得金刚不坏身，超度恒沙登彼岸。杀人盈城年复年，孙吴割据空云烟。漆城荡荡不得上，寇来委去亦徒然。隔岸渔舟伴鸥鹭，两两三三餐风露。却唤渔妇早安排，明朝豫给公家赋。闻道中原四十州，涨天埃尘战未休。健儿横尸血未冷，饥鹰下啄掠金眸。高邱远海足慷慨，谁把西归釜鱼溉。屈平作赋集怀沙，柳州反骚设天对。昨宵我梦谒帝巫，飨我钧天坐舜虞。多事人间阻欢娱，胡不拨弃君其迂。

武昌赠任楷南谭戒甫[①]二首

冻云催雨欲三更，风急横江雪意生。空巷招魂巫自语，残灯煴火酒为兵。昔时文赋雄无敌，终古东流咽不平。寂寞陶公都督地，西门衰柳两三行。

---

① 任楷南（1884—1949），字拱辰，湖南湘阴人，毕业于湖南高等实业学堂，后留学日本早稻田大学。湖南大学校长，经济学家。谭戒甫（1887—1974），湖南湖乡人，先秦诸子研究专家，楚辞专家，金文学家。

饮中相顾须眉在，倚醉忘言肺腑亲。信有江山供涕泪，猛闻河朔隔风尘。诗心瘦似梅横水，逻卒凶如马踢人。替戾风铃话兴废，澄图何事苦通神。

示末颠僧

滑溜机锋掣电能，绳床坏衲气峻嶒。朔风回雪寒打面，炉火吹灰酒欲冰。簌簌夜声窗外竹，幢幢青焰佛前灯。华鲸吼粥催残夜，未觉人间有鹍鹏。

向壁

向壁生虚白，趺跏养灶丹。祥灯春蕊润，孤剑匣光寒。残雪明松际，乾星照岁阑。群魔下趋走，佛意此中看。

雪夜

檐滴冰成柱，风行马脱衔。冻禽啼后夜，饥虎啸巉岩。战地天如墨，穷檐釜不馣。岁寒谁与共，人立一孤杉。

题罗两峰①画梅

零乱风枝烂不收，夜阑飞梦到罗浮。寒香拂拂春回座，新句催成转自愁。

又雪

度腊侵年晚，占丰望岁新。巡檐亲鹤影，觅句岸乌巾。炉火吹葭影，瓶花佔小春。置心探易象，匡坐一陈人。

纪梦

绀滑天低净，庭幽斗鹊喧。林长风袭月，春半水浮村。清磬摇僧梦，疏寮静客魂。洁身谋岁晚，境过已难论。

---

① 罗聘（1733—1799），字遁夫，号两峰，又号花之寺僧、金牛山人、洲渔父、师莲老人。安徽歙县人，后移居江苏甘泉（今扬州）。扬州八怪之一。

题王觉斯①草书

伏龙得雨云无定，渴骑奔泉气自奇。尽日小窗参妙理，万灵罗拜到阶墀。

武昌城寻曾胡祠，茫然不得故址。

昭王茅屋已无存，屈子荒祠未可论。短发江风吹不满，披襟长啸望中原。

芋园感旧诗时园方易主

长沙地狭短辕犊，舞袖迫窄伤饮啄。芋园十亩城东偏，清时绿野娱花竹。大李立朝有正色，小李开樽下白屋。坐中词客侈观涛，猿叟恢嘲号书簏。斗韵刳肠再历乃，有如悬岩下秋瀑。嵌廊青石走蛟螭，廊嵌猿叟临欧阳通道因法师碑石。争道楸枰追逐。蜀椠残丛收宋元，清閟罗列攒箭镞。说经诂字证吉金，刊异参同辨马鹿。故宅文藻不可详，江山莽荡车转毂。盛过濒衰理则然，春秋代序变寒燠。平泉寂寞绣谷荒，铜人清泪湿可掬。压角朱字细摩挲，估客未识吾犹读。

题八大山人画意三首

风荡南湖艇子宽，霜鳞入馔座生寒。柁楼清啸月初上，倚醉题诗良独难。

安排身世亲鱼鸟，指点溪山访隐沦。伏枕听秋横吹晚，无风凉叶下逡巡。

吐月吞云石佛岩，湖光山翠冷衣衫。无人说与横行者，奔火余生供老馋。

① 王铎（1592—1652），字觉斯，一字觉之。号十樵、嵩樵、痴庵等。孟津（今河南孟津）人。明天启二年（1622）进士，累擢礼部尚书。入清官至大学士，擢礼部尚书。铎博学好古，工诗文，擅画。

兔毫笔

名山著史千秋业，镂画冰脂费日时。草檄飞文真细事，秋窗闲卧一书痴。

思旧居三首用韩公《南溪始泛》韵

少壮慕飞腾，境过便思返。胜事如在目，托迹亦萧远。蜡屐响空林，山藤倚长坂。江乡足掩留，岁月不我挽。偶坐青石床，闲趁绿荷饭。午晴花欲然，暝合山如偃。桑柘望归人，曰归未云晚。楹书证古心，岁晏守孤搴。

观山兴每阑，言寻舴艋舟。观水使心澄，静照何当休。旧迹都已迷，却问老苍头。频年阻戎马，无心任去留。吾庐诚乃敝，力命岂无由。胡为明夷叟，翻覆陈九畴。黄农忽已远，既老罹百忧。去日诚草草，来日更悠悠。丛桂晚留人，鸟倦始知投。外物安可必，力穑亦有秋。

弧矢堕男儿，炙手希前迹。收功如搏沙，枭庐竞一掷。班生起毛锥，乃镌燕然石。李广射南山，竟用一箭激。长才世所需，所伤在促刺。威凤翔千仞，飞泉洒百尺。酌酒看江山，气概森立壁。人呼牛马走，吾宁老珊役。

罗两峰画佛

瘦影侵皮骨，观空更不眠。蒲团春草乱，祇树上方圆。袒膊丹田火，休粮药灶烟。生机来息息，都入蔚蓝天。

归期

夜雨清魂梦，归期压旧年。瓶梅香浅浅，灯蕊影娟娟。定本删千首，丛书散一廛。水流月自在，平等度诸缘。

小招隐馆后甲子诗编卷七 庚午

今所行新历谓之国历，其实西历耳，古历不如是也。夫改定正朔云者，亦欲以明一代之制，非有所效法，而据为己有以定岁时也。然农商相习犹自为风气，元日放晴，老幼拜贺，互为主客。官禁于上，民行于下，斯则物论不齐之尤者。豳诗重农，公旦使瞽矇讽诵以戒成王者，一仍夏时之旧，自改之而自用之矣。登天心阁作一首。

草际风光透石栏，晴融吹律荐春盘。客中岁月欺双鬓，屋角东西跳两丸。废历稔知虞不腊，周正安用狻为冠。秦人鸡犬桃源外，留待花时洗眼看。

春雪
满谷盈坑整复斜，吹筵着面作飞花。生来轻薄回风舞，难与春阳立等差。

买春五首
露下青条湿晓烟，蔚蓝春水蔚蓝天。游蜂渐渐骄衙事，扰搅先生午梦圆。

湘源泼泼春无际，芳草晴川掠眼边。快句惊联夸得否，野塘花发正嫣然。

云鬟丛秀弹春山，聊与新愁一破颜。兰蕙香来迷远近，空谷应有落花闲。

含糊吐日水云隈，细草繁花次第开。山叟疏须箬笠子，杖藜携榼暮归来。

延缘看日下虞渊，孺子沧浪答扣舷。西崦结邻东崦住，买春扶醉送余年。

颜息庵[①]珍涟山馆图题诗

莽莽云横阵，苍苍天正色。楚风赋雌雄，浮议撼钧石。老来厌城市，得君数晨夕。晚闻期笙磬，高谈岸巾帻。逝川东到海，丧乱曷其极。涟水有旧椽，一亩环偃息。清影动颜发，浮槎着驶激。解颐说匡鼎，君自倾座客。狂且怒睨我，隐若一敌国。吾道不两歧，吃吃辨刑德。讵曰病圣颠，才固未易识。青灯吐寒穗，酒影摇新白。泥泞风雨共，南北街尘隔。江山眩红绿，芳春来无迹。秀色如泼云，一一斗标格。衰荣自有时，何事伤促迫。我欲驾长虹，翩然访帝籍。天风下白榆，吹落大小翮。饱食供侏儒，不救众生感。戍楼转清筎，驿路表飞檄。巧拙吾未辩，宁较得与失。据案强成歌，稍觉天宇窄。

追悼伯兄叶城县君，用韩公县斋有怀诗四十韵。

别离重生死，欢娱随惊咤。绝塞归骨肉，投老依耕稼。稍亲对床语，便思闭门谢。初筵酌宾斝，丛蕙熏兰麝。边月感平生，短辕寻挽驾。诛茅诚熟计，买山宁论价。绕溪晚云湿，巡檐初日射。历社始雨水，趁墟月生霸。人皆择荒枯，君自嗤愚诈。作吏输劳劳，催科考下下。薄俗诩功利，好官由笑骂。先臣镇秦陇，旧德留浐灞。长年藉坐啸，憩棠容休暇。噢咻资挟纩，抚字禁拉髂。卖剑春农喜，踶武炀灶跨。戎帐传羌笛，春郊试马射。赌胜探牛心，传飧罗羊炙。合浦珠自还，缁衣馆可假。崇高仰崐冈，蜿蜒下嵩华。廿年鹡鸰心，万里冰雪夜。游子怆俦侣，征鸿慕匹亚。腐心惓衔韄，顿足理归靶。旧宅荒三径，藏书乱十架。缩地假俄道，居夷修汉蜡。南音屈楚囚，乡梦荷天赦。鲸翻波连缝，猿叫石裂罅。篁泪洒春鹃，湘渌摇槐夏。柁搊一篙欹，风软半帆借。鸡犬似曾识，螟蛸伊可怕。瓶瓮绿蚁浮，栢柏青眼乍。童卯衫履倒，邻人墙头讶。执手牵衣舞，剧谈班荆藉。华发门闾倚，爱日人天化。岚浅日沉雾，桑柔风回柘。枯棋照座隅，

① 颜昌峣（1868—1944），原名颜可铸，字仙岩，号息庵。湖南湘乡人。1902 年留学日本，辛亥后办《长沙日报》等，着有《珍涟山馆文集》等。

联吟响水榭。怀哉伤羽翼，去矣悲子舍。灾祲集炎瘴，死丧极威吓。堂空灵旗返，山静箫鼓迓。虚养泥丸关，难驻丹鼎妊。述衰迫暮龄，愁来不可嫁。

望麓山寺

云外头陀金碧光，层峦浮翠认鸾翔。流莺雨歇思高柳，睡鸭春闲倚野塘。迟日东风扶客醉，长篇短句费诗忙。眼前未辨身何世，莫向山灵乞草堂。

南阜

烟艇冲波静，风禽集午喧。一川花窈窕，双涧水潺湲。隧古说吴芮，城夷想汉藩。向来迁谪地，虚掉返魂幡。

嘉禾雷小秋撰邑志，采吾家先世堵粤寇战事，因检出改定《壮武公年谱》付之，志成归里，作诗以美其行。

真诀来无择，高才世所稀。霜茎苗未了，赤鸟捷如飞。三豕虚传信，一灯自表微。郴山青似染，间煞女萝衣。来无择得文法于孙樵。

石涛作画多用淋墨，此册以枯劲之笔写怪松，天趣高逸，罗两峰为作石涛种松图于册端，功力悉敌，漫题一首。

破梦秋涛午自春，缁衣赤脚老山农。会棋云外邀黄绮，劚药峰头施白龙。补写天痕疑有憾，回环诗意可能容。扶衰养此干霄志，记取岁寒霜露浓。

试茶

晚雨歇孤屿，春星闹一湾。川原生气象，腰脚散疏顽。梦落龙团饼，香浮鹧鸪斑。洗心味禅味，不任照衰颜。

飞絮

飞絮春如梦，新诗嫁得愁。凉云天酝酿，缓杖意优游。叱犊声初定，催耕唤不休。征帆随雁影，月落向巴邱。

寄李大浩江南

不任衰晚斗纷纭，昔日纷纭我与君。小阁催诗跳急雨，大弦促柱犯崩云。钟楼月落烟生树，笛步春回雁叫群。欣感朝三真细事，南柯归去策奇勋。

默坐

蚁斗牛奔定不殊，观身默坐见真吾。破窗残月窥人影，灵府清寒梦亦无。

印昆六兄刻诗寄此讯之

谢陋伤曹邻，君方独力扛。传灯新句子，歇鼻旧长江。呕血冲骀骑，思玄落石幢。汗青头已白，痴绝为投窗。

城北朱氏园林诗主人好施与，晚年服食钟乳，毒发不治。今园林半毁于兵矣。

第五桥边路，当年服食仙。鹤飞云际寺，人歇柳边船。故宅荒文藻，孤寒护墓田。丹炉劫火浩，石气散青烟。

女儿传芬检传书咏辛夷诗，恸传书逝世已二十年，作二首并示小孙济光。

携手西园树下行，辛夷如雪破新晴。廿年旧梦谁能说，树老花艰识此情。

百城书锁万莓苔，尔父当年擅赋才。恸绝芳春晴雨地，柘冈花发迟归来。"一晴一雨地，半死半生人。"传书病中所吟，下句出枚乘赋。

野望

风便东南草怒齐，渚烟青接楚天低。云横野水分鱼子，雨洗春泥散马蹄。南纪持竿话归隐，东门哀郢续新题。纶巾羽扇今安在？沙际风光湿鼓鼙。

上巳日放舟至三叉矶，春流清激，风物宜人，同谢伯涵作。

拍岸春流急，无边芳草萋。渚青风嫋柳，江白晚飞鹈。塔影深摇月，荻芽浅护堤。鸣笳声断续，遥入水云低。

检箧中道装画像漫题

春来草盛没黄独，一钵婆娑度万山。白鹿青猿牢闭守，不能容易换霜 。

春尽至沪滨，皙子招饮，历数湘中旧友，曾重伯、履初兄弟、梁辟园、黎薇荪一时俱逝，不异陈、徐、应、刘之恸，即席作一首。

举杯饶有天涯思，阳羡归田负此晨。雨打残花犹抱影，春随诸彦略成尘。未填沟壑持千劫，虚对楸枰妄一瞋。东逝沧波应笑我，迷津还问耦耕人。

谢人送西国香水

月影婆娑习水观，自身世界两沉檀。浮幢王刹花藏海，佛告阿难地狱宽。宋王溥《五代会要》：周显德五年，占城国王遣其臣甫阿撒贡方物，有洒衣蔷薇水十五瓶，言出自西域，露衣香而不歇，当为香水。权舆《楞严经》：月光童子修习水观，见自身与世界外浮幢王刹诸香水海无差别，香水海即花藏海。佛告阿难：阿鼻地狱有七层铁城十八鬲，内有剑林，鬲有铜狗出猛火，其烟臭恶无比。鬲即釜也。

传麟寓南京洪武门，小孙子济美扶余指城楼废址曰：拆有日矣，美国工程师为言城以卫民，吾欧美自无城耳。乃止。连日游钟阜鸡鸣山得绝句七首。

寂寥风雨下城隈，岁岁江南事事哀。坏瓦成泥劫后梦，窥人燐火出荒台。

兔丝燕麦荡新晴，洪武门楼莽一坪。独有客卿伤旧事，天教留得石头城。

秦淮逝水碧如油，春影飘零十四楼。桃叶渡江疑有恨，后庭花事不宜秋。时禁官妓甚严，十四楼明代官妓所居。

断云飘雨暮还痴，洒向风前酹一卮。十万吹唇复啸指，可能冀马落鞭笞。

鸡鸣古寺访残碑，力复金汤又一时。六十年来僧白首，渐营解脱破嗔痴。曾督师鸡鸣山，昭忠祠碑铭云：竭千万人之力复此金汤。

焚书折剑尽今朝，杯酒长星且自豪。饿死台城佛不会，纸鸢飞出阵云高。余时载书漫游。

属猪人去六百秋，金气销沉旷代愁。日暮长陵风吼虎，何人带剑上吾邱。谒孝陵所见如此。

王文育①**奉佛，寓金陵城西隙地，世缘终少，喜其能自得师，有赠。**

儒衣犹自礼金仙，丈室清斋夜独眠。骤解骤来心淡淡，无迎无送道玄玄。颠毛伐尽嫌根性，肠胃搬空历浣煎。莫问南朝烟雨寺，一般兴废一蹄筌。

见佛

西归有意还无意，借问东来复几时。六臂三头千手眼，几曾清净到骈枝。

再到鸡鸣寺

颠毛今似伐，伴我不逢春。隐几半归梦，弥天一旅人。拨云脚尚健，催雨句通神。莽莽残碑字，高文表石珉。

郭外

东南风细雌媒骄，丰草平芜绿似潮。鸦背夕阳驴背雨，稳扶归梦落空寥。

湘竹簟

湘簟无尘夜欲流，下弦月魄度西楼。飞萤满地丝虫响，时有微吹与报秋。

---

① 王文育，王闿运四子，杨度之妹杨庄嫁文育。

画龙重付装手偶题

尘土沉埋不记年，叶公心事绝堪怜。欲将龙意商刘累，西去乘云便到天。

张爱①为传经画四小景，笔意似白阳山人，传经请题。

芋熟秋光近，茄肥晚雨添。浑家薄醉后，还欲佐葱盘。茄芋长葱

秾露花如醉，丰容叶自扶。故园有归梦，闲煞一株株。折枝牡丹

山梨嚼冰雪，堆盘颗颗凉。老夫消渴甚，作意试先尝。山梨盈盘

芦苇声如扫，秋心在野航。平生无限意，分付水云乡。苇间孤艇

西园感旧图诗

和白翁客舍下，礼培为述昔时园林宾从之盛，与李氏芋园并致奇花怪石，乞翁画长卷未及脱稿，盖又十年，翁已归道山矣，补诗一首以告居者。

旧德留迁阁，回廊窜伏龟。故山寥落梦，荒雨草虫悲。冷翠看生意，寒花感后时。风流今在眼，庭树傥能知。

王伯秋述其尊翁与诸父阁学公石钟山戎帐论兵，历历如目前，即拈伯秋扇头诗韵走笔以赠。

机事有万端，汉阴抱其一。纵横豺虎噬，平陆海水溢。翟滞杀龙川，君傥其亚匹。缥缈望仙山，意气扪星月。穷海一会合，深谈痛至骨。廿年去国魂，刺字随没灭。惊涛眩危柁，长风吹短发。百怪罗我前，洗心任观物。两家承先烈，旧事托超忽。飞粃眯老眼，讵云目力竭。青灯照黄卷，白首薄朱绂。邂逅一再逢，等此秀不实。醉饱嬉群儿，清饿啖拳蕨。及时君方壮，努力茹可拔。

---

① 张爱（1899—1983），即张大千，原名张正则，别署大千居士等，斋名大风堂，四川内江人，20世纪中国最著名的画家之一。

沪滨西林禅院与湘僧了治夜话

烟水扁舟怀季鹰，新凉催雨落荒塍。秋衣渐试吴兴茧，芒屦方随云水僧。梦浅自缘愁历乱，心长应笑发鬅鬙。飞腾浩劫声如扫，输尔华鲸一穗灯。

旅夜

淅沥空阶雨，凄清后夜蛩。海昏汐掩月，天阔雁无踪。西估多租地，吴侬盛自容。淹留当此夕，作意到山松。

睡余

飞鸢黄犬真无及，刳肾雕肝信罔然。不系舟边好风月，伴人清梦照前川。

张爱自写倚松大幅题者甚众留隙补诗

猿啼宇怨峡云愁，几日征帆下蜀州。海上蜃楼皆画本，酒边飞雹落文楸。旃檀众妙炉香正，火枣奔腾药力秋。我欲与君齐物理，任人呼马却呼牛。

示从弟岠

头白书林走且僵，揠苗终误宋人芒。从知丈室维摩病，虚愧曹参七十创。万事驱除恬养智，百年泱溁露为霜。绕床牛斗尘嚣上，梦里云居不可详。庄子治道者以恬养智。

南还话别印髯①

庭院虚明了万缘，风霾尘土过年年。深秋晚翠犹承露，淡月昏黄欲化烟。自得中医贪午枕，谁参曹洞证枯禅。此身物役今余几，神劖天黥笑马蚿。

武昌柳

江汉周诗赋壮猷，庾公风月写南楼。西门尚有新栽柳，折翼登天误鸩媒。

山家

短景催残腊，中峰断四邻。冻鸦饥啄雪，风虎夜窥人。松堰屯云气，梅横拂水漘。寒炉忘主客，灰里拨阳春。

竹林寺夜雨

风叶骚然下，偏惊补衲僧。残秋崩岸雨，初地短檠灯。醒醉身余几，炎凉意不胜。砌虫打窗影，一一恣飞腾。

鹅峒

幽涧敷冬卉，晴喧一鸟啼。松声和绿绮，泉气上青霓。橡栗收黄落，人家住水西。烧畲农事缓，息影杂鸡栖。

题江慎修②先生像

收取空灵信所天，镜机初动意玄玄。黑牛斗胜黄牛后，半啖馒头话旧缘。事见先生传中。

自在庵

龛灯清梦鹤巡檐，山木萧萧霜露严。喷水香沉佛意会，可能参到鼻头尖。

---

① 胡然，原名乃尧，字卓哉，号印髯，亦号幻翁，又号可庐居士，钱塘（今杭州）人。生卒年不详。嗜古，工书翰，尤精治印，有可庐印存。见《广印人传》。

② 江永（1681—1762），字慎修，又字慎斋，安徽婺源（今属江西省）人。清代著名经学家、音韵学家、天文学家和数学家，皖派经学创始人。

题张瑞图①画蒲团佛二首

蒲团便是容身地，莫向诸天托死生。百八念珠百八念，袖中拈掐细闻声。

孽生一念岂前因，书画当年妙若神。绣佛有楼今莫上，可怜丞相误嗔贪。

听歌二首有序

自齐、梁以还，《子夜四时》哀艳动人，俚趣间作，一转而为警歌，再转而为变歌，更转而为上声歌。其声愈上，其节愈促，尽移宛转悠扬之韵入于焦杀一途。今山陕有梆子吭，辽吉有大鼓书，北鄙杀伐之声别乎吴音清脆。昔为一声之变，今则南北之殊矣。孟子称："河西善讴，齐右善歌。"杞梁之妻一哭而变国俗，盖亦由缓声转入促节，犹《子夜四时》之改调而为上声，有不必限于南北者。上声之辞曰："初歌子夜曲，改调促鸣筝。四座暂静寂，听我歌上声。"又云："譬如秋风急，触遇伤侬怀。"然则所谓"慷慨吐清音，明转出天然"者，殆指北词梆子大鼓，辞虽鄙俗，而如怨如慕如泣如诉，繁急不可卒听，为有合乎慷慨明转之义。朱耕堂《乐府正义》谓："幽魄沉魅感而为厉信乎，其非生民之福。"《乐记》云："声音之道与政通矣。"斯为笃论。若夫前溪读曲尤堕淫艳，动荡心志。降而为《竹枝》《柳枝》，刘梦得以谓出于《九歌》屈子之遗，论似近高。梦得所作庶几《子夜四时》而不失其正本者。以巴音当之，固有楚声也。后来填词家习为婉恋，而上声警歌悬为厉禁。贤如苏辛，目为外道。上声警歌宁非吴音，乃必以"子夜"当吴音，抑已谬矣。哀伤所至之境，自有缓急。民俗歌谣，天籁天趣，柔肠婉媚，岂无哀怨激发之候。故夫孤臣放子，寡鹄离鸾，情感既异，则上声缓声亦处常处变之适然耳。"郑卫溱洧"匪风下泉，列为正声，《祁父》、"皇父"、"寺人孟子"列为变雅。

---

① 张瑞图（1570—1641）明代官员、书画家。字长公、无画，号二水、果亭山人、芥子、白毫庵主、白毫庵主道人等。

东南烟水，北鄙杀伐，系夫其地。杞梁之妻，督护之妇，则又系乎其事。女子善怀，大夫行役，若是者亦系乎其人焉耳。"诗言志，歌永言。"永言云者，歌之旨也，上声缓声皆可永言。序而著之，以俟审音鉴古者。

听唱清歌唤奈何，座中夷甫感蹉跎。上声转变吴声缓，幽魄沉彪古怨多。

一声声断华山畿，七日城崩自古稀。改调促筝听不得，执戈征戍几人归。

北京湘乡会馆旧有咸同军兴诸将题名，咸丰朝二十三人，同治朝二十五人，光绪朝八人。阵亡者三十有五，军营病故在籍病故者二十有一。凡予谥或建祠祀始得列入，自余不得入者，难可指数矣。始于罗忠节泽南，终于杨太傅昌濬，太傅为忠节弟子，自其没后，吾邑咸同勋伐遂止于此，书史已来所未有也。即今河山已改，乘时际运者不闻赫赫之功，讵非道德典型不及前修之盛，后生失其师导有致然欤，何若是其熠也？乙丑再过故都，瞻仰英烈，夜宿厅事如闻叱咤，抚时思古，托诸吟咏，冀吾邑人有所兴起焉！

宿将三朝尽，河山赋感怀。堂虚神鬼叱，代谢剑光埋。志业喧天地，疆场尚虎豺。寒厅今夜雨，灯影伴天涯。

送人之广州从军
带甲风尘莽，逢人胆气粗。芒鞋千嶂健，长剑一身扶。地入南荒尽，城悬海月孤。折冲慎帷幄，老眼慰新谟。

题东方生画像
阿母西池路，当年傥可逢。道高迷七圣，学富足三冬。画像开名赞，痴儿亦懒慵。客难谁是主，吾得见游龙。

小招隐馆后甲子诗编卷三丙寅

鄂城春望二首

八州都督地，官柳又飞绵。远浦叠春恨，轻帆凑晚烟。呼鹰荆渚外，乘鹤白云边。笳吹城头戍，风回断复连。

草草春强半，荒荒思不禁。单衾空馆雨，飞梦少时心。泪洒新亭酒，诗题汉上襟。水风鸥鸟狎，饥饱任浮沉。

邵阳曾廉①伯隅避地滇南，积岁始归。常病元史是非乖谬，发愤成《元书》百二卷。辛酉主讲衡阳船山书院，年已七十矣。贻余刊本，寄答二首。

大义还天壤，蓬庐非我身。著书风撼户，卧病案侵尘。文字通情性，交游剧越秦。无惭尺布裹，暮齿益清贫。

颠沛艰难日，孤生托瘴云。吾犹惜后死，天不丧斯文。余蕢犹前志，夕堂证旧闻。目营心醉后，开物到河汾。船山翁有《夕堂永日绪论》、《惜余蕢赋》，则君所搜刊行。

傅山人青主②冥心医术，寄情绘事。国变后每画柏叶松枝以显其节，纸尾一印多不题字。杨海琴《归石轩题跋》曾载其一。盖故国之思，视靖节书义熙甲子，异代同慨。周梦公得山人画古柏流泉长

---

① 曾廉（1856—1928），字伯隅，湖南宝庆邵阳县，光绪二十年（1894），中举人。1902年客居贵州后从事于改编元史，著成《元书》102卷，1911年刊行，另有《元史考证》4卷。

② 傅山（1607—1684），初名鼎臣，字青竹，改字青主，山西太原人。明诸生。明亡为道士，隐居土室养母。康熙中举鸿博，屡辞不得免，至京，称老病，不试而归。

幅，有印无题，为证其晚年真迹，赋两小诗，并引《霜红龛集》自画古柏诗以实之。

仙药灵根浥晚霜，秋晴柏子落天香。空山石气青如许，投老趺跏日月长。

布水长年下碧岑，霜皮溜雨气萧森。义熙甲子私家史，劫后谁传画里心。

为周梦公①题歌者画像

樽前醉舞兴犹酣，试听清歌下广寒。一例浔阳白司马，欲将书剑事人难。

江晚

惊波逝水溃如堤，病与衰期趁马蹄。苦楝作花游客倦，峭寒吹雨湿云低。参差戍角连江咽，断续哀弦入夜迷。莫唱黄鸡催卯酉，西归东渡一藩舨。

潘美泉好为大言，几罹其祸，卒折节读书，然纵酒颓放，不事生产，老益坎坷以医自给，一日疽发背，自知不治，指疽咒曰："吾惟不能壮悔以至于斯也"。追悼以诗。

载酒真无地，埋名尚有坟。朱弦流水杳，青泪短檠分。策策风鸣叶，荒荒雁叫群。昭陵滩下影，枯树月缤纷。君有"昭陵滩下人影，枯树满山月明"之句。

寄曾曼源偶检其游戏文有忆

懒不观书卷，药炉混案尘。秋花欺老眼，往事似前身。中酒频看剑，行文且戏宾。啾啾呈毁誉，岁晚见斯人。

赠伏龟山中道士

飞瀑风遥断，玄关夜自扃。心幢摇石镜，绗䇥响柯亭。纳息吞

---

① 周庆云（1864—1934），别号梦坡，浙江乌程人。收藏书画、金石、古器颇丰，善诗词、画、书法，尤以小楷精到。

星月，拈花养性灵。五更通帝籍，微笑契仙龄。

城居苦兵徭，散行至开福寺二首

城北春犹瘦，花南日易升。乍忻郭外寺，初脱瓮中蝇。江气凉如雨，山容淡似僧。碧云无限意，分送佛前灯。

胜地天无险，长干路自迢。舟行风雨浅，心定梦魂超。荷锸成孤往，投竿且独谣。禅锋与诗趣，不敌一鹪鹩。

投老

投老浑如寄，随缘便是仙。窗虚竹万个，日暖柳三眠。禅定嫌莺舌，征徭损鹤田。茅檐来息影，喜见月娟娟。

万福桥建始雍正元年，为上通云南衢路，近自公路经过，填高两岸以防水溢道阻，而桥与水争地矣。夏秋潦涨，冲激若怒雷，桥基益危。作诗以诏后人。

始信弥天力，投鞭此水滨。咎征疑有数，往事已如尘。江吼潜虬走，云昏地轴沦。断碑无可读，空忆国初人。

津亭

日月骎驰似去程，津亭春涨上江城。归禽贴水掠飞雨，新叶如花放晚晴。乍歇农歌分夏景，稍闻诸将事西征。暝烟十丈平如掌，灯火人家一道明。

老去

老去狂歌返故山，望云出岫望云还。藕塘静趣龟巢叶，药灶生涯酒驻颜。长笛当筵愁客散，流莺停午让鸥闲。书痴诗瘦吾何似，荣辱随人话两般。

传麟随敏君自湘来汉皋追送，即夕江船东下，口占一首。

劳劳倚语别长干，飞雨征衣上悄寒。风吼江鸣舟似叶，云奔山静客凭栏。隍中蕉鹿牢歌咏，身外螗螂费射弹。只道衡阳犹苦战，老怀无计慰加飧。

钟山

龙虎金陵气，兴亡北固楼。颠风断荒渡，寒日下重邱。设险真无地，浮生尚有舟。闲云归未得，沙嘴倚轻鸥。

题东坡画像

毒雾昏昏日色殷，暮年谁复望生还。蜃楼奇气长鲸浪，天与琼崖看海山。

题徐文长①画孝陵策蹇图

淡墨荒残画外传，望中想像孝陵烟。蹇驴芳草来何暮，独对斜阳拜杜鹃。

题边寿民②芦雁小景

牧笛归风倚晚晴，楚江云外雁来声。枯芦战罢秋容老，聊与空灵寄此生。

上海得家书，旧宅为兵所踞③，藏书散失，大半供薪火。海盐张元济来问状，霖雨竟日作诗。

蜃气变昏晓，客怀占雨晴。尘鞅不可息，忧患得饱更。稍喜十年旧，颜面照殷兄。青衫裹光仪，君意自朗莹。问答共灯烛，有语皆心惊。湘乱若游蜂，谷坑日怒生。人命骇凫鹭，蟫篆刊书城。我躬未遑阅，好尚集心兵。著书盈屋角，翳如身后名。魑魅争路出，吾自守卞荆。南面一割据，独力任扛撑。惰农无丰稔，守拙抵勤耕。进德未嫌晚，慰此风雨情。

---

① 徐渭（1521—1593），初字文清，后改字文长，号天池山人等，绍兴人。与解缙、杨慎并称"明代三大才子"。

② 边寿民（1684—1752）初名维祺，字颐公，又字渐僧、墨仙，号苇间居士，晚年又号苇间老民、绰翁、绰绰老人。江苏淮安人。善画花鸟、蔬果和山水，尤以画芦雁驰名江淮，有"边芦雁"之称。

③ 1926年5月，唐生智讨吴（佩孚）驱赵（恒惕），与叶开鑫战。在吴佩孚重兵压迫下，5月初，唐生智放弃长沙，退守衡阳。广州国民政府任命唐生智为国民革命军第8军军长、北伐前敌总指挥。24日，派第4军第10、第12师和叶挺独立团入湘援唐。6月，唐北伐，6月5日，叶开鑫退守湘乡县城，9日，北伐军攻克湘乡县城。

题安化陶文毅公①所藏煮石山农②画梅大幅

湿墨画梅梅蕊润，水际竹丛纷相认。未春秀气接三冬，绕帘雪月初飞趁。冷艳疏香玉纤寒，疑有吴姬乱风鬟。汪汪不尽千顷波，横斜山驿消鄙吝。花光嗣印杨补之，山农貌写亿千枝。中庭借影看不足，日暮空多碧云思。长忆江南渺烟水，破衲孤僧冰雪姿。天风笑语落山涧，未许蜂蝶相追随。陶公勋业八州督，搜罗纸本差不俗。南山东篱动诗兴，眼明不碍双属玉。清泉冷冷山上皑，高楼吹笛夜徘徊。冻禽饥啄芳苞来，谁道东阁画牒开。

题高尚书夏山图有李日华③、项圣谟④题诗。

羊头冈下房山老，胸次磊磊蕴古道。一町半畦淡云烟，怪底江山打草稿。石涛画印有"收拾江山打草稿"。笔锋淡定写天人，收敛光芒妙入神。惜墨如金泼如水，元气淋漓表天真。夜虹贯月谁敢拟，北苑南宫让清尘。昔闻分宜夜山图，沧海螭龙嗟遗珠。岁月荒忽人事改，神物偶然落清都。粉壁晶润悬生绡，留此夏山照座隅。天大微云卷霄汉，窈然篱落接菰蒲。渔舟一叶沧浪外，开怀满意到江湖。浓绿长阴日卓午，草露竹风浸肌肤。吁嗟尚书不可作，想见掀髯下孤鹤。坏色禅衣古调诗，钱塘江上晚潮落。去官余事不挂眼，阶前风暖翻红药。一代名品第真逸，服膺最到清閟阁。短章长句斗清标，题记姓氏犹堪托。

大沩山寺劫后重到作诗

篮舆唤渡荡春波，溪回路转纷绿萝。迥立苍官久余待，胜地年来战马过。简栖碑没头陀寺，北山移文照空翠。曩时金碧启精严，今日荒蛙鸣鼓吹。积潦夜明星斗湿，幽岩点滴咽珠泪。著我山林梦

① 陶澍（1779—1839）字云汀，湖南安化人。嘉庆七年（1802）进士，任翰林院编修后升御史，官至两江总督，谥文毅。
② 王冕（1287—1359），元代著名画家、诗人，号煮石山农、饭牛翁、会稽外史、梅花屋主等。
③ 李日华（1565－1635），字实甫，嘉兴人，明朝官员。书画家、鉴赏家。著述多，有《悟致堂集》《悟致堂诗话》等。
④ 项圣谟（1597－1658）字孔彰，号易庵。嘉兴人。明末清初画家，有"嘉兴派"之称，著有《朗云堂集》《清河草堂集》等。

幻身，佛前细证灯花毵。儿时荐福叩山灵，家国欢娱神所听。国亡家破山伶仃，谁与兹山留典型。

检文俊铎①遗札叙左宝贵②平壤战没事感而有作

达士忽细谨，天籁韵长松。飞阁上云雨，洗耳临阊风。偃蹇梦楚观，朱弦写枯桐。龌龊穷巷士，礼乐汉三公。稷契若在眼，勋业畴与雄。少日追胜游，吐论气如虹。伏阙奏万言，联名效说忠。长剑倚国殇，肝胆何飞翀。楚人颂嘉橘，吾亦验岁功。江海溢平陆，双鬓乱秋蓬。关河急砧杵，日月高冥鸿。积薪塞夷庚，穷途偎马通。石交泉下土，匏落吊孤惸。

渡湖

买酒江天酌浅深，夜航风正渡湖阴。浪花溅处篙师狎，遥岸月明飞水禽。

登楼

透风透月白衣倦，观水观山乌帽斜。凭仗高楼一把酒，为倾胸臆对云沙。

沪滨租场愀隘尘嚣，独步半淞园，始觉秋气已深，作诗。

九九逢阳厄，寻幽櫂短艖。风篁金琐碎，泂水玉琤琮。倦客迫吹帽，余年撼急椿。莼鲈无可忆，秋影落淞江。

再过半淞园二首

莺花撩乱去骎骎，一曲劳歌酒后吟。刚过午阴游客散，水云分雨日初沉。

---

① 文俊铎（1853—1916），湖南醴陵人，光绪十七年中举。光绪二十二年，赴京应试，各省举人相约"公交车上书"，湖南由文俊铎首署。同盟会会员。后转而投身实业救国。

② 左宝贵（1837—1894），字冠廷，山东费城人。甲午战争战死朝鲜，光绪帝封太子少保，谥忠壮。

荒寒秋色在眉头，似首飞蓬晚雨愁。断续丝虫促机抒，平生颇忆少游不。

江步五首

送目长吟坐翠微，隔溪疏磬度烟霏。白云生处樵歌缓，鸦阵三三两两归。

属玉双飞高下鸣，藕塘雨过晚凉生。数声风笛江村外，秋水渔舠照眼横。

僧磬渔榔烟水微，人家砧杵试生衣。道心诗思来无迹，散入空灵任化机。

放纵江风舟自闲，狎鸥贴水却飞还。际天芳草无情绿，遥借孤云补断山。

长空雁影上征衣，近岸沙村燕始归。秋重柳阴低瘦后，水云无际晚烟肥。

武昌战后

秋气萧森压古原，江声如哭有招魂。客中岁月风兼雨，乱后人烟郭似村。官渡旌旗云作阵，淮王辞赋楚沉冤。山川形胜同毂转，安石功名只一墩。

岳阳战后

阵云深处下鸢乌，百战重湖胆气粗。嘈杂鱼虾收晚市，荒凉星月照枯芦。涨痕出岸烧痕浅，旧鬼无家新鬼孤。自是祸胎埋未了，谁收一篑到桑榆。

伏龙寺

岩壑转深秀，风回天忽阴。磬声云磴度，幢影石栏侵。松健高僧性，龙潜志士心。绳床经阁夜，牢落伴枯琴。

归田园居二首

大地森豺虎，先畴仰典型。似僧仍退院，认鹤不梳翎。誓墓泣枯树，埋文感暮龄。山农煨芋火，事无采芝苓。

水坨江村路，孤生白首人。长剺能托命，秋叶恐无神。沙雁催寒雨，溪云酿小春。南山浑不改，拄杖看松筠。

山程

千峰消息疑无路，一径荒寒细作程。层叠冻云催小雨，山茶开遍夜虚明。

食蟹

把酒江山兴有余，霜脐风味压鲈鱼。草泥郭索横戈处，打火趋潮计已疏。

书几

雨歇虚檐滴，风鸣历纸窗。金钱销骨董，道力镇心幢。穷鬼韩难退，诗魔白未降。生生根性在，千偈下奔泷。

宿长塘铺题山谷诗

星芒寒射九秋夕，古瓦苔封历代祠。苦竹编篱风撼户，萧疏吹万似黄诗。

题张大风①画

夜航宿沙嘴，风飐乌角巾。晴月聚凫雁，野烟摇荇苹。飞霜侵鬓脚，积潦退湖漘。依约寒山径，梅枝占小春。

九月十五日自吴淞渡海至大沽

芥舟杯水起惊湍，九万鹏搏良独难。浊酒浇肠留短梦，长风吹

---

① 张风（？—1662），又名鹤，字大风，号升州道士，又号上元老人。明代画家、诗人。

月送高寒。余生真拟浮槎去，何处能容脱屦安。极海神山原缥缈，童颜尽说有仙丹。

抵天津曾希任①来访剧谈

稳知民力未曾舒，百战河山楚又吴。酒后论年巡鬓发，眉间满意说江湖。橘州自昔怀芳草，耒水由来散腐儒。我便埋尘君莫舞，黄金台畔一呼庐。

旧京赠许仲期②

广堂枲几夜摊书，风叶骚然一起予。细字残年录北户，疏钟缺月梦西庐。软红尘底销宾送，虚白光中悟物初。谁道惊天霹雳手，放生池畔散斋余。

印昆③雪霁招饮新酿橘甘酒和韵

庭院风微暖，沟渠响细流。频商劫后计，争得死前休。行箧诗如束，多年我倦游。橘甘新酿酒，强醉落新愁。

红梅

暖阁偎人点绛唇，酒边帘外斗先春。通宵雪月空明里，为护灯花替写真。

逢南使

求舍埋尘事两般，韶华如梦去班班。芒鞋踏破南北道，岁晚昆虫自闭关。

---

① 曾希任，生平不详，1920 年任河北新河县长，是年旱灾时疫，设赈粜局。

② 许起枢（1868—1934），派名泽颐，字仲期，湖南湘乡人，光绪戊戌科（1894）翰林。任浙江台州知府，卸篆后在京任职翰林院。

③ 周大烈（1862—1934），字印昆，号夕红楼，湖南湘潭人。留学日本，曾任吉林民政厅长，民国六年当选众议员，后任张家口税务署监督，曾为陈师曾、陈寅恪家私塾教师。富收藏，工诗书。

寄詞伯天津

南楼月暗雁行迟，北户冰严鹤梦知。暖阁倚红传绿蚁，晴窗飞白写乌丝。梅花驿使空消息，臣朔侏儒尽饱饥。拥被微吟寒到骨，斗春新咏下流澌。

残雪

荒荒云日外，残雪在檐枝。风定炉烟正，诗成帽影敧。节移衣渐敝，酒倦意全痴。自理雕残鬓，溪山杏后期。

京馆守岁

拆棉风力北来知，檐滴无声冰柱垂。嗅案饥鼯寒窸窣，捡枝惊鹊影栖迟。梅梢拂水先春意，柏叶当门故里思。随分盘飧牢守岁，活红灰陷独斟时。

小招隐馆后甲子诗编卷四丁卯

印昆六兄褒所作诗五百余首，属共商订，寒灯旅夜雪拥门阑，茫不知此身在燕南海北矣，漫题卷后归之。

万鹤表风雾，漫漫蔽一城。黄云醖欲暖，鸤鹊冻无声。但道寒澈骨，畴知计岁盈。鸡鹜争粒粟，束带事期程。恢恢旷士怀，图史谢枯荣。短歌饭黄荞，魂清夜虚明。出门粲万瓦，宫阙何晶莹。人马动晓色，燕寝倦朝醒。山河纷在眼，高下迷谷坑。飞梦湘山道，梅枝照水横。缟袂伴姑射，竟夕峭寒生。相见长安市，临老更北征。穷愁托蠹隐，风雨卜鸥盟。春影酒杯宽，诗心共灯檠。两年隔颜面，五字剧峥嵘。桂堂月轮孤，桂堂君之先庐。田庐阻归耕。去鲁更思鲁，何时道班荆。

上元观灯奉江叔海瀚[1]时任故宫博物院长。

楼阁翻鸦春酝酿，晴云轻点遥峰障。扑地沸天灯市开，飞盖摩肩声浪涨。老泉先生汉诸儒，江有别墅在太原难老泉，门徒所成。乌帽红颊白髭须。吏民散尽踏街月，铿然归杖路盘纡。早岁文翁化巴蜀，经术更开大小苏。广堂高座接飞辩，折角解颐秋弯弧。老来受岁望乡国，八闽腥涎蜃气粗。敛手推枰叩真宰，借箸画壁探河图。故宫魂梦一朝断，劫火仓皇半夜呼。向歆父子窥中秘，三殿琳琅光有无。平生我亦药龟手，不称三公称敝帚。丹铅穷年事点勘，未辨枯杨生左肘。

---

[1] 江瀚（1857—1935），字叔海，号石翁。福建长汀人。清末曾任河南布政使、学部总务司行走，署京师大学堂师范馆监督兼教务提调。1912 年任京师图书馆馆长，1926 年故宫博物院维持会推举其为会长。

印昆示其远祖九烟先生为无可师画兰小景，有自题一绝，国变后投秦淮死，印髯有题，即用其韵。方密之逃禅号无可。

风露侵荒墨，荆榛日以深。孤根依净土，空谷有遐心。淮水前时月，江潭一夕吟。逃禅吾自了，三嗅到岩阴。

读洪觉范①石门文字禅

除却贪嗔除却痴，瘦藤飞锡镇相随。湘山月落千峰外，不尽江南觉范诗。觉范游湘最久。

立春日引镜

引镜衰迟意，频频病眼揩。闲庭喧斗雀，落日静长街。渐阻天边梦，难开醉里怀。天心殊自见，雨露动根荄。

花辰日小雨，寻社稷坛故址②，今废为游观之地，亭榭朱栏杂植花卉，禽鱼虫鸟皆有给养，古柏列行，郁郁青青，便有乔木故国之感，得五绝句。

卵色天容接水偎，催春冻雨犯官梅。栖鸦初散湿云上，袭面轻寒破晓来。

曲磴朱栏远远欹，石桥新涨假山移。阴岩尚认嵌云字，都是乾隆御制诗。

黛柏参天风露溥，班行分列古衣冠。平台覆社今无屋，容与春光尽日看。

战胜何年表石坊，人间叹息已亡羊。可堪角逐列强后，公理居然话短长。德奥战争我国以借债被胁参预，侥幸德败，乃就园中石坊改题

---

① 洪觉范，宋代新昌人。黄龙派名僧，又是诗人、散文家。深受黄庭坚的赏识，与江西诗派众多诗人过往唱和，诗名颇响。

② 社稷坛外坛南门内有一座白玉石牌坊。此坊原在东单北大街，为清廷向1900年被杀死的德国公使克林德赔罪而建。1918年第一次世界大战德国战败，1919年被市民砸毁，后民国政府命德国重建于此，改名"公理战胜"坊，并布置喷泉花木，形成一处欧式景观。1950年改为"保卫和平"坊。

"公理战胜"四字，亦足羞也。

饲鹤园丁镇日闲，开屏孔雀斗双鬟。水云愁绝无人处，一鸭冲波自往还。

钟楼忆昔
尘土二分埋未了，钟楼重到岁骎骎。策勋翰墨浑不健，引退江湖只独吟。舌底青莲无可吐，鼻端余地恐难寻。生涯一钵人天共，梦蕊心灯自照临。

眼花
眼花犹辨枕中书，苦李蒙庄意有余。诗力穷人春浩浩，茶功破睡梦蘧蘧。谯楼听鼓霜凝晓，初地烧香月满庐。踏破九州身老大，匡床注易透玄虚。

同九弟绍先登楼
早梅开遍墙阴浅，残雪初消野水流。晓雨春侵盘马地，晚风人上放衙楼。雁声清壮关兵气，鸦阵纵横没远州。极望南云衰眼力，孤村烟树入新愁。

西直门登眺二首
历历前朝事，淹留独老身。雨晴天送暖，红绿晚扶春。孤障生云子，夕风荡水湄。眼明南北道，吹角散征尘。

初日梅梢闹，光风马首迎。稍闻催布谷，未见剪长鲸。丹颊春回酒，白头岁又兵。几时翻麦浪，扶梦到归耕。

三儿传麟以矿事至郴，居民犹能道大父方伯公练团兵修堡寨之利，因展家藏军书及郴桂兵事者示之。
郴桂居形胜，妖氛下建瓴。指挥收峒户，奋迅击雷霆。截竹传飞檄，磨崖想勒铭。当年清野策，遗爱泪飘零。

李花三首
朝来秋露晚来风，迎面撩人玉一丛。惆怅城西花转盛，只疑春在有无中。

香梦霏微冷玉姿，溶溶摇荡早春时。燕山雪后银塘影，承露迎风借一枝。

一栏春影淡湘烟，临到开时已隔年。庭院虚明人悄立，夜晴云月吐娟娟。

陈壬林①**弃官佞佛，买宅西直门新作园林，为赋五小诗。**

白头再见此州春，走马城西问旧人。天际孤云孤绝处，东风吹梦细如尘。

小立斯须惜胜游，午风披拂淡忘忧。春阴垂野天如幕，时有轻云屋角流。

桃花欲动燕初飞，脱手风光上客衣。天迥游丝飘不定，故山猿鹤意多违。

得地心宽种数株，携儿扶杖意徐纡。他年定有风烟上，便写寒林落叶图。

吟诗跌宕心情老，佞佛机锋霹雳空。文字禅中春浩荡，灵根深密有潜通。

梦游春诗十三首效陆龟蒙

倚窗承露玩朝晖，麦浪秧针湿浅微。迎面春风曾识我，浮云身世伴禅衣。

踏云双屐趁新晴，塞嵷碕回石路萦。大绿长阴桑婉婉，人家初

① 陈尔锡（1878—1936），字壬林，湖南湘乡人。清末民初书法家、诗人。1906 年官派留学日本。辛亥革命后任湖南司法司次长，湖南高等审判厅厅长，中华民国大理院推事、庭长。

隔一牛鸣。

涨痕江路月茫茫，待晓蛙声闹野塘。万窍凄清云物淡，水风吹送白衣凉。

一弯新月护渔矶，列岫芳春影四围。开落野棠风信歇，闲门要路燕交飞。

南台野饭僧厨净，西崦归农笑语喧。行过东溪双眼倦，白鸥春水自当门。

东风习习天如镜，南涧粼粼水漾沙。细浪游鳞银一寸，衔花吹絮也排衙。

社祠赛社人归杖，花坞看花月上弦。刚过采茶春老大，麦黄葚熟又蚕眠。

春云暄热闹前山，远水高低度白鹇。欲识田家真乐处，人牛不见一蓑闲。

扶犁饭犊午农闲，孤艇残春钓月湾。客子光阴云水外，满川芳草一房山。

远树粘天眼力微，数声白鸟背人飞。江村烟雨溟濛里，何处孤僧犯犬归。

草荒先陇伤游子，雁叫驿楼带箭声。欲买江船倍惆怅，谁家吹笛月边横。

此身已老负云泉，梦里风光布谷天。决决冒田春涨乱，青蛙怒立绿杨烟。

夕光空翠上衣裾，柘垄桑冈四月初。我梦游春春梦远，湿云低盖子云居。

家书又报湘乱二首

冉冉春云压驿楼，如弦乡思浩难收。鹊传吉语梅花笑，山隐修眉晚雨愁。瘦马荒陂容客度，芒鞋孤杖写天游。宝书巾屡看吾倦，已拼衰迟滞一州。

人间何处不兵氛，向日宁知卖菜佣。背郭荒村疑夜吠，近溪矮屋有云封。漫从许子学劳力，毕竟陈相已误农。十丈缁尘京洛地，休休莫莫一书空。

白云观

院静风瓯响，塔孤海月升。灵山初见佛，螺水续分灯。后夜乌啼柳，浓春花照僧。人天同此会，香篆看云生。

独坐

飞书草檄让他能，呼作人间粥饭僧。闭户晨昏慵自了，纸窗晴日看痴蝇。

刊削旧诗便成客中清课，漫题册端。

老矣皇天赦斧斤，坚提句律张吾军。诗成茗椀杂飞雨，禅定熏炉隐卧云。驿路烟尘驰檄草，寓公风雨怆榆枌。门前飞絮游丝路，挽绊春泥有二分。

再游社稷坛旧址

墙角阶阴春事东，水西行径路才通。花光重叠欹微雨，柳浪轻盈倦午风。香雾霏霏云幕歷，曲尘细细月朦胧。一眉晴绿浓无似，拼与游人衬软红。

杨度①有论禅文字，余以未能参向脚跟，绳之亦背吾儒鞭辟近里

---

① 杨度（1875—1932），原名承瓒，字晳子，后改名度，别号虎公、虎禅，又号虎禅师、虎头陀、释虎。湖南省湘潭人。

之义，达摩无有语言文字，斯其至矣。

人天欢喜辩纵横，参向脚跟定慧生。枣柏宗风压班马，惠洪句律响华鲸。洗心云水宽巾屦，平等光尘谢阱坑。金锁自开诸妄尽，从教棒打不闻声。

白塔寺

鬼工绝壁耸清标，时有惊风响寂寥。掣泪前朝僧眼合，栖神后夜佛幡飘。频频晓雨湿鸦翅，剪剪轻寒约柳腰。瓦枕藤床春烂漫，拍肩挹袖一相招。

晓星纪事

众星煌煌射云表，声光如泼欲侵晓。小白风旗一尺高，灰色军人殊悍慓。万马蹴踏街尘惊，号令齐一北大营。投鞭渡河河流激，饮马窥江谞无敌。一麾半壁尘上嚣，横磨不数汉天骄。腹疾终伤鱼尾頳，弦急自识枯桐焦。人间何世齐物论，天秩有叙发独谣。雄心草檄今则已，濡笔从愧悬弧矢。釜鬵铁耕力不赡，大同小康可亦否。周原膴膴壮提封，商鞅制律法当死。有鞋一屋强削足，有田一成失负耜。农不如工古有云，嗟尔蚩氓日中市。天倾地拆天梦梦，兽蹄鸟迹感秋蓬。九关恶狞森虎豹，奈此猿鹤与鸡虫。

与印昆谈诗，宗尚各殊而妙契无间，将游西山，拈笔写韵奉赠。

施手论心倦酒杯，联吟一一好怀开。长年爱着游山屐，远意还如拂水梅。翠被春云覆白社，粥鱼斋鼓护灵胎。云门宗派南台近，聊借精严启蛰雷。

寄怀葛邃铭[①]湘中

荒荒谁剪北山莱，金革春农事事哀。旧友差池归社燕，新诗醇酽照松煤。湘中孤愤一天问，爨下焦桐半死灰。决骤嘶风老不任，霸图终古说燕台。

---

①　葛邃铭，字鼎甫，生平不详。

天童禅师①前岁示寂京师，杨度刊其续集，既喜其成，复念宗风雕丧反为奸宄窃取，非驴非马高据要津，匪儒之衰抑佛之羞也。感而有作。

证佛何当返，浮湘遂不归。霜侵行脚屐，尘染坐禅衣。湔浣窥灵府，沉吟导化机。此身如翳影，掩卷玩熹微。

悼东门二首郎园②死于东门。往年八月，郎园问余釜鸣何兆也，因举唐李釜事释之。除日两苍鹰击搏堕其一于苑墀，血洒可骇，斯则　止坐隔咎征有数矣。余客旧京闻而哀悼，长歌当哭匪诗之云。

遂绝乖龙性，如归引颈裁。所亲不敢哭，吾道正堪哀。野鸟凶承臆，庭鹰祸已胎。残丛新著撰，一一迸成灰。

门户乾嘉后，师承服郑深。初坟未宿草，私谥待碑阴。佞宋勘丹墨，遗经剩蠹蟫。形骸飞炮尽，不死岁寒心。

普觉寺三首

柳桥苔路霁阴存，清磬声边礼世尊。松顶闲云闲未了，鹤飞僧住两无言。

住庵结夏慰离居，迥地花茵小寝余。钟歇满庭风露重，静无灯火梦蘧蘧。

小雨花房开自落，一丝不挂灭知闻。西归只履他年约，何似风吹水面纹。

---

① 释敬安（1851—1912），俗名黄读山，字福馀，法名敬安，字寄禅，湖南湘潭人。自号八指头陀。曾任浙江天童寺方丈。辛亥革命后，当选为中华佛教总会会长，1912 年 11 月 2 日于北京法源寺圆寂。

② 叶德辉（1864—1927），字焕彬，号直山，又号郎园。光绪十八年（1892）中进士，旋授吏部主事，后告假归里，不再出仕。著名藏书家、版本目录学家，著有《书林清话》、《书林馀话》、《观古堂书目》及《郎园读书志》。1927 年 4 月 11 日，被湖南省审判土豪劣绅特别法庭判处死刑，并没收其财产。

左台生①北来述郎园死状

衰滞逢君一欠伸，旧京如梦已无神。诗书零落青藤箧，意气销沉软脚春。已辨独行传死友，共刊私史拜先臣。咸同事业光宣士，芜矣东门散鬼燐。

曼源诗卷题后

蒸土搏沙手，词坛老未休。能倾千日酒，不作一山囚。慢体清人怨，哀湍旷代愁。砌虫煎更急，互答倚穷秋。

荷亭

打荷急雨月吞云，夜气溟濛湿簟纹。雨歇云收月自朗，毫端消息照垆熏。

北来食荔枝

猩血殷红染柘枝，海南风味到来迟。思量乞种橘洲路，蹙损湘娥远远眉。

书事

蛟伏腥涎吐，鲸吞恶浪翻。亡秦楚三户，哀郢两东门。裸体日男女，沉湘帝子魂。讹言劫后史，六月有霜繁。

题层峦烟雨立轴二首

南山云起北山寒，蓑笠翁寻急雨滩。山后山前天似幕，云来云去客凭栏。

故国烟深谢豹啼，汀洲人去草萋萋。漫天蛟气浓如许，归梦千山路转迷。

什刹海夜归闻催耕啼与北海子只隔一垣

浩浩憧憧叹鲁鸠，楚臣何事赋高邱。波通隔海谁哀郢，梦堕东

---

① 左台生，生平不详。谭延闿日记，1911 年四月初五，午后，左台生兰孙雇二马车邀游万牲园。

门夜饭牛。携酒看花疑有恨，催耕望岁恐无秋。月明南北驿尘动，乍歇频啼卒未休。

亡友陈梅公晚岁有浮耒水诗一卷，高调生辞，冥契古作者，兀坐追忆发其哀思。

埋头苦忆刔心句，高调真从熟后生。精舍三间书聚散，澄江一道月孤明。晴云落落标天末，荒墨庚庚拆大横。寒食草青伤耒水，为谁流下咽残声。

石溪①画新篁结夏图有自题长句

煁树挥弦结夏庵，新篁承露影江潭。刺天飞鸟无南北，浮鼻归牛有两三。野店煎茶客乍到，高僧卓锡意同参。青山浪涌迟招隐，诗杂仙心共一龛。

玉泉山京师大水旧有普仁大师降龙事

尘清沙软晓云边，跨马郊原小着鞭。宝殿梯扶金碧隐，粥鱼斋散梵音圆。石龛看月降龙夜，玉笏敲诗证佛年。无命采芝聊息影，渐逃穿鼻借闲眠。

寄答六弟谊吴兴

死生如梦吾容择，魔蝎冲年理或然。无处卜居问渔父，可能脱屣学神仙。翻江风雨秋先到，覆手河山恨未填。何日对床消永夜，彭城飘泊慰华颠。

宋人画风枝寒雀小景

抢枋力小得怜侬，毛羽斑斑趁始飞。四顾风枝寒弄影，暮江秋杳稻粱微。

赠卖药黄翁

一自黄精托散仙，芒鞋踏破雪盈颠。五溪三峡经行地，猿叫鸢

---

①　石溪（1612—1692），俗姓刘，武陵（今湖南常德）人，法名髡残，字石溪，一字介丘。清初四画僧之一。与程正揆（号青溪道人）交善，时称二溪，又与石涛并称二石。

沉若个边。

题曹云西①画

云影天光盖一庵，松声谡谡和清谈。昨宵雨过南荣漫，药草新苗茁茁两三。

用山谷和谢公定秋怀诗韵五首，赠散原居士②，别三十七年丁卯始见于沪滨。

飞雨浥书帙，尘案得除扫。起寻故人居，周道侵坏草。履迹吾未辨，意在须眉间。沉迟三十载，虚堂一开颜。

浮湘昔访学，哀乐亦云多。人去市朝变，相顾问如何。我欲赋招隐，谁与咏伐柯。高议接枚叟，岁暮可寱歌。

鲸浪沉天日，蛟气深泽薮。强饭买鞍鞯，腐心迫皓首。力田祈丰年，助长皆稗莠。独寻龟手药，不见医国手。

新机时可触，旧过时可补。辛勤叩南郭，示我忘甘苦。微凉洗眵昏，徂年遽如许。徒倚南冠客，频闻歌去鲁。

风鬟散丝丝，闻道苦不早。闭户窥图史，望尘绝颠倒。老境忘前后，浑不记帚扫。庭际一花开，吾意殊草草。

徐州战报

江县邱墟兵气深，去来如锯纵前禽。诗成苦语神其听，秋入衰颜意不禁。贴枕残书且栖影，破窗荒月未盈襟。艰难转徙无终极，领取霜砧空外音。

观潮

前潮呜咽后潮哀，自古灵胥走怒雷。三见沧桑三屈指，难将人

---

① 曹知白（1272—1355），号云西，画家，华亭（松江）人。
② 陈三立（1859—1937），字伯严，号散原，义宁（今属江西修水）人，近代同光体诗派重要代表人物，晚清维新派名臣陈宝箴之子。

事话蓬莱。

吴淞秋夕四首
地已分鲈脍，人犹数客程。枕回颠倒梦，风杂短长更。楚些魂无定，江鸣气未平。流民生计尽，飞雁正南征。

割据英雄业，谁怜貉一邱。饮江闻冀马，侧目有梁鹜。袍袴风埃涴，笈簏酒盏浮。故山瓢笠梦，祈计已穷秋。

金律肃征路，霜华冻坏幢。苍鹅闻出地，白雁看横江。置器成孤注，招魂尽一腔。隔篱灯火外，寒影吠饥厖。

高馆哀弦动，吴音脆似吭。砌虫声断续，溪雨晚荒凉。枫落朝酤酒，鸽飞夜警霜。微吟托孤啸，毋乃损刚肠。

逢末颠僧
牢落幽禅伴，雕年一梦中。精严霜戒律，咳唾畅玄风。雨瘦东篱菊，霜肥阔叶菘。甘酸都试尽，煨火见潜功。

悼友
青灯无物堪娱老，插架牙签压岁遒。夜雨山邱华屋泪，坏琴弦索候虫秋。暮年述记伤衣钵，病骨支离损带钩。九死如饴全不恨，且留肝胆照恩仇。

魏淑仁游塞外三十年，老废始归，自伤晚闻，借书扫尘斋即赠。
南登东渡鬓毛侵，绝塞归来击壤吟。纪省养鸡窥至道，支公爱马自遐心。科头读易添香炷，秃笔钞经伴隐蟫。不犯锋铓不住恋，梦中饥饱本难寻。

松阁
开眉买醉意迟迟，松阁朝吟晚得诗。却笑园蜂事辛苦，趁衙将子总如期。

小招隐馆篆额作诗

窥帘山鸟哢晴阴，屋角新枝出旧林。杨恽报书歌拊缶，太冲招隐赋鸣琴。屠龙伎俩余悲咤，换骨诗篇费苦吟。葵苋秋深如有待，牧羊驯鹤向来心。

折枝梅

纸帐无尘心已灰，枯禅寂寞有谁媒。西津渡口孤山路，刚伴残更鹤梦回。

咏黄蝴蝶

西园秋草乱如蓬，寂历寒香荡晚风。说与陶家分瘦影，高低飞度夕阳中。

沈知方①藏画

莫遣鸡林海客知，倪迂清閟重当时。看花老眼浑无似，拈韵犹题画里诗。

归装

近秋客忆鲈鱼脍，何处人歌白纻词。一鸟江村数声去，西风归袂野航知。

代赠

初三月上露如珠，张姓连天梦亦无。渐识蛮讴变清绝，无端心事上蘼芜。

读《华严经》

散发西园青石床，华严参透了遗忘。观身密坐春回颊，虎穴魔宫是道场。

---

① 沈知方（1883—1939），字芝芳，别署粹芬阁主人。浙江绍兴人。早年入绍兴奎照楼书坊为学徒，1912 年与陆费逵等共创中华书局，任副经理，1921 年创办世界书局，任总经理。

楚调

刘伶能颂酒，公绥方赋啸。驭风游无何，高朗得元照。鸢鱼机泼泼，庶人行僬僬。咄哉汉阴翁，乃凿混沌窍。言诠破玄虚，智识事掠剽。荣枯例寒燠，宁不及早料。种种复星星，头颅讵更少。湿薪如束腰，遑问民病疗。万事壁挂口，勿作寒虫吊。好风来青苹，无地给耕钓。秋气结重阴，商声和楚调。

古松

森森鳞甲护严冬，伴我青山隐卧龙。唤作苍官浑未称，不知点污有秦封。

除日从兵间返长沙

砭骨风欺帽，冲泥雪点衣。行吟问渔父，孤愤托韩非。十步严兵哨，千人弱吏威。更闻蚕妇叹，岁晚倚空机。

题云栖阁图

画阁栖云影，观生且据梧。楚风留九辨，篁泪泻重湖。天阔鹰呼野，霜清雁带芦。微吟分茗椀，三业亦区区。

小招隐馆后甲子诗编卷五戊辰

立春日试诗

乐天身健鬓侵眉，老住江村与世遗。寒驭指东春泼泼，阳乌行令物熙熙。水边浸月梅横野，句里无尘偈入诗。乱后楹书惊聚散，蔡邕精力迸成痴。

经谢丈枝先故宅

细草春回金井栏，海壖奇石尚巉岏。蜗痕蒙雨青珉隐，螵扁题颏绿字残。幽涧寒声流屋角，老杉秀色上云端。牙签风响长廊静，百匦千遭尽日看。

劫后

辞汉铜人泪，无家天宝哀。松身逃劫后，梅意认西来。存者依新鬼，谁与种祸胎。连村三月火，吟望肺肝摧。

晓发村店二首

草草逐群动，凫鹥散一班。晓光初破睡，缺月欲沉山。寇盗犹窥伺，兵戈自阻艰。征途无远近，难得好开颜。

村树娱晴绿，客程倦午鸡。分烟家聚灶，共井麦通畦。风雾花生眼，泥融东复西。所经芳草地，一岁一萋萋。鲁连子一灶五烟分突者众。

雨歇

雨歇风微暖，今朝扪得晴。翔鸢千嶂动，飞鹢一舟轻。草浅青袍乱，诗成白发生。兵间余几活，六七尚纵横。

阁夜

且藉春扶老，聊凭酒放颠。短檠风翳蕊，高阁雨鸣川。梦浅超天外，诗成半枕边。险易经过后，容易识蹄筌。

寻城北铁佛寺故址

佛轮转处人天会，摘叶寻枝认未真。沙路倚晴春晼晚，落花飞絮只如尘。

田家

南荣药草日熏浓，停午排衙闹野蜂。稚子报添新竹笋，口吹竹叶饷春耕。

读佛书八首

　　昔司马温公读佛书，谓其善者不出于吾儒，其诞者吾不信也。儒家立言若是焉尔，余读译经得诗八首。

　　掷却随身铁挂杖，任凭呼我楚人伦。藕丝空里乾坤大，魔佛何缘抵死争。

　　散衣跣足竟何之，拥衲盖头原未迟。云水打包云水幻，西来著意讵忘痴。

　　叶落秋声何处着，南登东度恐难胜。夜阑添得膏油好，枯草生花无尽灯。

　　笛歇牛眠倚睡闲，更无诗偈待渠删。东南月涌纤尘净，空手而今笑老顽。

　　萝蔓乔松相倚青，鹤巢将子共仙龄。何人识得根深处，别有蛰龙伴茯苓。

　　云容山齐眼中开，浩荡春光得得来。鸟自能歌花起舞，缓风吹送讲经台。

推门击撼都不应，雪尽苍然露一山。鼻息虹霓千偈浩，驭风骑气去人间。

智光圆处没多子，焰澈人天噤野狐。口头滑溜当家偈，消得金毛一吼无。

试茶
青珉花隐苔纹细，红药风翻春事繁。小踞胡床搜句律，待臣双井泻心魂。

八大山人①画大涤草堂图，盖皆明宗逃禅高隐之士，嘅伤国变寓于诗中画中，读者可以知其志，已为补题以继其后。
云居一角占古春，风回路转四无邻。石泉泠泠杂夜雨，老树空山坐天人。南荣新苗拂瑶草，幽墅盘根森龙鳞。斜阳窈窕抱山脚，暮色牛羊下樵薪。出世真作没世想，金枝玉叶已无神。草堂题诗契仙侣，须鬓荒残见在身。吁嗟山骨可琢石可渺，瘦藤薄茧照枯墨。长虹贯月射沧江，放纵笔端拔抑塞。此是玄沙息影图，约束万象叱鬼巫。雷电作舌冰雪躯，风度秀澈结跏趺。

萧尺木蜀山栈道图轴
玄猿夜叫青石裂，千夫万夫壮心折。三峡连天巫峡长，上峡下峡声凄绝。五丁开凿功不施，金牛之矢道旁遗。绳桥锁铁栈阁敧，岩树盘屈瘦蛟螭。惊湍飞沫马脱羁，三朝三暮黄牛迟。赤日炙背天无梯，雪花如掌风砭肌。何事南荒投碧鸡，若有山鬼从文狸。水陆舟舆纷逐追，寒暑回环休无时。噫嗟蜀道古如此，文章憎命魑魅喜。曷不寂寞伴草玄，漫羡功名射弧矢。谪仙杜陵俱已矣，高辞今日称诗史。

---

① 朱耷（1626—约1705），本名由桵，字雪个，号大涤子、八大山人、个山、驴屋等。明宁王朱权后裔。明亡后削发为僧。擅书画，能诗文。花鸟以水墨写意为宗，形象夸张奇特，笔墨凝炼沉毅，风格雄奇隽永；山水师法董其昌，笔致简洁，有静穆之趣，得疏旷之韵。

检张玙①遗册

联吟石鼎鬼神吁，侯喜无声噤座隅。唾笑文章开气宇，销磨筋力混屠沽。霜皮溜雨苍官迥，大海回风蜃气粗。千载断弦掩流水，虚堂月落剑光孤。

夜话梁子英

腰髀疏懒意全痴，说鬼谈天惊市儿。问讯梅花不负我，觉来蝴蝶定知谁。阮犹蜡屐戎犹算，朱自亡羊翟自悲。地狱功名尘土幻，西来一苇证吾师。

简陈散原居士时有盗发东陵事

前辈风流余此客，暮年词赋已无家。豹栖虎食森魔界，雨骤雷轰闪夜叉。天似穹庐云作幕，心同芳草志怀沙。东陵便是南台路，抱蔓归来转自嗟。

虚馆

密养心光证一灯，儒衣僧帽倚峥嵘。层城烟水吴音脆，百国风旗海气腾。美酒撩人吾径醉，坏云驱雨势如崩。残疮老废呼不起，犹卜空龟望岁登。

沪滨晤曾农髯②为余画小招隐馆校书图二首

惭愧山灵日月长，移文重勒旧书堂。绿窗蕉叶连天绿，黄玉松花夹路黄。草檄相如身老大，思玄平子意彷徨。轻罗细浪西畴卷，归及槐阴午梦凉。

买山乞谷自锄荒，烂熟儿时书渐忘。竹色侵帘棋局响，秋光点鬓葛衣凉。文章豹雾藏深壑，意气冥鸿警夜霜。铁砚已穿木榻坏，

---

① 张玙，字淑美。嘉兴府崇德县人。生卒年不详。明正德十二年进士，授南京刑部主事，因忤权要去官闲居，以诗文自娱，乡党称之。

② 曾熙（1861—1930），号农髯，湖南衡阳人，清光绪二十九年（1903）进士，曾主讲石鼓书院。陈宝箴创办新学，曾邀与熊希龄、谭延闿各署监督。书法家画家，弟子有张大千等。

此肱三折尚亡羊。

农髯得诗补题一首，用山谷《戏赠彦深》诗韵答之。

何人擅名重苍壁，当年金华牧羊客。老来弄墨寄海市，不数春陵二三策。谁能手提金仆姑，飞骑腾空奏捷书。此邦风味四腮鱼，买醉江天散裾襦。残山一角倚空壁，亭午微吹摇睡余。略无南柯梦王侯，便拟东陵种瓜蔬。月出岭头泼铅汞，霜清饱试天宁赍。千偈翻水不如默，竞心刊落笑春锄。一月不出庭草绿，儿时五经读应熟。但得粗储菽与秫，稍事家酿及秋菊。喜髯作画本无心，月落空庭千寻竹。喜髯作字幻龙蛇，生疏瘦硬销重肉。声称稍后清道人，肥遁贞吉道不贫。君不见中原莽莽争逐鹿，猛将如云飞食肉。升高蜗牛粘壁枯，岂知市隐有梅福。恶风白浪江豚趋，唧唧秋虫韵天灵。悓求草檄谕巴蜀，终让茂陵一长卿。甚欲从髯传妙处，拈韵重叠启长句。药炉犹伴养生书，快士多停问字车。墨渍苍润落纸茧，他年夜雨证萧疏。

半淞园作

偶来胜地亦心惊，照影溪光尽日横。清角数声云外动，高高摇荡一风旌。

送壁园①还小天池精舍，念其目矇无巾栉之侍，话旧移暑而别。

倦客随缘破夏归，眼花犹郭驿尘飞。精庐旧结天池子，疏布应缝出世衣。巷径草侵车辙少，庭帏风缓语音微。伯鸾一去名山远，谁护轻寒到故楎。

朱竹垞②赋无锡道中水车，体物则工，视陈去非飘逸之致远矣，

① 梁焕奎（1868－1931），字璧垣，又字璧园，号星甫。长沙府湘潭人。光绪举人。1899 年筹资接办益阳板溪锑矿，改组为久通公司。1903 年任湖南留学生监督，创办湖南高等实业学堂，后任湖南矿务总局提调。1908 年在长沙成立华昌炼锑公司，1918 年破产。长期寓居上海，晚年双目失明。着有《梁辟园诗集》。

② 朱彝尊（1629—1709），字锡鬯，号竹垞。秀水（今浙江嘉兴）人。康熙十八年（1679）举博学鸿词科，二十二年（1683）入直南书房。曾参与纂修《明史》。诗与王士祯称南北两大宗，词与陈维崧并称朱陈。

小招隐馆后甲子诗编卷八 辛未

张子康挽诗四首 四十年前读书致远楼，得末疾，始自汉皋返湘。

社友随年尽，春愁傍草生。云昏湘浦雨，头白短灯檠。试笔伤元日，招魂认楚伦。寝门孤杖外，老泪一行行。

致远楼荒矣，重游不可期。文心君惨淡，诗句我奔驰。磐石销棋局，风鸢赋采丝。纸窗寻旧梦，急劫到今知。

中年燕市酒，湖海更离群。刻意还伤别，埋文最忆君。城乌晨扰扰，邑犬夜狺狺。归思春流急，瘝痎盼社枌。

湘城一相见，形影已支离。身世今方倦，文章力尚持。繁霜天梦梦，煴火酒迟迟。未饵飞鱼术，青蘦悴一枝。

晚上城南天心阁

草色青袍望欲流，春帆如鹜集汀洲。花浓柳霁光风闹，吹角声中始欲愁。

访葛山人四首

揩眼东南望，长空烟水微。断桥孤艇去，乂路一僧归。江岸青鸾障，人家白板扉。野鸥明晚照，羡尔独知几。

孤杖披衣入，荒途访隐沦。厨烟青似染，萝月白如银。云木钩辀鸟，濠梁散诞春。敲诗幢影落，得句不无神。

南荡东坡路，拂天松影青。囊琴随野鹤，篝火掘仙苓。石液白瑶柱，金泥梵字经。暮年遗世虑，清课订山铭。

九陌黄尘外，逍遥寄此心。马随芳草远，岩逐落花深。兵祸天不悔，髡残岁已骎。交游看略尽，死抱一枯琴。

辛亥兵乱得文廷式[①]遗著数种，廷式初入南书房，值戊戌变政，锐意言事放归，抑郁以死，葬萍乡煤山，偶检所著题诗寄慨。

西省深严旧著班，归来发箧慰时艰。孤臣涕泪挥无地，剩葬要离冢畔山。

南云一首忆先兄作

南云暄热风花闹，晚岁疏慵诗句悭。春草池塘无梦到，蛙声才罢雨声连。

得茯苓

青肝紫络养黄庭，玄箓朱书镇晓星。习习松涛喧午枕，密阴分影护仙苓。

朱张渡

青翰舟中玉笛吹，小风波皱岸频移。绿杨浪涌春潮上，隔岸渔歌到自迟。

舞伎

越罗初试舞腰长，新月双眉认媚娘。醉袂倚风诗跌宕，华灯侵夜意低昂。黄金铸泪偎红拂，翠幄藏娇试锦裆。吹下步虚春似海，细尘芳甸罩鸳鸯。

返里门二首

塍转风回稻叶舒，溪流刻屈水声粗。翳门松翠秋如滴，隐几虹

---

① 文廷式（1856—1904），近代词人、学者、维新派思想家。江西萍乡人。出生于广东潮州，少长岭南，为陈澧入室弟子。着《云起轩词抄》《文道希先生遗诗》《云起轩文录》《纯常子枝语》《闻尘偶记》《春秋学术考》等50余种。

光梦自孤。东鲁诗书归甲乙，西江句律不支吾。浮云作雨还山倦，日夕阴晴定有无。

渐亲鱼鸟话桑麻，负手东篱侧帽纱。换骨诗成龟伏气，蜷枝松偃佛跌跏。草侵三径迷归杖，溪着一翁响钓车。香癖书痴都厌倦，劳生今已悟恒沙。

初到汴州时淮河水溢徐泗皆灾
晚雨天逾碧，孤城叶渐黄。角声随处起，官税近秋忙。灾祲窥人事，烦冤叫大荒。前朝尘与土，合眼亦茫茫。

上古吹台
悲风千里动黄埃，鸣咽角声绕吹台。何事尽情南去雁，海门斜掠却飞回。时倭舰闯入长江。

铁塔
黄云侧压古城西，铁塔矗天势与齐。后夜佛归闻布武，庵空僧尽一凄迷。

题梅妃小像
余香分散若为情，自捯花枝自品评。万斛江南愁未了，夜来作意破窗明。

兰封南北战处
鸣鞭落日石壕村，不见人烟见烧痕。野哭声中乌共语，旋风吹折返魂幡。

东事二首
长河霜落水回纡，战血经年荡有无。可惜中原迟见事，不能收得到东隅。

抛书镇日限炉火，忍死残年待太平。十万空耆虚啮指，官家飞电费论兵。马占山①守黑龙江乞援不应。

汴城西龙亭，湖水环绕，尘沙弥漫中得此空明境界，明藩封此，人言有天子气，筑亭压之，近有驻军。

鹅鸭军声鹰高击，明驼吼地飞霹雳。浮云南征天无晖，六郡材官纷羽檄。楚客乘秋上孤亭，摩挲残碑清泪滴。纪功勒铭壮河山，想见精锐旧无敌。湖光绀碧摇天痕，倚槛微澜侵芦荻。观生现此定中影，根性不污青莲蕊。月晓风清泻天机，栖鸦征雁动横笛。抱关侯嬴非博徒，座中枚叟话铜　。秦人自言天子气，筑亭云雨压千石。吁嗟王孙计已疏，一曲湖阴泪承睫。倦客腰脚试疏顽，夕吹号空窜心魄。函关青牛去无迹，众生饥饱皆形役。佛说自称平等阁，长揖茂陵秋风客。

寓斋盆菊百本赋诗示传麟

闭户迥秋夕，黄落迹已扫。丛菊绕阶除，强项斗枯稿。韩公慷慨人，既晚伤尔老。残月影低昂，寒蝶作羽葆。客子细踟蹰，缁磷严守道。黄尘涨街衢，霜飓明晴昊。我不学季姜，挼莎寄襟抱。自汲复自灌，欲折不忍拗。梁园盛宾从，当时富文藻。吹台荒千年，遗迹余蔓草。暇日一登临，赋诗对寒杲。秋影补窗痕，一一看愈好。三嗅三叹息，幸毋恫潦倒。吾慕仲长公，露立端不挠。物态随所会，临风付长浩。

荒坡

羸马度荒坡，角巾浸霜威。村路转凫鸭，人家白板扉。柴车出寂寞，天阔人影微。瓜蔓寒不花，日晖尚依依。我行殊未已，长坡将安归。官程自有限，寸步使心违。秋砧激远响，空外闻捣衣。感彼征人妇，漂繇首蓬飞。萧骚风掠野，坏壁倚空机。独有南翔雁，冥游天四围。水阔沙岸平，得饱稻粱肥。呼群避缯缴，岁晚表知几。抚景送朝暝，瘝矣伤乱离。

---

① 马占山（1885—1950），字秀芳，东北军将领，曾率部抗日，其后投降并参与创建伪满洲国，后来又率兵对抗日军，1937 年七七事变后被任命为东北挺进军总司令。

九日独登龙亭用陈简斋①九日次孙奇父韵

驱车向夷门，独谣无与娱。节序剧惊心，倾杯念菊萸。我来逢
愁霖，平陆漫巢居。淮流溢海甸，树影带萧疏。巨浸渺东南，天长
鸿雁俱。中原莽白骨，登高揽坤舆。灯火忆樊楼，肩毂隘九衢。龙
亭抚形势，湖湄绕郭邪。奠桂招吟魂，凭槛捋风鬈。怀古意不适，
青衫湿泪珠。剔碑认前朝，欲去复踌躇。短裙漂砧杵，朔吹一起予。
去年阻狂寇，逃威莽崎岖。城南望城北，穷巷转郁纡。踉跄失生事，
容颜损丰腴。海壖滞形迹，无端类守株。冬绪雪盈踝，微意赋归欤。
江船揖匡庐，坐觉岁月驱。眼花眩风雾，筋力强扶持。入门魂徜恍，
蛛网冒窗虚。萍梗不自惜，倚槛愧双凫。范甑欲生尘，瑗食嗟无鱼。
宁不疏曲生，而自守拙迂。今年赋北征，老境分闰余。公车寻旧梦，
人事徒区区。风叶飘一城，千里极寒芜。鸢乌绕城堞，归云信卷舒。
欲访侯嬴迹，废井今亦无。庚子拳匪之乱，辛丑公车就河南闱。

龙亭御碑

檐铎风急话劫灰，御碑磨灭绣莓苔。垂鞭落日看尘起，不尽兴
亡眼底来。

再题读书秋树根图轴

小隐无山旧有诗，读书秋树照衰迟。平分风月不须借，嘲弄烟
花未许差。趺坐静窥鱼鸟下，高歌惟觉鬼神知。隆公萧散吾何似，
待刮金篦看醉痴。

游伊阙寄印昆

地迥霜清河汉高，眼明伊阙水呼号。昏鸦噪垒如人语，寒菊开
花属我曹。塞北军锋频斗鼠，江南风味尚持螯。九州踏破看吾老，
甚欲从君赋伴牢。

---

①　陈与义（1090—1138），字去非，号简斋，洛阳（今属河南）人。宋徽宗政和三
年（1113）进士，任太学博士、著作佐郎。宋室南渡后召为兵部员外郎，后迁中书舍人、
给事中、翰林学士。

万事

万事违高枕，谋身笑老顽。艰虞深岁序，凄怆助江山。风送钟声咽，凉归衣袂闲。粟中如可避，何必叩天关。

观棋

晴天飞瀑落文楸，弭角霜鹰正脱鞲。镇日看棋来袖手，论功消得几羊头。

折庭前柳

西来云影汝州师，种柳堂前柳万枝。折柳忆师风雨夜，梦中经历路偏歧。

城西

迁盖城西去，惊沙迎面撩。抱关怀壮士，复道想前朝。秋枣舒红皱，东篱醉白摇。果驹驹背稳，扶影送鸣蜩。

洛城

伽蓝旧记伤羊衔，残夜谯门漏点微。月上秋衣人共瘦，梦随归路意多违。怀中丹诀谁传密，案上楞严读已稀。草草年光报风雁，故交书信到来稀。

印昆录近诗见寄，有补题七十画像，和韵一首。

头白京华见在身，旧交敛目迹成陈。藕丝宽处施闲地，沧海枯时认戮民。近市儿童嬉傀儡，破窗风雨现痴嗔。东篱松菊吾能说，都欠陶公漉酒巾。

夷门杂兴四首

幕府飞文急急符，红旗皂盖走迂儒。依人荆渚今王粲，知己高阳旧酒徒。天马西来呼作友，黄流东鹜看乘桴。云移风转穹庐暮，魑魅窥人自走趋。

雨湿天阴为返魂，记从矮屋话烦冤。眼青头白易由甫，归梦隔江曾曼源。酒后高歌看剑器，风前长啸忆苏门。故人今昔黄泉外，关塞枫林不可论。辛丑会试移河南途中唱和，由甫有"眼青沙际草，头白柳边尘"之句，"隔江夜静山如佛，归梦天涯酒送魂"，曼源集中警句。

自身观妄竟何如，便忆天宁饭瓮菹。月黑雁飞秋惨惨，灯昏客散意徐徐。由来长铗嗤冯瑗，真见东门集海鸥。盾鼻会应求檄草，扶创强起一轩渠。

萧疏白发一潜郎，南郭吹竽未擅场。料日寒厅留鹤守，攒程冬蜜觉蜂忙。长年瑶草西方绿，绕径秋花梦里黄。霜气拆棉炉火陷，钟楼月落过空梁。

今昔

晨鸡戒清旦，灯烬辞残夕。青简见遗烈，危坐壮心魄。流年遽如许，清泪去无迹。畴昔睨文圃，气超侪辈百。风骏奔长坂，晴瀑落千尺。挥尘陷偏师，贾勇陋虞虢。险韵挟春霆，奥义探六籍。几食长安米，屡射天人策。长剑高挂颐，飞星疑可摘。枭庐呼正急，脱帽竞一掷。振臂起病创，九战仍怀壁。平生所经历，翻误辨菽麦。竟欲废书眠，安用诡遇获。淮中十往来，故山叫鹠鹬。归棹指湘浦，滩声转八节。牢愁屈原赋，摇落宋玉宅。松涛乱溪风，高门隐荣戟。百城据缥缃，一德延世泽。欣戚鄙朝三，吾自知吾白。著史征无且，论兵述左癖。铸鼎发神奸，许身类稷契。事业有千秋，巴寡蓄丹穴。坏云东南起，变故生肘腋。晨天嘘海蜃，阴雨骄蜥蜴。吹唇声如沸，投鞭气可夺。宁谓天道远，而惜冠裳裂。吾谋箧中老，俯仰成今昔。

和郑剑西[①]韵，时锦州围急。

倦矣游梁兴，登楼尚忆归。彤云方密布，海水正群飞。梅蓓先春绽，菘荄后圃肥。凭君驰檄手，一为解重围。

东事起不战而失地数千里，敌人乘势驶兵舰直抵石头城下，官

---

① 郑剑西（1901—1958）名闳达，字剑西，浙江瑞安人，出身于名门望族。诗书画琴"四绝人才"，上海京剧院编剧。

吏仓皇迁洛阳，贾生请缨之地，绛灌短其年少，今之绛灌何如？贾生又何如也，余访古汴洛目击心忡为赋二首。

　　当年洛社耆英会，一德升平进大年。少日潜郎今白首，可能息影废书眠。

　　绛灌不文号冠军，洛阳才子策殊勋。岂知短后戎衣者，愁杀江南白练裙。

小招隐馆后甲子诗编卷九 壬申

岳麓山自昔朱张讲学之地今为丛葬之区，旧迹不存，每游有诗。
何人便欲移山去，深谷高陵落萝思。小有帆樯依远浦，已无城郭入新诗。朱张事业迷荒渡，屈贾文章替小痴。一自蛰龙云徙后，土枯薇瘦意栖迟。

女巫
神降巫言夜未央，花冠风动影茫茫。鼓声不起萧如咽，丹脸云鬟魅阮郎。

庚午岁同年友曾曼源有孙陷法网，邑令并捕，曼源以忧惧客死罗忠节公祠，见于梦，哀悼成诗。
坐闻豺虎厌樊笼，平陆成江霜正繁。绮语未磨洪觉范，青蝇犹吊汉虞翻。冲年已自占爻象，生子何须问犬豚。鸡黍乔公今入梦，荒坟挂剑有烦冤。

七月二十日暑退，寓斋独坐有忆。
肌骨惺忪酒盏宽，飒然庭树夜声曼。诗魂忽到青苹外，人事还如白浪漫。云梦伪游秋猎少，楚臣作赋问天难。故椟尘暗空房冷，自写哀蝉一曲残。

新凉不适药力，茶功便解积疴，走笔一首。
濛雨围山不辨路，孤杖乘秋日向暮。高阁旱气午初降，藤床便是安身处。兵火连江水呜咽，城废年荒几狐兔。阅世更事催老懒，逃禅粗喜窥牖户。疏灯破帷诵经偈，蠹走尘昏眼花雾。朝云化去迷踪影，镇日弥陀相共住。朱弦枯木两忘机，颇忆故园一水护。近秋郊甸响百虫，余亦从此宽巾屦。远浦帆樯混奔马，夕风猎猎吹古渡。俟扫三径自锄荒，闲弄云月助新句。

题吕居仁[①]诗

忤触风光老尚能，密庵诗句气峻嶒。图成主客西江派，添个当年有发僧。

北窗坐雨时寓南城社坛岭

窗外一弓隙，晨光照虚白。三日雨连阴，脱此炎蒸厄。巾屦渐轻松，房栊失迫窄。社坛久荒芜，坡岭城闉隔。占此一脚高，平明瞰秋色。素心托书卷，镇日少来客。园葵如覆椀，盆池剥莲苕。端居感物化，凄清送邻笛。境过等飞鸟，事往若置弈。老废七不堪，壮犹无中策。折足吾自全，人方期所获。

题栩庵诗卷勉其进于古之作者

残暑俶装风露袭，空庭雨过苔痕湿。退坐东轩检新诗，引人蹊径清可接。江城灯火阅岁华，出门只道军书急。忧时不洗儒生酸，退敌欲发苏秦箧。老不求名姑置此，驰骋词场倾三峡。投盖稷门力汰辀，眼中众响同吠蛤。稍变曹刘五字工，穷极苏黄三四叠。龙勺牺尊陈清庙，子云相如擅羽猎。前朝文物扫衣冠，雕尽耆年真宰泣。穷檐敲韵事点刊，齐盟牛耳付谁执？吁嗟短绠何堪汲寒泉，金牛开道蜀山巅。平原芳草试一鞭，看君逸气高飞骞。

县北云门寺地宇宏敞，今废为公园，惟大士丈六金身尚存，寺后长宝汽车路经过，非复昔时庄严清净境界，纪以长篇。

上界官府无事事，清净虚明灭慧智。佛龛灯火深岁年，丈六金身留大士。儿时祈福拜庄严，洗心脉脉祝阿护。浩劫难救铜仙泣，衣冠自洒新亭泪。倚弓系马宝云散，车声人语去如鹜。游客谁与问兴亡，佛说本来无去住。僧尽庵空龙象冷，旧题漫灭知无处。熙攘坦道供捷径，小黠大痴真何似。后庭松枝挺岁寒，一夕东向傥可俟。

---

① 吕本中（1084—1145），原名大中，字居仁，世称东莱先生，寿州（今安徽寿县）人。世称东莱先生，诗人、词人、道学家。

山驿梅花

春愁欲瘦沈郎腰，山驿梅花正上条。夜半恼公清梦断，透帘斜月意孤遥。

秋影

秋影青苹末，蝉声高树巅。闲云流冉冉，初月上娟娟。尘土污袍袴，军书急万千，白头对摇落，风叶故骚然。

放言

平生志不在温饱，欲逐鞍马消髀肉。墙角拨弃短檠灯，荷戈防秋随颇牧。中原莽莽一凭轼，时平乃效乌邪祝。跋疐利禄归牛后，掣肘功名误书簏。两鸟能使孔不丘，众楚咻咻矜剥啄。自押强韵挑诗敌，便向山阿涸豕鹿。饱食蛤蜊闲挂笏，青城山色清可掬。秋垅黄犊分孤影，丛祠乔木表幽独。西竺合眼悟劳生，灵蛇听法销箭镞。闲寻小山攀桂树，笑拂严花问梅福。烹茶煮饼灭知闻，风到东南气氤氲。盍不高歌醉红裙，老我燕然勒奇勋。

孤杖

孤杖随诗瘦，丛菊伴酒香。挐舟人悄悄，吹角意茫茫。遥夜云吞月，长天雁负霜。自身形赠影，一径叩僧房。

蔬菜诗四首和郭尺岩[①]

回雁峰高雁影回，秋霖新霁岳云开。淡烟寒日蒸成菌，松下清齐味始回。菌，湘人呼为雁菌，秋深感寒始生。

瓠纹真比羊脂玉，甘脆经冬独擅场。莫羡渡江萍似斗，山农留得隔年粮。萝卜

圆叶为林绿上茎，园丁摘后又重生。莼羹下箸浑无物，真使何家菜得名。冬苋即冬葵，何子贞太史供京秩携种，北人不食因呼何家菜。

---

① 郭尺岩，船山学社社员，生平不详。

暑气薰腾体不支，晚飧谁与醒心脾。萧斋坐读清湘画，为忆开帘泼墨时。苦瓜，清湘老人自号苦瓜和尚。

传经、传麟自汴中归，余为之呼腊度岁，诵南山豆箕之诗，慨然念人生行乐之须及时也。外患凭陵，浸入腹地，吾家两世握绾兵符，徒读父书，穷檐聚首，嫠纬之恤其谓之何，小孙子抚庭树问手种几何年矣，因示之诗。

两贤功业墓树楬，异代犹数命世亚。当年开阁走群龙，浩如黄流极天泻。功成勇退腾鸢肩，三径还分远公社。兵机一卷高太白，灵旗闪闪犹飘瓦。师贞丈人吉承家，仁风义气振鳏寡。旧种冬青已十年，丛绿遮檐数拱把。岷江滥觞吞海门，摩顶吾能辨真假。他年定许十亩阴，迟尔春风宽系马。

陈抟[1]倚睡图

倚睡春如海，观心月印川。香销虫作篆，山静鸟参禅。华顶初传密，羲爻始画天。道容冰雪似，击壤到诗篇。

客有劝余服参苓者答之

莫倚参苓托死生，婴儿武火两无争。置身月窟天根里，枯木春风自向荣。

跋敦煌石室藏经墨迹二首法国教士辇去最多，我国所留什一耳。

石室沉埋说晋唐，残碑不数旧敦煌。重重茧纸森如束，留得人间证古香。

海客勾留认劫尘，辇金搜揽意弥珍。渭城不尽铜仙泪，西去无因到大秦。

---

① 陈抟（872—989），字图南，号扶摇子、希夷先生，常被视为神仙，尊称为陈抟老祖、希夷祖师等。主张以睡眠，休养生息，时常一眠数日，人称睡仙。

观棋绝句五首，偶效钱东涧①。

逢着仙人话劫灰，坐愁行盼故徘徊。乘除布算争先着，赌取宣城太守来。

暖玉温香夜未央，楸枰光洁为他忙。个中谁是师言手，收拾天星到六张。

别墅风流只自贤，东山丝竹意如仙。八公草木浑闲事，残局六朝自惘然。

敛手推枰下子迟，蛛丝蜩甲总成痴。残灯急劫声如扫，一着分明尚可持。

空局明灯话后期，宵长梦短有人知。纷纷新进夸拏撮，无复雍乾国手棋。

重石诗

　　船山翁国变后避地吾邑，涟水之滨有重石焉，与欧洪辈联吟云："水底月如天上月，梦中身是故乡身。"至今读者莫不悲其志。重石者去县治十里，水中磐石方广可丈许，翁曾围棋其上云。

梦中身世换沧桑，披发还应叫大荒。飞角行边无可著，碧流黄石两茫茫。

题冒辟疆②同人集

水绘园荒故国思，胡尘扰攘感当时。襟期淡荡僧如画，天地苍茫箧有诗。遥夜孤怀清镜老，寒花秋恨夕阳知。同人编集三千首，遮莫当筵唱柳枝。余藏冒氏砚，有门人陈洪绶刻辟疆小像，乃一老僧，柳枝

---

① 东涧，钱谦益号。

② 冒襄（1611－1693），字辟疆，号巢民，一号朴庵，如皋人。明末清初文学家，著述颇丰，有《先世前征录》《朴巢诗文集》《水绘园诗文集》《影梅庵忆语》《寒碧孤吟》《六十年师友诗文同人集》等传世。

指董小宛事。

读王船山先生《遣兴诗》四首

飘零堛塞万瑕疵，细写艰危有晦辞。人在空堂遥夜里，心如飞絮漫天时。东家丧犬吾犹见，鲁壁哀弦世岂知。土黑秦灰深地肺，薜萝山鬼和寒鸥。

门前剥啄喜谷音，此意萧然不自今。希逸月明千里梦，玉溪弦急五更心。放生灵沼龟鱼泳，入定荒僧虎豹瘖。我欲乘风游汗漫，排云楼阁绿森森。

遗书铁锢井中函，地坼天昏署所南。五马浮江空想像，两蛇斗郑亦痴憨。蜂王守令收逋税，从者何人解左骖。短后戎衣他自耀，弥陀灯火照荒庵。

倒裳求领几余身，圣证昂藏诵过秦。三舍挥戈谁退日，半边蒙面我犹人。纪瞻赴洛公毋误，刘表呼鹰气未驯。饮马长城伤马骨，肢骸撑拄看崩沦。

佛法盛于六朝而衰于唐代，唐代盖盛言佛矣，胡以云衰，自仕宦者倚为终南捷径，阴行其干禄希荣之实，佛法乃坏，有识鄙之，驯至今日，谬种流传，莫知所极矣。夫其聚徒说法，身虽静而心已役，形则佚而神已疲，块然而诵大经，其谓之何。黄翁芳久，今年八十有二，精光朗澈，澹然独与神明居，将返旧山。企羡高踪，赠诗以宠归装。

芒鞋归杖意纡徐，目力还明贝叶书。丹鼎旧传金水诀，青城应伴化人居。道贫君岂伤百衲，务外吾方笑众狙。洗钵焚香疆锁断，近前鞭辟莫踌躇。

长坂二首

长坂轻松脚力闲，凭高回望一开颜。松涛十里天无尽，分占前山与后山。

编户山农不结邻，茶花开遍色如银。青枝大叶谷风浅，羡尔凌冬现在身。

唐伯虎①画仕女

梦痕犹是伴伶俜，后苑深沉熠水萤。半叠宝书琴韵冷，微黄小试数春星。

客有叩余导引之术者

鬒发摇风守谷神，黄宫如海气如春。自家吐纳河车转，何必名山访异人。

检张斡堂甲午倭事遗札及赠诗遂题

岁暮怀人闭孤馆，地垆偎红夜不暖。枲几摊书手校雠，扬榷古今骘长短。中有故人酬赠篇，字眼韵脚两精悍。推敲补缀得八九，如箍在口嗟烂断。贞元元和盛词客，君杂其间呼左袒。咳唾明珠落蛟绡，顷刻千篇如束秆。人言雄文似相如，金马玉堂分著撰。君言丈夫耻毛锥，及时建树敢不勉。昨者平壤战血飞，军前死绥士皆选。咸同宿将尽三朝，吾力犹叱羊肠坂。此书此纸凛如生，前朝版图纷在眼。噫嗟宋家南渡自速亡，盈廷议论太周章。自来外忧不在外，君之斯言箴膏肓。

题宋徽宗画富春垂钓图卷

狂奴故态客星明，帝者腹宽掌样平。五月羊裘烟水杳，桐江千古钓虚名。

题张二水②画佛

羽服行山拄杖轻，佛龛灯火话来生。老僧璎珞圆如许，黝色精光比玉莹。

---

① 唐寅（1470—1524），字伯虎，明朝南直隶苏州吴县人，一字子畏，号六如居士。著名画家，时称"江南四大才子"之一。

② 张瑞图（1570—1641），明代书画家。字长公、无画，号二水、果亭山人、芥子等。

女儿崇南既折且十年矣，检遗画东坡洗砚图轴，题诗二首。

无叶堂中问泐师，密修摄与上根知。八年看我垂垂老，月府清虚恐不支。

洗砚池边水一泓，墨花顷刻证无生。倚秋怀抱伤秋泪，便欲乘风托上征。

重题二首女孙庄灿临写洗砚图乞题

墨痕阵阵侵书幌，果有龙吟和我诗。无叶堂中风雨夜，蔡邕挥泪写乌丝。

闰集编诗教女孙，挑灯摹抚意温存。旧图画外还留记，谁与衰翁扫六根。

庄灿画兰石狸奴小景，济光孙乞题。

竹石牧牛旧有图，涪皤诗境貌清癯。狸奴倚睡天机浅，莫向斋厨觑小鼩。山谷自称诗境以题“竹石牧牛”等句高于“桃李春风一杯酒”。

读避暑山庄圆明园两图咏，得见康乾盛世时气象，感而题之。

陪都清壮会航梯，动地渔阳又鼓鼙。避暑不来今避敌，双莲开向殿亭西。

金仙舞马汉唐年，舒卷红云近日边。万国百神齐拥护，古稀天子自玄玄。

小招隐馆后甲子诗编卷十癸酉

正月二十四日寄印老北京，时有故宫古物南迁之事。

承露金盘去渭城，景山松影拂天晴。遂闻辽海掷孤注，怆忆西畴事耦耕。虚谷虚舟长不系，一琴一鹤证无生。挑灯说鬼招邻叟，云压天沉泪数行。

防胡二首

汉德天方厌，防胡不在胡。童谣民气郁，鹬退宋城孤。西里鸢沉浪，中原豕负途。岳家有飞将，辛苦把军符。

檐际风丝荡，装成散诞春。晴云分茗椀，晓雨犯花茵。燕垒劫灰砌，城壕战血沦。炊烟醒午梦，无语意逡巡。

隐几

隐几穷诸妄，萧条客到稀。庭莎新绿上，梁燕晚晴归。漫唱青蘘颂，还穿薜荔衣。众峰明隔水，樵径入幽微。

街柳

拦街新柳送归鸿，浅绿深青一再风。惆怅倚栏人不会，黄昏吹角雨濛濛。

游击彭九青旧是大父部校，年九十余无子，每伏腊独自醮酒击歌，以功状抵几曰：试掷水中可令鱼涌入。春创发一臂，邻人请用刀圭，叟夷然不省，端坐而化。昔卢仝作"病军人"诗，余慨夫道咸已来，吾家战士之略尽也，作二诗以吊。

伏腊呜呜不当歌，中兴事业奈君何。酒酣横臂偎炉火，喷沫犹夸斩级多。

床头功状烂如泥，鱼涌波翻尚吐霓。春入创痕生意尽，耻分灵药乞刀圭。

南荣
自锄药草驻衰颜，花定风阑水满湾。雨泫青枝春欲逝，时人谁访沃洲山。

续饯春五首
岸花无数掠晴波，到眼风光取次过。川净野云当午散，鸬鹚闲处晒渔蓑。

夕阳冈阜淡如秋，古墓春田野水流。绕舍山禽啼不住，棠梨花发替人愁。

水宛秋蛇嶂似鸾，酒旗村店荡风宽。短长亭畔一回首，照影捻髭良独难。

作恶东风蓦地过，尘沙吹鬓奈君何。逢僧话旧浑如梦，把酒吹烟为尔歌。

追逐飞萤屋角东，初三凉月堕烟丛。春愁天上何人种，辛苦偷桃鹤发翁。

近读庄列似有了悟
纪省蒙庄亦谬悠，养鸡说剑两蜉蝣。门前屡满交神鬼，早晚纷乘觐赵州。

重晤黄翁芳久①，剧谈佛理，已不作畴昔抚剑疾视之态，禅衣籐杖，平等阁中解脱无碍，东坡诗"世缘终浅道根深"，翁其有焉。

混迹屠沽破晓行，褐衣襁襻不知名。茂陵烟树江南梦，莫道人间恨未平。

布衣潘仲乔少旷迈，习韩愈文，读书略观大意，不屑屑为章句，谨束之士辄避其谈辩，老无子嗣，息影一椽，或就食亲友即又去之，自其死后眼中无复斯人，追悼以诗。

斫地才谁拔，弥天帝可呼。莽苍多古调，涉猎欠醇儒。云景澄秋气，山容表病躯。狂谈泻杯酒，籍湜本韩徒。

赠褒忠山僧

青苍夹道暗山松，横彴临溪野碓春。风吼涧声疑过虎，锡飞潭影欲降龙。蒲团容膝回初地，眉宇迎人掠远峰。玉桦舟炉神药合，西方瑶草正茸茸。

芳甸

芳甸闲闲去，归时及杜鹃。驿程红绿换，老屋燕莺翾。拔地竹松竞，扶腰莞蒻便。稍闻征税急，相顾话寅年。

日本既夺吾辽东三省之地，遂进取热河，旧京震动，听客所为卒为城下之盟，而藉口救国征敛益急，沿户苛派莫之敢诘，小雅怨诽之诗所由作也。

天狗舐地血斑斑，有客占星怵危艰。昆冈夜裂海水溢，穷檐民命遗草菅。死者已死旷劫灰，官家履辙铸循环。存者偷生急征税，不如苌楚日月闲。大官星火催符令，小官鞭笞驱坑阱。狼风豺气袭寰区，鲸吞虎噬等天性。殷鬣蚊雷撼如山，万口群翔太阿柄。猗犴洞口杜鹃魂，臣甫臣结申民病。旧闻长城伤饮马，几见三军无司命。殷其沦丧吾同归，人方睨视观究竟。自来亡国术亦多，南宋金元事若何。石晋岂无景延广，提剑十万空横磨。

---

① 黄凤岐（1851—1933），字方舟，号芳久，晚年自号蠡良子。湖南安化人。精经史及武术，光绪十四年（1888）中举，二十年（1894）进士。

后五君咏①五首

　　五君者盖明代逸遗之士，毅然任继往开来之责，辨人禽区界之所从，斯可谓独立不惧遁世无闷者欤，有清一代汉宋学派，皆由此出，景仰攀附慨然咏叹。

　　大道久沦夷，六经谁贯穿。天遣公不死，留与开生面。汉宋递师承，不绝已如线。九渊肇其端，姚江风始煽。萧斧辟榛莽，精锐若风电。坚贞踵横渠，两楹分坐奠。穷年观生居，周孔亲梦见。嗟嗟丁阳九，狂歌接凤叹。西谒瞿与严，仓皇收郡县。孤忠越石老，五岭风云变。有命无从致，有目终不瞑。"抱刘越石之孤忠而命无从致"，先生夙所自期。灞上百万师，乃不堪一战。人谋实不臧，岂伊天未眷。山中赋楚骚，窟宅沉介狷。山中"楚辞"国变后作。悲愤诗百韵，漆室泪如溅。穷年徒自惜，余髯把镜恋。剃发令下有《惜余髯赋》，"把镜相看认不出"则自题像赞词句，又作《悲愤诗》百韵。强为注群经，弱管穿铁砚。遗书百万言，言言厌藻绚。天不丧斯文，后死其敢倦。船山王先生

　　匹夫志天下，斯人不可期。学术杂申韩，以惩衰乱时。一编三十年，惜哉业未施。经微八股盛，史废九流披。孙管读科条，邹枚络羁䩭。乡贡本古制，廷策亦良规。奈何效佔毕，而令荃蕙萎。因革准百世，损益断可知。后圣既不作，何以塞群疑。间关滞匹马，岁月付栖迟。郡国析利病，关河容朽衰。逝将归旧山，四壁寄古思。炯炯双瞳光，表此天日姿。薇蕨咨一饱，蒺藜可疗饥。馨烈久弥茂，吾道信康逵。亭林顾先生

　　苏门富山水，中有高士庐。天子征不起，闭门出无车。凤昔挟奇策，仗剑游皇都。奋舌诋逆阉，义声震寰区。范阳三烈士，志不

---

　　① 刘宋颜延之曾作《五君咏》，咏阮籍、嵇康、刘伶、阮咸、向秀五人。王礼培作《后五君咏》，咏王夫之、顾炎武、孙奇逢、李颙、黄宗羲五人。王夫之（1619—1692），字而农，号姜斋，别号一壶道人，世称船山先生。顾炎武（1613—1682），原名绛，字忠清，明亡后改名炎武，字宁人，世称亭林先生。孙奇逢（1584—1675），字启泰，号钟元，晚年讲学于辉县夏峰村，从者甚众，世称夏峰先生。李颙（1627—1705），字中孚，号二曲，世称二曲先生。黄宗羲（1610—1695），字太冲，号南雷，世称梨洲先生。

辨菀枯。高秋击鹰隼，徒手捋虎须。伟彼容城绩，独保西北隅。誓守五公山，依者亲友俱。黄巾拜通德，刁斗杂诗书。归去百门泉，老矣壮不如。旧是康节里，姚许余风余。筑室点周易，岁月去诸居。小山丛桂发，芳菲孰华予。生从忧患来，退将反吾初。著书俟百世，一一辨崎岖。堂堂十一子，心源契先儒。晚闻自兹始，为德庶不孤。
夏峰孙先生

大君宏胞与，关学久沦替。两铭启圣功，耿耿星日丽。藐然此中处，疢疾生德慧。艰贞视明夷，印心无乖戾。海内伤孤童，失怙自弱岁。荻画暮复朝，无师通妙契。孤童有死父，精爽杳天际。齿冢藏碧血，招魂每殒涕。贤哉襄城令，立祠祀忠义。孤童宿祠下，夜半鬼声厉。国殇五千士，久苦中野厉。温序思故乡，返关尽含睇。负土依母冢，窀穸千年闭。占之安且吉，协从齐龟筮。亭林纪异诗，读者激清泪。吁嗟孝子心，高风播弈世。二曲李先生

忠义孤儿气，白虹贯燕京。报父不顾身，志节一何横。袖中何所有，铁锥光荧荧。一锥奸人殒，再锥天地惊。拔须祭死父，痛哭发至诚。闻者再三叹，孤儿岂为名。铎声向晚急，悲风来市城。一旅画江守，壮哉世忠营。毁家纾国难，难弟并难兄。风波日震撼，收军入四明。空拳冒白刃，觱角带月鸣。嗟尔侠少客，努力事澄清。坏云西北压，长空走砰訇。天崩海水飞，人鬼暗无声。明夷留待访，姓氏编顽民。大业刊文献，断代存精英。姚江道性天，谁与奏磬笙。复矣戢山翁，弘我以续赓。愿学自有真，一言合知行。梨州黄先生

船山先生盖继濂溪周子而为南方之学者，湘阴郭侍郎筠仙建思贤讲舍以祀先生而授徒焉。国变后乘时窃位之鄙夫，竟藉口先生严夷夏之辨，猥曰吾为种族革命而出，腼然以二品大员出身词科之重，一旦据要津，发号施令，政由宁氏无有能发其奸者，是岂真足以箝天下后世之口舌乎！彼方欲以改名船山学社，聚徒讲学淆乱观听，识者已窥其用心与侍郎异，与先生更异。郭君尺崖为侍郎诸孙，葺守先学舍以明先志，适余有规复讲舍之议，乃因尺崖而作是诗。

结交论湖海，朋俦日以稀。暮齿不自适，喜君能表微。葺庐比蜂房，櫛株守书帷。挑灯风雨夕，匡坐心依依。倦游亲雅颂，饥拗

首阳薇。君从千载后，颜氏殆庶几。未容蚍蜉撼，不数培塿卑。鲸浪击沧溟，滔滔安适归。毁犀照牛渚，百怪可烛窥。风沙昏万里，矫首望京坼。周道荡如砥，太华表高巍。艰贞船山翁，挺立天人希。谁据要路津，遮手弄心机。妄言托夷夏，而实与道违。丈夫慎出处，春秋严是非。吾欲摘其覆，群阴蔽日晖。弘毅士所重，得君慰调饥。苓通视荣愿，邪许扛孤危。守先以待后，傥不畏谗讥。

写许慎说文第十遍题册后

繄昔有轩辕，鸟迹悟文字。惟天挺仓沮，兢兢司其事。同文启周姬，车书敷郅治。禹迹岣嵝留，石鼓岐阳置。纪功勒贞珉，横览壮地纬。秦皇愚黔首，诗书委荒裔。官狱既繁兴，隶卒趋便利。变古创秦文，点画疑诡媚。其法如牛毛，其书逞私智。竟欲焚百家，坑儒销武器。汉兴承秦弊，六艺已憔悴。鄷侯草律令，八体始能试。学僮鲜师资，讽籀凡几辈。时维杜与张，书林独扬觯。扬云作训纂，形声辨毛氂。汉初九千文，存五佚其四。伏波不好武，上书实弘毅。伟哉南阁翁，史籀传嫡系。部居十四篇，群经赖衣被。始一以亥终，爰历视奥窔。博通究天人，迥立遏横议。何论丞相斯，秦刻多割弃。日月悬不刊，傎与判轩轾。北海蔡中郎，鸿都写巨制。其时去古远，八分不能备。三体重黄初，精勤邯郸卫。古文愈于野，科斗伤庞厕。典午事兵戈，卑之等自邻。规制失端平，鱼鸟乱奔肆。词流竞声病，六义逐波逝。野王撰玉篇，搜辑括巨细。中流守一壶，汲古得津逮。唐代阳冰子，自诩斯翁次。碑版照四裔，玉箸窥灵秘。根柢不旁岐，新义稍乖戾。写定五百部，大业傎则嗣。宏议校石经，赍志乃弗遂。开成勒学官，廷臣未善继。不习许氏学，莫睹伯喈谛。非篆复非分，蔑古如剃刘。人言正始前，传笺有泾渭。郑覃殊谫陋，不足资灌溉。沿及宋雍熙，孤鸣徐常侍。二难绍坠绪，虆墙亲梦寐。洛蜀辨学派，书契若帚敝。语录鸣鸠舌，荒忽慨波逝。绝响五百年，中天日重丽。乾嘉尚朴学，便便五经笥。家有祭酒书，贯穿舞六辔。白首载后车，长途识老骥。百六极今兹，狂狖起而伺。毒焰落秦灰，偏师撼汉帜。侧身避豺虎，一灯供清泪。留此证古欢，目营更心醉。胫绝恐不胜，为山期一篑。

苦雨和东坡《江涨》用过韵

夜雨压山邱，野水争沟渎。老妇束湿薪，炊烟浮破屋。榴花失烂漫，江岸生众绿。岂知长城下，炮火飞平陆。血浪漫新渠，龙檠浸川谷。南风诚不竞，吾頞几颦蹙。苦吟张黄门，铸词写痛毒。电掣触蛇蜷，时有蛇沿电竿触毙之事虎斗起龙伏。去年伤谷贱，民厌囷仓蓄。古语岁防饥，吾意仍瑟缩。

和东坡《吴中田妇叹》用贾收韵

秧马躞蹀春事迟，高畦水潦伤农时。草阁江深梅子雨，夏气如秋试夹衣。朝日欲上云横阵，迫压西偏水溅泥。耕夫翻羡征夫事，战死长城莫南归。征夫荷戈释锄耒，扪腹一饱填断粟。耕夫无钱换粒米，官饥要钱民更饥。辽海弃地几千里，囊钱不惜私妻儿。其新孔嘉其旧苦，中夜叹息起田妇。司马温公云：百姓有米官不要米，百姓无钱官必要钱。东坡云：诛取多则丰凶皆病，民固有以丰年为苦者。

朱门

沿街寂历苔花长，往事繁华石兽蹲。月黑鬼车双眼碧，静无灯火啸孤村。

散帙

散帙空堂兴自孤，青林斜日有啼乌。草玄寂寞平生事，解祟逐贫计已迂。

齿痛

绕帘香炷安心病，一水冷冷瓦砾除。尔自开门吾痛定，了然莹澈镇如初。

得秋雨望范铎峰作一首

南障峰嵌天无界，雨余泉响洒千派。溪声广长漱石根，浮槎激旋泻奔快。昔人买山借云居，抱瓮汲清绝机械。我来拄杖想真隐，通德疑有黄巾拜。乱离瘼矣今则殊，杀越于人无睚眦。白棘秋丝罥崖壁，茵露雰雺摧葵薤。鸿雁叫群原泽哀，鸾鹤无侣翮羽铩。老境华发谁扫除，生事黄精自锄晒。公家连朝租税忙，西风一夕蝇蚋嗫。酒白深摇新月痕，云黄喜听田家话。及时一饱慰檐隙，莫拟梁鸿歌五噫。

秋晴

山路秋晴兴自孤，柏脂啖食养清癯。闲来洗药经行地，觑得天书似篆符。

秋气

云黄日瘦野鹰呼，秋气乘阴集井梧。甚欲废书游汗漫，不妨得句自伊吾。蛰龙抱石森年岁，慧剑驱魔浪走趋。上坂回头休撰杖，眼前风雨话艰虞。

沐猴

诗酒流年趁未休，街尘障日竟何求。望中嵩少惭归隐，歇后公卿早拙谋。磨折鬒霜身偃蹇，栖回巢幕燕啁啾。蹴琨自是英雄业，莫遣韩生笑沐猴。

读李将军传

菹醢王侯计已差，黄河如带誓辞赊。横刀绝幕将军李，不悟淮阴漫怨嗟。

野店

野店炊烟浅，荒陂瘦杖便。柳丝欺发短，荷露泻珠圆。清磬摇深殿，枯禅引暮年。独行心语口，樗散得天全。

和答杨树谷[1]

幕天席地心无物，启秀寻幽句绝伦。家酿满瓶宜竹醉，午阴分架及瓜辰。问僧帚扫浑难记，养气婴儿自有春。庭树老撑经岁月，一枝西指说陈人。

---

[1]　杨树谷，字芗诒，长沙人，杨树达之兄。

六月初二日溽暑同人集思贤讲舍旧址，昔时读书之地，伤礼经之绝灭，感文学之废坠，乃著论说以塞一箦。

清阴不满庭前柏，市声尘影迷官驿。旧时文物讲舍荒，画地犹余一亩宅。思贤不见船山翁，玉池老人迥标格。郭筠仙侍郎晚号玉池老人，读书讲舍已五十年。五十年中说兴废，浪浪清泪去无迹。腥风卷海波连山，旁行斜上夺吾席。人言楚人沐猴冠，乃有奸谀施倒逆。狐鸣枭噪天为昏，署置大官如赌弈。江滔河逝深岁年，羊亡路岐损精魄。鬼焰潜吹蔽三光，夕堂永日对六籍。南学生面由我开，向来韦杜去天尺。

胡子靖[①]长明德学校，新建乐诚堂，郑觐龙假座招饮，会者十一人，陈翁佩蘅年事最长，汪颂年、任寿国亦各苍然矣。礼培托韵见志。

市声浩浩鏖残暑，汲江犹恋春茶煮。天末青萍望欲无，后夜乖龙不作雨。故人寥落数晨星，岁月一瞥追夸父。饮中相顾吐胸怀，形容变尽遽如许。乱离江萍寄冲撞，尫尪下界转丸土。文字欢娱数光宣，各有千秋轧机抒。人言焦谷无新颖，讵有鬻秦传五羖。城北旧是校经地，百年树人比邹鲁。草青莎软千步场，着我巾屦试轻举。为买茧纸记流觞，小卧南窗启北户。

秋影

娱晴芳树楼台影，倚槛微澜天宇清。簖蟹奔群郭索响，水鸟归晚轧喳鸣。伴人灯火翳还吐，戴月钟声送又迎。伏枕敲诗秋入座，静无尘事起心兵。

驿亭

驿亭尘定客来稀，断续笳吹十里违。半岭寒云初雁过，隔溪疏雨暝禽飞。穷年一钵春常住，只履孤筇世不讥。我始愁时天亦病，褐蓝初辨又旋非。

---

① 胡元俊（1872－1940），字子靖，号耐庵，晚年自署乐诚老人。湘潭人。湖南近代教育先驱、长沙明德中学的创办人。

引梦

引梦风篁隔院闻，藕塘秋老欲生云。诗情迸入寥天一，愁绝空堂病使君。

渔歌二首

满川风月趁轻舸，点缀沧浪款乃歌。消却长沙迁谪恨，美人香草意如何。

破颡山前一笑过，苹花摇荡水纹波。楚江微雨思千里，日暮投文吊汨罗。

有忆

履綦裙褶镜台空，人事天河一梦中。见说宓妃乘雾去，晓来鹦鹉尚呼笼。

赠道者

斗室春尚驻，玄玄众妙门。枕回初地梦，风动坐禅衣。龙马窥灵迹，精神运化机。乾坤消息里，块漭一囊归。

题沈翰①画江村烟雨小景

长镵挂杖过年年，行脚论交山最贤。烟雨江村瓢笠外，数声属玉响溪田。

洮石砚

含风吹韵晃无咎，对客挥毫秦少游。消得涪翁诗句子，虚堂泼墨试茶瓯。

船山先生客长沙，寓居千寿寺，著书即付寺僧，积两橱，多用旧册纸背楷书写之，咸丰间粤寇围城，劈橱作薪，书亦随烬，仅存

---

① 沈翰，字咏荪，号醉白，山阴（今浙江绍兴）人。同光（1862—1908）间候补湖南通判，不得意，以卖画授徒为生，山水宗倪、黄。

诗稿长卷。邓湘皋、王湘绮、王葵园诸老都有题咏。辛亥国变，乱人乘周震鳞①有尽毁寺观及先正祠堂功臣庙食之事，袭据寺产，僧镜虚求余助，余谓先臣木主在三公祠已为震鳞所毁，遑念其他，因相持太息，诗卷亦为长沙某孝廉攫去。偶过此地，新宅栉比，步吟一首。

寺废人亡三百秋，老僧何事更回头。遗书纸背千行字，说与人间费十牛。

题刘一丈晴初山堂读易图，丈游左侯西征幕府，以事忤侯放归，小筑园林，写此图遍征题咏。

望气青牛逝不还，秦云如盖覆函关。便从忙里抽身早，老去偷闲未算闲。

礼培十岁时随大父僦舍又一村，今年七十，重寓此地，自昔屈原卜居彷徨进退，荆公亦有重来白首之叹，挑灯不寐，托寄篇章。

老骥嘶风未要渠，短筇安步当牛车。酒潮浮颊心无系，诗债倾囊意有余。湘水黄陵尧女怨，西湖白阁化人居。莫嗤转盼僧留恋，搔首重来最起予。

岁暮饮杨荭贻宅，明日王啸苏②来谈，留诗次韵。

活红煴酒茁新诗，广座衣冠想汉仪。夜雪编年续往事，遗书眢井更哀时。生从忧患真如此，话到荒唐竟不疑。旧学新知两无补，放怀天地一灯帏。

读《荆轲传》

易水萧萧送白衣，长虹贯日日无晖。舞阳竖子不堪数，绕柱披图未解围。

---

① 周震鳞（1875—1960），湖南宁乡县人。早年入两湖书院，与黄兴同学，又与谭嗣同、唐才常友善。
② 王啸苏（约1883—约1949），文史学家。长沙人。1928年起任湖南大学教授。有《疏庵诗稿》等传世。

读《虎钤经》

白发不公逐渐添，年年岁岁有凉炎。离骚天问都无补，偏向晴窗读虎钤。

检曾重伯①诗集

少日金闺彦，鞭丝落影长。清才名不忝，沉醉酒添狂。乌鬼诨工部，妃唇咏柏梁。堂堂忠裔尽，掩卷玩晨光。

近郊雪后

象外观生意，橘中访隐君。淡烟横远水，残雪乱归云。枯草疲牛啮，疏篱吠犬闻。杉萝人境绝，栖息自离群。

---

① 曾广钧（1866—1929），字重伯，号艭庵。曾国藩第三子曾纪鸿长子，曾国藩长孙。光绪十五年（1889）进士，授翰林院编修。甲午战争后，官广西知府。其诗惊才艳丽，属温李一派。

集外诗

燕京杂题九首

冲风激雨御河宽，玉蝀金鳌起暮寒。落尽荷衣飘尽柳，莫将心事倚阑干。

云生辇路草侵衣，雨湿天阴野火微。渐入层台歌舞地，纵横车骑看如飞。

夹道青槐直似弦，故宫乔木自年年，而今开放寻常事，芳草王孙独惘然。

海水西吹海子寒，参差楼阁倚云端。斜阳孤艇沧桑外，应有仙人泣露盘。

圆明一炬比阿房，秘殿珠林事可伤。继鉴书残三玺在，古稀天子擅收藏。《秘殿珠林》一书载商周鼎彝，《天禄继鉴》则高宗七十以后所未收宋元椠本，每册附页有三玺：一古稀天子之宝、二八征耄念之宝、三太上皇帝之宝。

天坛平敞混樗蒲，稚柳新荷水一渠，伧叟携龟休问卜，蹉跎吾已赋归与。

冷肆荒摊起暗尘，库藏惊见御窑珍。自从劫后金瓯缺，空忆康乾泪满巾。

白头老监立斯须，为话先朝礼教殊。独有经筵陈太保，检书烧烛一拘儒。陈宝琛尚以太保职进讲。

频年欧美尚搜书，肯费千金买劫余。障日红尘京厂路，不嫌赁保混沮洳。

（载《船山学报》第 4 期，1934 年 12 月出版）

题蕉窗忆昔图为刘约真[1]作

姗姗月下绿丛丛，欲劚灵根赋恼公。化作彩云容易散，长阴深处一丝风。不禁雨打洗烦冤，深夜熏香拜羡门。便向众生图解脱，可能雪里慰温存。

（载《船山学报》第五期，1934 年 4 月出版）

苦热，七月初四日得雨感赋

绿图幡薄透天机，玄篆朱书隐带围。便有神仙何足异？更冲尘土欲安归。遥山雨过青眉妩，细水风回白袷衣。老我书城活得计，侯封闲煞马头羁。

（载《船山学报》第十期，民国二十四年十二月出版）

立秋日放歌

漆室女子倚楹啸，忧天将坠天不吊。东鲁诗书乱如蓬，西竺宗风萤自照。秋入房闼气惨凄，夕风摇荡野云低。发箧摊书校奇字，何异枯肠肘生稊。我有诸弟散京洛，诸儿湖海犹漂泊。空江风雨杳如年，檐际天声响纬络。头白空教赋子虚，驴背寻诗防失脚。欲把苍天谥曰荒，六窍关塞混沌凿。邻家酒熟醉烧春，荷锸刘伶真可人。安得铁锋隐我粟藏身，澄泓一碧守谷神。

（载《船山学报》第十期，民国二十四年十二月出版）

河决

系壁投河沉白马，从官以下塞瓠子。武皇恤民动歌诗，其鱼其鱼叹微禹。移民就宽论太高，排河着地毋争水。泰山金堤左右束，

---

① 刘谦（1883—1959），字约真，号无净居士，湖南醴陵人。早年加入同盟会，南社诗人，曾主编《长沙日报》。

浚川之策稽往古。我昔浮槎客淮泗，版筑纷纷风兼雨。小堤冈陵大连山，增高培薄未可恃。郑州岁漫二渠塞，东尽海门役万指。啮桑高浮吾山平，北行无地靡定徙。蛟龙飞骋日光沉，圣人不出谁其俟。吾衰甚矣岁云阻，河复无时书无史。噫乎！禹迹茫茫楗石菑，稽薪层叠徒尔为。

（载《船山学报》第十期，民国二十四年十二月出版）

息影八首，秋日返旧居作

扫叶学书地，穷秋独闭门。小山桂丛发，孤月此心存。酱瓿玄经字，盐车老骥魂。偶来驯鹤径，息影听潺湲。

卷袯松阴密，飞帘水石宽。稻凉农事缓，莺老燕泥闲。晓露侵书幌，夕风下井栏。遂初方赋罢，佛意此中看。

嘹亮吹横笛，风回衣袂长。好怀得句稳，秋雁过江凉。泀砀秋生白，嵝嵫日已黄。天门宁狞恶，应不碍清狂。

风玉萧萧送，南窗静有声。茶宜双井注，人自一经横。巾帻倚遥夜，须眉照短檠。比来藏退密，无事起心兵。

杳然吾丧我，逝矣岁逢秋。冠盖前朝梦，星辰昨夜愁。老犹思颖尾，功欲让壶头。雕俎人加尔，宁论龊与牛。

南浦东塘路，三三两两花。蔚蓝天似水，清浅月横沙。木雁劳虚辨，鸢鱼信有涯。岁年深道力，细细理根芽。

老柏如人立，森森缨络垂。晚闻吾共尔，沉醉意全痴。月色移初夜，滩声响旧时。诸缘浑了澈，香散影迟迟。

澈夜巡檐雨，侵灯上枕函。诗从盐味永，禅向鼻端参。倚醉公无误，逢人七不堪。砌虫声渐息，天与试嗔贪。

（载《船山学报》第十三期，1937年3月出版）

为儿子传麟题尹和翁画梅花五首

荒庵梅老见天心，便有孙枝出旧林。为问玉龙酣战罢，几时飞雨作甘霖。

谁把孤根倚石栽，风流合比谪仙才。空山鹤影清如许，几见江南驿使来。

水边竹外一枝枝，钩引老夫七字诗。昨夜东风吹酒醒，强和花影立多时。

老来闲煞耻春翁，只有三更鹤梦通。孤干半空心尚在，高寒端不借东风。

凭仗花神萼绿华，殷勤吹送野人家。清客盛髯春光浅，独绕中庭到日斜。

（载《船山学报》第十三期，1937 年 3 月出版）

入门望西园松影赋诗

竹伞藤鞋卸漫游，望中松影意如秋。思玄每忆张平子，吹笛还登百尺楼。看雨长廊僧入画，沉钩曲水月随舟。成龙成佛吾何似，偃蹇荒崖识岁遒。

（载《船山学报》第 14 期，1937 年 11 月出版）

孤怀

如潮苍翠入楼寒，拥髻山容待我看。晓洗金盐临葛井，夜烧丹灶挂臣冠。花浓柳霁风微暖，鸟唤诗成兴未阑。帝子不来瑶瑟冷，酒炉经阁倚更残。

（载《船山学报》第 14 期，1937 年 11 月出版）

老境四首

出策画奇老不能，嵩山幽绝倚崚嶒。眠云衣上禅心定，每到秋来尚爱鹰。

藏经摺叠拥精庐，骈秀灯花照梦余。褐色鬼蛾栖不稳，破窗一瞥吼僧鱼。

岩花开落证无生，一榻千山伴月明。临济儿孙风骨在，偶来行药到青城。

萧寺霜钟度万山，橘洲红绿闹秋闲。鸡声人语迷行迹，不道空门亦有关。

（载《船山学报》第14期，1937年11月出版）

凤光社长再叠九日诗韵次和一首

鸣根浊酒浇枯肠，共话池平卉草荒。贤秀西铭留讲舍，却曲中路几迷阳。卷云秋净乾坤大，古渡风微姓字芳。我向峰头一搔首，与君席地对飞觞。

次韵凤光先生九日诗

强欲登高已断肠，回风吹帽晚荒荒。停云止酒开诗社，返日挥戈欠鲁阳。吾降庚寅长沙罐，夕阳秋菊信芬芳。衰兰送客成前梦，挽袖新亭进一觞。

（载《湖南一师颂》，肖湘愚等编著，中南大学出版社2009年版。）

辑二　谈艺录

王礼培作诗"奥邃精严，志深而味隐"，其诗论亦"蔚成气象者，廓寥天壤"，颇为时人所重。王礼培少习文艺，早有文论著作。1933 年 7 月 30 日，他应邀船山学社之请作学术演讲，题为《历代文学统系》；其后又有五次演讲，分别题为：《唐宋诗派》《论唐宋以下诗派》《论宋代诗派》《论金元两代诗派》《论明代诗派》《论清代诗派》。这些演讲或详或略，均被载入《船山学报》。但"限于时间，语焉不详，听者或失其脉络递嬗之故，不能贯彻，恐滋谬庆"，因而，"自春徂秋，晨夕钩稽，言之不足，又长言之，读者倘有知新不惑，事半功倍之益乎"，于是王礼培自编《小招隐馆谈艺录》。

《小招隐馆谈艺录》四卷，民国二十六年（1937）南京中文仿宋印书馆刻印。但与诗编一样，此书流传不广。近半个世纪后，《小招隐馆谈艺录》经当代学者陈书良、熊治祁标点注释（前三卷），重新刊登于《船山学报》1986 年第一、二期和 1987年第三期，其编者按语称："王氏此书立论精当，真正做到了他自诩的'不曲说以徇己，不凭虎以骋辩'，稳健中透出新奇，尖锐处不失偏颇。兼之骈散相间，文辞华美，读之觉珠玑照眼，情趣盎然。"蔡镇楚复将其编入《中国历代诗话珍本丛书》（第二十二册），由北京图书馆出版社于 2004 年出版。

《小招隐馆谈艺录》自序

　　少时服习文艺，既老而似有所获矣。其果有获乎？未也。载籍极博，穷吾日力之所至，往复胸臆，探索蹊径，神会于志，理契于心，历历而道。不曲说以徇己，不凭虚以骋辩；虽不足语于深切著明，而未尝学问之诮庶几免乎？昔之善言评骘者：钟嵘《诗品》尚嫌偏驳；刘勰《文心》多正肯綮。百家承踵，徒冗观览。作之者难，知之者夫岂易易？褊浅之夫囿于一隅，挟其门户藩篱之见，拘墟胶锢，排除异己，毁人自成，盖未有能成者矣。贤乎此者又或自惜毛羽，守其神秘，忮忌之萌，乃不见。行事隐中于文字之间，甚矣其惑也！

　　诗之与文，其道分歧，文根于理，诗契乎情。理征诸实，情动于虚。征诸实者以意阐事物之变，以气行意志之常；动于虚者以逆志辨兴观群怨之用，以绘素析温柔敦厚之旨。文之言情也显，而理以植其基；诗之言理也微，而情以导其隐。好尚既异，派别斯殊，又况时有兴衰，道有隆污，斯则单辞片义本难语于概括，稗贩剿袭曾何与于弘规？

　　余家颇富古籍，亦既遍观而尽识之，爰囊括而成兹编。寒暑舟车，幽栖群处，常以自随。数十易稿，未敢问世。自顷徇友朋之请，演讲船山学社，限于时间，语焉不祥。听者或失其脉络递嬗之故，不能贯彻，恐滋谬戾。自春徂秋，晨夕钩稽，言之不足，又长言之。读者倘有知新不惑，事半功倍之益乎？若夫狂狡佻达，横被青衿以撼吾门墙者，方日起而莫知所极，斯则函谷非一丸可封，孟津岂捧土可塞？天之将丧斯文也，吾又奚责！

　　乙亥秋夕，湘乡王礼培自序于长沙望麓园寓斋，时年七十又二。

卷一 论唐代诗派

论诗何以始于唐也？诗之派别始于唐，汉魏六朝自无派别，故断自唐始。不明乎派别歧路之中又有歧路，杨朱所以泣也。

文有派别，诗之派又多于文。有朝代之派别，有作家之派别。泛言之，浅尝之，搦管者类能道之。乃若递嬗相沿相习之故，由来者渐而悟入之消息，则亦视乎其学力之浅深若何，其领受自若何也。三百篇后，五言为作诗之极功。汉之苏、李、十九首，下逮魏晋，浑厚渊穆，自成境界，别乎三百篇之旧。唐贤境界又别乎汉、魏、晋、宋。究其所依以为性命者，卒无有能舍汉、魏、晋、宋而能自成为一家之诗。其从入之途径，则少陵所云："精熟文选理"耳。后之学者不于其理，而于其辞，愈离愈远。漫曰："吾以唐贤为依归"。

唐贤所依归者果安在乎？盍亦反其本矣！王、孟、韦、柳，五言之宗匠。何尝不沿袭大谢，而化其扳比之迹，开辟关键；上契渊明澹静之境，益求精澄。此中功用资于学，尤资于识。小谢开太白之先声，子山为少陵所推服。唐贤渊源，较然可睹。太白以俊逸自致，少陵则严重自持。其派别之各殊，即其性情之各殊，亦即其学识才力所至之途径各殊。人事适符天趣，化机入其感动，当其抽思遣辞，一句之成，一韵之叶，凡夫忠臣、志士、劳人、思妇郁而必发之，衷曲莫不流露行间。故其为诗，类多征戍、迁谪、行旅、别离之篇。其抽思也本之三百，其遣辞也依乎汉、魏、晋、宋。而能自异于三百，自异于汉、魏、晋、宋，此唐之所以为唐也。如白香山《游悟真寺》、杜牧之咏《张好好》等诗，率写胸臆，文质交相，其为体近乎创，又何尝非《焦仲卿妻》、《木兰》诸大篇为之作俑？千川一月，月印千川，是在作者善通其变，读者善知所止而已。七言如《大风》、《垓下》之豪纵，《秋风》、《柏梁》之悠扬，《孤儿》、《盘中》之长短句跌宕奥衍，是为东川、高、岑之所取径。明之何、李揽其辞而昧其源，涂附成篇，无病呻吟，意志之不存，诗于何有？此非唐贤之过，学唐贤者之过也。

元杨士弘选《唐音》，始划初、盛、中、晚之界。其说自创，其实不谬，所选稍汰李杜，则音之为悦耳。李于麟遂有建安才六七子、开元只两三人之论调。审音而不核实之弊，一至于此。

唐人殷璠选《河岳英灵集》，有神来、气来、情来之论，雅体、鄙体、俗体之辨。潜心领会，自不患局格之不苍浑，句字之不研精矣。其论常建云："初发通庄，却寻野径，百里之外，方归大道。"学者可悟谋篇布局之极则。叶水心《志徐山民墓》云："唐诗之精，取成于心，寄妍于物，融会一法，涵受万象。"学者可悟炼字琢句谋篇之极则。

兹就初、盛、中、晚，分析言之。

贞观、永徽是为初唐。王、杨、卢、骆号称四杰，以妍丽为体，以流宕为用，蝉联排比，自然富美。然陈、隋纤靡之习脱化未尽，如飞花著水，轻云出岭，略无构造之迹，却自天然流转。其悦目在气韵，不在骨格。神龙已还，逮于开元，陈子昂首倡复古，五言音节春容，词旨幽邃。古变为律，萌于陈、隋，成于此时。沈约著四声而声病之说兴，陈、隋有律句而未备律体。陈子昂、杜审言、沈佺期、宋之问乃由整齐而入秾丽，声响节奏，不差铢两。上自公卿大夫，下逮闺阁女子，莫不覃精研思以赴。典则光辉，是为初唐渐入盛唐之机。四杰之风于是始微。

开元、天宝是为盛唐。声律格局始登大雅，稍去沈、宋秾丽之风，华实兼收，无所偏倚。五言如王维之工致、孟浩然之清逸、储光羲之真静，是为唐代五言古诗极盛之时。李于麟谓"唐无五言古诗，陈子昂以其古诗为古诗"，言其气韵自别于汉魏。此种见解是求其似而不求其真，所以肤廓而有优孟衣冠之诮。王阮亭毅然分太白五古为古调、唐调，亦犹乎于麟之谬。攻于麟者不绝，攻阮亭者竟无一人，毋乃为狙公所窃笑乎？唐人五古胜处有实际、有虚神、能深至、能高挹，气体博大，何尝不远宗黄初、正始而遥契渊明、嗣宗。乃反唇相讥，掀播词坛，侥风迷雾，白日寝光。今试取杜公《奉先咏怀》《羌村》《北征》诸大篇读之，忠爱悱恻，庶几《小雅》之遗。于麟选唐不此之取，而字句装点之，是求抑已陋矣。

七古山崿海涵，直是前无古人，净洗初唐圆美之调。加以沉著恢豁，足使掉弄虚神、取便口耳者不得望门墙而弄斤斧。大家如李颀、高适、岑参所作，皆能句不排比，字不浮缛，气不平衍，局不松散，首尾浑成，中枢跌宕，略无剪裁之可言。太白论诗："五言不如四言，七言又其靡也。"可知七字为句，易落缓弛。不善为之，沙积水汨，失一曲一直之精神。吴修龄学于冯定远，其《围炉诗话》论七古须于风樯阵马中不失左规右矩之态，长篇中枢宜持紧，结束却宜放宽。此等论法即于麟不喜少陵而不敢遽加以微辞者，其趋向在气势一途。高、岑为其嫡系，然黄河之奔流，固不若长江之逶迤也。中枢持紧之说尤为诞妄。譬如壮盛之年，自宜开张，不宜瑟缩。殷丹阳论常建诗"百里之外，方归大道"。故知修龄《围炉诗话》多门外语。少陵机杼，并不为风樯阵马，自有大波奇峰、云龙风虎杂露行间，长江三千里，浩浩荡荡，若洞庭、若小孤、一潴一束，岛屿帆樯，风日流丽，或用陪衬，或出追忆，宾主位置，好整以暇，善能解纵绳墨之外而无溃决堤防之虞。夫是之谓跌宕。跌宕者，七古之极功也。涪翁之诗云："慨然欲乘桴，莽不见洲渚。"高、岑之醒快似之，而少陵自别矣。至于用句用韵之法，如仄韵到底，则声响沉歇，苦难撑持。唐、宋作家多以上、去、入转配一平，于出句煞尾使之按拍。东坡尤喜用此法。

五律五排，少陵已极广大而尽精微之能事，笼罩诸家，奄有诸家之长而无其短。乃论者并其七律推之，却欠分际。少陵七律发端高挹，结束稍落缓弛。明者自能辨之，尚不若摩诘之能发皇首尾匀称。如"花近高楼"、"风急天高"二首之唤起何等兴象；试问"可怜后主还祠庙，日暮聊为梁甫吟"、"艰难苦恨繁霜鬓，潦倒新停浊酒杯"，能无头重脚轻之病乎？若是者，谓之"游结"。未极"束紧"、"拓开"两法之妙用。惟"玉露凋伤"一首，八句皆振，再接再厉，不独《秋兴》之冠，实为集中所仅。故夫沈、宋之浓厚，摩诘之振兴，少陵之阖辟顿挫，是皆七律之阶梯。从此参透，自入正轨。太白则托意孤遥，不为铺陈排比，又一境也。少陵赠太白云："李侯有佳句，往往似阴铿"。又云："清新庾开府，俊逸鲍参军"。可见低首小谢，沉酣六朝，其于黄初、建安，已非所习。

五绝为体，二十字耳。措辞嫌尽，不使句尽于字，意尽于辞。其境界似天与俱高，一碧无际。摩诘独擅其长。七绝二十八字，取境在远，构思宜微，坚而不缚，融而能散，故所贵乎咫尺万里者，势也。如其无势，何异缩绘一幅舆图？自盛唐而下，或以温丽见长，或以幽秀致美。此中、晚所以别乎盛唐，自为音节，有非浮响庸调所得搀入者。明之李、何、王、李，竭其全力，只是浮响庸调，全无精彩。"冠冕通南极，文章落上台"二语，差足以状盛唐七绝，明人有此气概否？严沧浪以禅喻诗，程鱼门、曾涤生移其说以之喻文，皆取其不落边际，遂开空疏之弊。七子之剽拟，阮亭之神韵，胥天下后世之人以不学文其浅陋。吾不能不为学盛唐者惜，吾不能不为以禅喻诗者惜！

大历、贞元六、七十年间，是为中唐。日中则昃，去盛唐骤远。一时作者多取澄泓一境，有坦途缓辔之乐。承流称雄者，钱、刘尚已。仲文清赡细腻，专工五字；长卿雅正闲旷，清不及钱，兼长七律。郎士元浓处见淡，松处见紧；皇甫冉声和味永，飘然木末，亦其匹亚。比之左司，逊其冲淡；拟之柳州，让其精密。钱、刘诸人只工律体，韦、柳古律兼工。柳喜用意，韦以无心；柳是步步为营，韦乃无声无臭，同流归异，造极则一。

七绝则刘禹锡、白居易、王建、李益、韩翃之流，汎汎移人，下箸得味，脱略精思，不尚气概，继盛唐而能自得师。张籍、王建尤擅乐府，格调易攀，径路可寻，清真峭拔，稍异于古而有开来之功。元、白号称新体，资于故实，叙述分明，局格开张。钱牧斋、吴梅村倚为性命，便觉肉松肌软，冗长拖沓，转揆非自注不明，分段则上下不蒙。集中大篇求之于古，求之于元、白，果有合乎？张、王、元、白之自为新体，原自有其不可泯灭者在。钱、吴砌贴浮辞，引为能事，其中杂出律句、对句过多，吾无以名之矣。

元和间韩公挺生，自辟径路，崭奇崱屴，驱驾气势于严重奥衍之中，恣为排奡，其才力足以弥纶群彦，文起八代之衰，诗亦务绝攀附。五古铺叙平畅，体质坚强。试效为之，琐细处必失之拉杂而鲜条理，率易处遂不免为有韵之文。韩公之妙，在叙事写景时出研炼之句，清奇灵秀，醒人心脾，无不达之隐，大力旋转，益显其能而神其用，是以夐绝。若夫《秋怀》、《江汉》诸篇，上摩建安之垒，草堂无此韵味，射洪让其遒逸。襟抱昭旷，才有兼长。七古涤荡骏发为其气格，虬枝硕语为其运用。人在蓬莱，笔补造化。夫是之谓妥贴，夫是之谓排奡。一如其所以推服东野者，东野犹觉未尽其用也。至其用韵，险而无痕，奇而有采。宋人惟荆公能之。宛陵平衍，乃云效法韩公，露骨费力，寒陋已甚，安在其能有合也。"李、杜文章在，光焰万丈长"。韩公之服李、杜，服其光焰，岂规其形似耶？吸其精英，存其气概，别乎李、杜，以继李、杜。群儿谤伤，目为外道，是不知韩亦并不知李、杜，无异于以谤伤韩者谤伤李、杜而已。韩比于杜，则杜极其正，韩极其奇。韩比于李，则李极其放，韩极其豪。中唐之变化盛唐，是能以坦易纡徐换其高浑涵宏之境。韩公之变化中唐，是能以坦易纡徐移为桀骜确荦之状。再变而有东野、长江之清奇僻苦，又变而有长吉、玉川之幽峭诡异，皆所以力求自拔于作者之林，不欲寄人篱下者。东野灭尽菁华，辞涩而思艰，令人不欢。东坡欲于寒夜灯昏读之，助其惨慄。是推服东野者，不独韩公。翁覃溪谓韩公推许过当，是不解妥贴力排奡之妙用。盖妥贴自难排奡，排奡自难妥贴，若是者，力之一字尚已。吴修龄目为别体，其愚其陋未免贻笑。人不弘道，不可与言，斯不与之言矣。长江独自行吟，志深而辞苦，中间峭句，有若碎金，纵饱鸡肋，殊失大戴之丰美。原其骨力本屡弱，意义复委曲细屑，大雅宏达，有所不尚。长吉为诡异之宗，其诡异是由清丽刻入之一境。锦囊收拾，诡不涉于诞，丽不伤于纤，与温、李并为西昆宗匠。方之郊、岛，有寒泉飞瀑之各别。玉川务为奥仄，风度玄杳，《月蚀》诗取韩公陈言务去之妙谛，移入于诗。钩心斗角，奇之又奇。然才力皆下韩公。"大鸡昂然来，小鸡悚而待"，韩公斗鸡之诗不啻自状。其气概视余子为悚而待者矣！

综此，诸家各具蹊径，各有锤炉，巧匠琢山骨，笔落惊风雨，傲然自足，守之至严。能不与风会为转移者，同时柳子厚渊源选体，华妙精密，一反韩、卢。不如是即不能与韩分道并驾，驰骤于坛坫间也。杜牧之最后出，处中、晚之间，才力豪迈，奄有众长，七律俊美，上拟开、宝。间有牵于对偶、泥于迹象者，要其胜处，自不可掩。前乎此者，刘长卿亦能以开、宝气格，独立大历、贞元之间，俯视侪辈。此之谓中兴间气，此之谓河岳英灵，难可多得。吾故曰：学唐体者从中唐入，途径可循，自易为功。今人开口学杜，终身只得排场框廓；与嘉靖七子之喧豗，同一学盛唐，同一不得要领，何益诗教？惟自大历以还，诗法虽密，其致力全在冒头结束。以此不及开、宝之浑融，无所往而非法，无所往而拘于法，自逊一筹。驯至晚唐，最重腰腹，徒工中四，漫无起结，又下中唐一格。

开、成已降，是为晚唐。鸿篇巨制，几于绝响。作者不出于幽秀、侧艳两途。或以邃密而伤迫狭，或以对仗而行板比。古体既以涣散损其格局；律体又因一字一句一景一物之微，泥求工稳，而全篇之气韵失其弥满舂容之度。察秋毫而不见眉睫，大本大原反觉其疏，若是者已落第二义。上之不敢比拟沈、宋之无首无尾，自尔天成；次之不能几于李、杜之不必如此起、不必如此结，而自得起结之妙；下之不能若钱、刘诸人之如此起、如此结，而能顺应首尾，毫不吃力。季札观乐，有"其细已甚"之叹。咸通十哲所由，难与大历十子等量而齐观也。

侧艳，吾无论矣。幽秀一境，有未易言者。刘彦和《隐秀》一篇，即幽秀之义。其云："情在辞外曰隐，状溢目前曰秀。"梅圣俞窃其义，谓"含不尽之意见于言外，状难写之景如在目前"。是已晚唐作者，千锤百炼，用尽心力于五、七言律体，求其前有浮声，后必切响，情景互用，不失常度。一篇之中坚既定，八句之起伏无差，秀语惊联，无懈可击者，亦未易多得。若夫极则，必如老杜五言"水流心不竞，云在意俱迟"、"片云天共远，永夜月同孤"；七言"丛菊两开他日泪，孤舟一系故园心"、"万里悲秋常作客，百年多病独登台"等联，景由情生，情由景出，烟水涵混，莫辨分际，非异人任也。至若"感时花溅泪"、"细麦落轻花"、"红绽雨肥梅"、"树头蜂抱花须落"等联，不止屡弱，且失纤细，不是真吾。盖源出庾信，结习未忘耳。

今自陆、皮以下，分析晚唐诸家，俾识指归。

皮袭美、陆鲁望清奇自致，两人虽多唱和，而平昔格调各殊。袭美声情聱牙，脉络局促。鲁望辞调细碎，气体脆缓。鲁望极清新之致，庸俗在所必屏。袭美擅幽侧之长，肤浅有所不屑。

温、李并称。义山实为议论之丛。其源出庾信，人多谓其本于老杜。老杜亦原庾信，然有其哀感，无其顽艳，此之不可不辨也。李则取庾之顽艳而已。夫缛丽其辞，纡曲其意，风人之旨，本可行之以婉约，申之以比兴。义山首尾晦塞，名为寄托，无可捉拟；比兴之义，竟若是其无据乎？《有感》、《重有感》为甘露之变，庶几其可；《无题》、《锦瑟》等篇讽一劝百，望尘颠倒，至今未已。冯定远谓"作诗比兴为上乘法，义山独得其妙，宋人率直，只是赋体。"余谓孔子兴、观、群、怨，言各有当，必云比兴为工，将三颂谓何也？吴修龄亦云："赋体难工，比兴易咏"，至谓"不知而感亦足乐也"。是何异内经之论？癫狂自高贤也，自圣智也，亦乐其所乐而已。彼固欲以模糊影响，致力于字句之凑泊，而自诩为风人之旨也。至云"义山之诗七百年来知之者少"，夫诗至七百年尚难索解，后有千古不益晦耶？亦安取此隐语谜辞，令人堕入五里雾中为也？大凡托意男女，无论其本事若何，皆可以隐射，助其蕴藉，增其萦拂，不啻为不学者开方便之门，拉杂成篇，矜言讽喻。孟子说诗，以意逆志。志不可逆，诗之为道或几乎息矣。郭景纯《游仙》、左太冲《咏史》发端即揭出本旨，循是以求，迎刃而解。本旨不可寻，比兴之义将安所据乎？所以陆务观直指《无题》为艳情之作；洪觉范谓"诗至义山为一厄"；高廷礼亦恶其隐僻；毛西河认为半明半昧；甚或目为浪子之数公者，皆非不知而妄言者也。屈晦翁注玉溪生诗意，不惜揣声测影，无异痴人说梦，徒费辞耳。七律装点中四句，以砌合伤气，往往截为五字，亦可成诵，流为西昆，愈益蔽塞。昔人有谓义山五律胜七律者，砌合少也。以古、律概言之，古体多实赋，律体多比兴。亦不能以定远之说，徒言赋比兴，而昧于古、律体之分。读义山诗正当取其洗去繁缛、脱卸粘滞者，其清润亦不减中唐高手。弃短取长，毋徒徇世俗之所欲，驰骛于"昨夜星辰"也。

温飞卿宛曲秾丽，诸体匀称，乐府影响齐梁，律体善于结束，有余不尽，由其出笔松涗与义山绝异。今人多忽略，不及细玩，自尔荼靡，致全首兴味索然，为作者通病。老杜之"花近高楼"、"风急天高"两首，病即在是。余尝谓长吉之秾丽，稍涉于鬼。其善者如春雷启蛰，如晚霞成绮。飞卿之秾丽，稍近于俗。其善者如幽涧繁花，如天边晓月。要之矜燥胥泯，高华自擅。飞卿以轻薄无行，废弃终身。士先器识而后文艺，信已！

韩致光身值乱离，独树节操。顾其诗全托男女暗私，自写怀抱，而浅俗太甚，义山无是也。为爱好多心转惑偏，将宜称问旁人，不啻自道平生。《香奁》一集，庄士病诸。右之者谓为唐之节士，讳之者则欲嫁名和凝。要其视为立言失体，人心一也。君臣友朋之间，寄兴慨以抒幽思，如《诗》之溱洧赠答，屈之香草美人，自不害为引喻，未闻若是其靡也。若夫直言怨怼，任性准情，如皇父、尹氏、北山、贝锦，直斥其名，历数其恶；而家父寺人，作者复揭日月以行，冒九死而不悔，此犹曰小雅，怨诽则然耳。《相鼠》《谷风》，孔子不列之风诗耶？无伤忠厚，并不为此半含不吐之态，近于妇人女子之所为。冯定远辈读《诗》至此，斥作者耶？抑斥孔子为应删之列耶？今人随遇一题，随托一事，籍口玉溪、冬郎，文其浅陋，遂成雅道中一种恶习。黠者或托游仙，犹吾大夫，其谓之何？义山之涂傅脂泽，致光之增加猥亵、靡靡之音，流为魔道，往而不返，咎将谁属？亦春秋之义，责备贤者而已。

许用晦精言七律，亦是致力中四。佳处若刃之新发于硎。《咏史》调高词重，悲壮不减牧之、飞卿，令人神王。其劣者拈花簇叶，韵味浅薄，力竭于对仗，匆匆结煞，则所操之术末已。司空表圣云："势苦欲死，招气不来"，视义山、飞卿犹有惭色。

司空表圣、罗江东皆以气节厄于末运，拳拳君国，独自歌哭。比之致光，志洁而辞芬。表圣七绝，气概不凡，老臣心事，梦想升平。五律亦自清新，不随俯仰。江东七律，尚能振作。七绝浅俗，不及表圣之能委曲永叹。自来俗之一境，惟香山能之，其好处是不庸不鄙。杨诚斋效之，便失之粗，然其视庸鄙远矣。

自余刘沧、马戴、韦庄、李频、赵嘏、郑谷、姚合、方干之伦，亦能黾勉气格，占住一角。其所习所尚，则钱、刘之清浅也。读唐人选唐如《国秀》《才调》两集，知幽秀之易伤纤仄，侧艳之易落庸俗也。飞卿、义山擅侧艳，长吉实为开山之祖。崔橹、窦巩擅幽秀，柳州是其不祧之宗。

"专主空灵，切忌死句"，二语本作诗之极则。严沧浪用之，几为不学者导一别径。陈后山用之，虽无死句，却鲜空灵。李沧溟用之，力求空灵，却多死句。王阮亭用之，本主空灵，却落肤廓，欲免死句，更入浮滑。信乎盛唐未易可几也！沧溟、阮亭所选唐诗，乃自扶藩篱，使一世之才人，日游羿之彀中，莫知自拔。《传》云："以人从欲鲜济"。沧溟、阮亭各有所窃，皆野狐禅也。夫时有废兴，道有隆替，诗文与为转移。此中递嬗之故，隐而显，微而著。轻儇佻达之风，往往乘时之衰，沉浸肺腑，阴柔结辖，自为风气。才俊之士，蚁傅蝇营，如溺人妄笑，胥靡狂歌。是之谓文妖，是之谓诗魔。昌黎所为，欲挽狂澜而障百川也乎！

卷二 论宋代诗派

宋初之诗承晚唐，格调为西昆体。杨亿、刘筠、钱惟演、李宗谔以下凡十七人，有《西昆酬唱集》，负其博丽之才，求工巧于字句、对仗，剪彩雕虫，砌石补衲，有色无香，有形无神，一题一诗，足了斯义，无兴、观、群、怨之可言。盖砌贴多则性情少，典故多则寄托废。廛闬扑地，歌吹沸天之场，必无高人韵士涉足其间。此之谓力尽于外，精竭于内。苏、黄最忌此种。所取在意象之间，所寄在空灵之表。严羽以羚羊挂角、镜花水月喻空灵，特言其气概耳。苏、黄以才高意远，目送手挥为空灵，则全在兴象。其分际自殊，知其解者旦暮遇之矣。西昆祖义山，义山丽而能清，西昆灭尽性灵，所以不如。晏元献、宋景文又扬其波，及王元之始挺立于举世风靡之日，掉鞅词坛，尽洗西昆而宗李杜，堂堂之阵，虽其识解之超，抑亦风会所趋，有不其然而然者。上而初唐、盛唐，其转掾移换莫不皆然。吴孟举《宋诗抄》竟舍西昆而冠王元之。识解虽超，而于一代派别递嬗之故，难以语夫知人论世之旨。

盖诗至于宋，有不得不变者。山川景物、天地絪缊，被唐贤吸收略尽；后人偶拾一二生新之句，曾何与于声律节奏之微？欧、梅之兴，始变体势，神气未完也。元祐间，苏、黄始广其义，致力于典章国故之弘规、师友名臣之言论，仰观俯察，敷陈咏叹，是非得失之故，往往藉诗篇以发其端绪。贞淫正变，即由此出，不徒以寄慨芳草美人为托物起兴之辞也。

所以别夫唐贤，而为宋贤，置之唐贤集中不能拟似。舍是而言宋诗，区区较量景物，比别字句，夫岂宋人精神所系？乃冯班、纪昀之徒，骛于声调之末，挟"风人之旨"四字，以为诋讥宋人之口实，兹所谓诗之失愚者矣！深于诗者，宜不若是。温柔敦厚，孔子所言，即风人之旨。纯乎此旨，则愚而已矣。不然，温柔敦厚奚以云不愚也？宋人以体量为形，以空灵为神。苏出于白，而白无其趣。黄出于杜，而杜少其奥。是非牢笼万象，翕辟阴阳，智慧环生，糟粕尽净，驱使古人而不泥于古人者，其孰能与于斯？故其于经史词典，只撷其精英，不以搜僻索隐为能。冯定远谓江西诗可以枵腹为之，不可比于西昆，未能澄观，殊欠领会。丹楹刻桷，其足以语建设而窥匠心乎？

但今之学宋诗者，确有空疏庸沓之弊，又不可不察也。明七子学于盛唐，而踬于盛唐。钱、刘学于西昆，而踬于西昆。其病在瞻顾矜持，屈己徇人而不自觉，是庄生所云"吾丧我也"。高青邱"函关月落听鸡度，华岳云开立马看"，尚有气概；李于麟"八阵云开屯虎豹，大江潮落见鼋鼍"，果何为而有是言乎？是之谓空腔，是之谓死句。杜牧之"蝴蝶梦中家万里，杜鹃枝上月三更"，东坡指为死句；陶公"采菊东篱下，悠然见南山"，方为才高意远。黄山谷"桃李春风一杯酒，江湖夜雨十年灯"，自谓有砌合之迹，不如"竹石牧牛"四句，乃可言至。余谓四句亦从唐李涉"放牛吃我竹"化出，山谷得点化之妙用耳。钱、刘酬唱，处处砌合呆贴，比量齐观。苏、黄是炼句，不是炼字。方虚谷谓之诗眼。南宋诸公只能谈到炼字，乌足以语苏、黄？其实五字七字有天然转摸处，特转摸之字，有能手、拙手、俗手之别。苏、黄以炼字为余事，其空灵全在炼句。而苏之空灵是从机趣中取得，黄之空灵是从奥衍中取得，皆所谓不犯正位，不落边际者。虽然，机趣可以兴象得之；奥衍非从古歌谣中领悟，未见其有合也。吕紫微谓山谷论作诗，当从舜皋陶赓歌及五子歌以下皆加精考。故余论诗，必断自唐虞以下。

今人伏案拈管，便为眼前光景，意中字句纠缠，笔端若冻蝇投窗，挥之不去。其何故也？学识不充，胸次不超，鄙吝复生，势所必至。明人陈声伯《渚山堂诗话》云："昔人谓许浑千首湿，杜甫一生愁。"杜之遭际不是无病呻吟，效之则可鄙；许之风、雨、江、湖、河、海、溪、涧、水泉、池沼、波澜、潮汐等字，无诗不有，诚哉其湿。平实之外，益以此病，其胸次断可识已。又若郑谷好用"僧"，萨天锡喜用"芙蓉"，被其纠缠，不能自拔，眼前光景之为累也。陆务观诗："我得茶山一转语，文章切忌参死句"，自道甘苦之言。山谷则云："意无穷，而人才有限。以有限之才，追无穷之意，虽渊明、少陵不得工也。必易其心而造其语，谓之换骨法。规模其意而变化之，谓之脱胎法。如是而有不空灵者乎？"冯定远昧于此法，评点唐人《才调集》，其所心赏，十九死句。评点《瀛奎律髓》，虚憍叫嚣，不遗余力，及身而焰熸矣。南渡之陆、范亦是眼前光景沉吟太多，四灵更无论矣。收功只在句下，才不高，意不远，境界遂不能移人。昔贤谓用事当如水里著盐，寓意当如空中散花。决非钱、刘之板比，陆、范之烂熟所可拟似。严沧浪"镜花水月"之喻空则空矣，固不若"水里著盐、空中散花"八字为有实际可寻。沧浪立言不慎，欲以不可捕捉者开后来空疏浅陋之风、模糊影响之调，其谬妄尚可追乎？

欧阳永叔为北宋宗师，有开物成务之功，诗境承钱、刘之余波，杰然变之以春容大雅；然叙事写景，均有辞尽意尽之病。揆以辞随意遣、意与辞行之义，使读者以意逆志，则已浅矣。永叔之诗，略如其文。时际升平，歌事叙情，本无苦语，安用深思？平生服膺昌黎，而与妥贴排奡之旨，绝不同科。虽其力去昆体之砌合，已伤辞尽，更患冗沓。

今之胸无卷轴者，本鲜砌合之资材，妄欲自托于永叔，文饰其寒陋。随题架设，便可数纸，非诗非文，似诗似文，配成韵语，无以名之。昌黎气体弘大，天才学力，翁辟行间。其质朴细屑处，自在天真，尤为难到，岂数盐米而计阿堵可比？学之不得其似，咏之不见其际，夫是之谓宏大。

永叔自夸其《庐山高》《明妃曲》于子棐，谓太白、子美不能为，惟吾能之。何其言之不怍若是！《庐山高》得太白之奔迅，无其飘逸与其波澜，亦长短句庸调耳。"行人举头飞鸟惊"，以形高峻，视少陵"下窥指高鸟，俯听闻惊风"，快钝何如？元吴渊颖作《泰山高》以拟永叔，奇逸差近太白。《明妃曲》一出庄语，便涉钝根。"耳目所及尚如此，万里安能制夷狄。须怜铁甲冷澈骨，四十余万屯边兵"，何等学究气、伧气！集中和吴冲卿《鸦树石屏》等篇尚多此态，读者惊倒，其实亦只是庸调。王阮亭、翁覃溪皆有微辞。《明妃曲》本和王介甫，而黄山谷独服介甫，和作即是不取其著人议论。介甫有和葛蕴《巫山高》二首，能以洒脱见胜。此等题最忌正论腐语，又忌作意腾掷。山谷《自书摩崖碑诗》："内间张后色可否？外间李父颐指使"，言各有当。《中兴碑颂》自异《明妃曲》，敫器之所云"四瑚八琏只可施之宗庙"者矣。陈后山《裕陵古墨行》中开一段云："睿思殿里春夜半，灯火阑残歌舞散。自书细字答边臣，万里风尘入长算。"展放局势，光焰烛天，以咏物小品吸取空灵，不著半点朽腐，自然压服永叔一种伧气。

　　梅圣俞诗意枯澹，晚乃刻苦。其少年所作，本自平浅。或谓五律澹远幽深，皮相之论也。澹处伤于率易，思虽幽静，辞乃肤浅，其合者差近姚武功、施愚山。"惊其扁洞去，落日松江宿"，为苏州、随州之比，然未能通篇振作。其于宋初，既有尽反昆体之力，亦不为王元之衍布之局，此则英雄与时势相遭有致然也。七律气局不能弥纶行间，故多荼靡。古体尚能涵融，亦殊清曼。晚年钩稽径路，令人改观，欲取换陈言之法移入诗境，转无以状其所至。韩公之诗是锤凿，不是改换。几微之辨，判若鸿沟，学者所宜审察。

　　圣俞本藉吟咏为性命，其云："人间诗癖胜钱癖"，彼自以为胜焉耳。心所不欲言，口所不必言。为编集计，乃不惜搜韵索句，流连光景，兴无可托，事无可比，曾何与于六义之微？永叔推为乐之苗裔，阿所好而忘其言之背理。陈去非语人以圣俞诗慎不可读，为其感触自少也。敖器之谓宛陵如关河放溜，瞬息无声，其境界亦全不相似。圣俞论诗云："状难写之景如在目前，含不尽之意见于言外。"此袭刘彦和之说，其功力固自不逮。宛陵诗状景容有至者，含意则差之甚远。自其晚年欲以刻削逼仄去其平衍，喜以强韵惊人，效韩而转失其故步。龚氏谓其去浮靡于昆体极弊之余，存古澹于诸大家未起之先，斯则不为无功。圣俞尝语苏子美云："永叔自要作退之，强差我作孟郊。"永叔亦云："郊死不为岛，圣俞发其藏。"固以阆仙当圣俞。圣俞亦以阆仙自期许也。是知由平澹入于刻削，实为晚年所到之境若是焉耳。

　　王明清《挥麈后录》记李邯郸家有圣俞诗善本，世所传系欧阳公去其善者，忌能名之压己。明清辨之，王阮亭许为知言。余谓文人相忌，自昔而然，不必为欧公讳。近刻郭筠仙侍郎《养知书屋文集》，有墨钉涂抹原稿之事，益信。虽然，圣俞诗境不过如是。

　　苏子美亦宋初转移风气之先声，而与梅圣俞各有别途径。子美笔力豪隽，刘后村称其歌诗奔放，胜于圣俞。及蟠屈为吴体，则极乎妥贴。盖宋初始为，大雅古朴中，具灏落渟蓄之妙，两家所同。梅之萧散澹定，苏之超迈横绝，各出机抒，永叔所谓不能优劣者也。

　　余谓子美笔力豪隽，肌理不免松疏，但能不落粗浅。生当皇路清夷之会，骨干充实，音节和缓，惟跌宕顿挫之致不若唐人。比于幼学，未能壮行。迄真宗、仁宗之朝，苏、黄始大，荆公鼎足而三。三家之诗，皆宋人所注。苏则恢嘲醒快，机趣横生；黄则槎枒刻崛，支蔓尽除；王则铺叙周匝，一线钻入；各具独到之精神。荆公之诗，自宋已来，人不喜读。不知其既别苏、黄，复异宋派，古体颇近韩公，微觉辞胜，而相业之累，亦当时所不许也。

东坡天才散朗，古体善能跌宕，奇偶杂陈，避去单弱，又化板比。离开唐调，稍近太白、昌黎；其为宋调，亦殊欧、梅。太白有其骏快，无其恢嘲。昌黎有其傲兀，无其禅机。一种疏松愉快之致，水穷云起，天开境界。笃于性情，善处兄弟友朋之间，辞温而意挚。大篇选局布势，轩荡开豁。中间铺叙实际，舁语撑空，引满待发。入后层层收转，远呼近吸，渟蓄顿放，一丝不走，一滴不漏。综其境界，有旷达、有激诡、有幽秀、有跌宕、有奔放、有讽喻、有雄奇、有典章、有禅定、无所不包，特忌奥衍之笔，与山谷异趣耳。凡经、子、野史、稗官、虞初、仙佛、玄旨，无不通晓，细大不捐，熔铸一炉。

纪晓岚乃欲以晚唐眼光，诋为不合风人之旨。冯定远、贺黄公且目为赤体。谓唐多风诗，比兴为尚，则将曰宋多赋体，雅颂为尚，可乎？为唐为宋，为赋为比，思无定位，题无定制，隐语谜藏，在所必屏，安有一旨可概其全？文廷式《芳荪室谈录》讥纪评苏诗未脱学究气。卓识确论，不随风会为转移。

余谓纪评《瀛奎律髓》亦只知从字句间寻其起伏照应之迹。晚唐之旨如是，南宋之旨亦如是。纪晓岚、何义门、冯定远、吴修龄亦如是。方虚谷创为诗眼之说，有以启之也。北宋并不如是，炼字炼句，自然有眼。标一眼字，不伤于巧，便流于细。苏、黄耻之，余亦耻之。东坡诸体皆妙，王阮亭谓七律不可学，嫌其调不类唐耳。庸讵知，东坡原是不欲践唐人之迹者。如奉诏决囚五百字，排比对仗，一气浑灏，不窘不杂不板滞。中间叙述行役风土，因物付物，从香山《东南行》运化。末段挽到子由，趁势收束，心手敏快。结韵不用对语，亦仍唐人旧法而不失其在我。其去杜只欠"沉郁"二字，文运代谢，各因其时，各有千秋。霍去病所云，不至学古兵法；而赵括徒能读父书，人方轻之矣。香山自言生平所遇，皆惬心之境。东坡坎坷一世，反谓似之。盖其胸次皆能以道自守，释其得丧，故其诗、其人、其境若或似之，若不似之。"我是香山老居士，华颠赏遍洛阳春"，举畴昔不堪之灾害，略无容心于其间矣。

山谷诗，"才高意远"四字尽之。东坡之言曰："读山谷诗如见鲁仲连，李太白不敢复论鄙事。"秦少游则谓："每览斯篇，怅然终日，殆忘世事。"少游诗境清切明丽，语以高远，自尔愧叹。山谷之称东坡曰："我诗如曹郐，谫陋不成邦。公才如大国，吞五湖三江。"服善之诚，绝不以己之所长，绳尺他人。其于晁、张，亦云："晁子智囊可以括四海，张子笔端可以回万牛。"于此可见古人虚怀，不似今人之排除异己，徇一时之声誉，贻后来之诋諆也。冯、吴辈叫呶泼骂，果胡为者？或疑山谷谓东坡不懂句法，此特指其不能如己之炼字。东坡效山谷江字韵诗，山谷见之云："子瞻何苦收敛光芒，入此窘步。"收敛光芒，反常合道，为山谷退藏于密之玄机。

自来论黄诗学黄诗者，均不能拈出奥窍，彼以西昆绳尺黄诗者，又何讥焉？《宋史》称山谷自黔州以后句法尤高，实天下之奇作，非规模唐调者所能梦见。刘须溪谓用字寡情少恩，如法家者流；又似息夫人绝世独立，三年一笑，斯为善于形似者。刘后村谓豫章稍后出，会萃百家句律之长，究极历代体制之变，搜讨古书，穿穴异闻，作为古律，自成一家，只字半句，不轻下笔，为本朝诗家宗祖。

余晚读山谷诗，服其真积力久，格高律熟，意奇句妥，妙脱蹊径；言侔鬼神，善能夺胎换骨，而归之于反常合道、冥杳不可探之境。其言深切著明，不独作者之难，知者亦实不易。金王若虚谓朱少章论江西诗律，是"用昆体工夫而造老杜浑全之境"。余谓此孝章之浅，盖指其炼字耳。讵知昆体炼字在实处，江西是在虚处，见解不能真确，差之千里矣。又若虚点化陈腐以为新之论，亦只从字面上寻求山谷之迹象，未悉山谷命篇布局之弘大，义深而韵简，意换而辞奥，是难能也。至元遗山《论诗绝句》所云，不啻自道丑态，更不足置辩。

山谷之诗曰："待渠弓箭尽，我自味无味"，可以知山谷之所志矣。苏、黄迭兴，山谷逼处东坡盛名之下，自非别树一帜，鞭辟荡抉，即寄篱下为附庸，安能与五伯七雄驰驱中原？窥其用心，不徒是突过欧阳、苏、梅，直欲以孤微之辞旨、崛折之骨干、排奡其气体，骀荡其机趣，夺东坡跌宕豪健之席而据之，不肯北面而朝，更欲南面称孤。海上成连，移情在高山流水，山谷其庶乎？东坡之光芒四射，舒张恢廓，适足与山谷之收敛光芒，确挈槎枒，各辟门径。东坡务在条达心志，山谷务在经营意象。陈去非之言曰："东坡赋才大，故解纵绳墨之外，而用之不穷。山谷措意深，故游咏玩味之余，而索之益远。两公同任斯道之重，为继往开来之宗。"冯定远本不喜山谷，然尝云："山谷有力，气势转折，固是高手。"则亦能窥见山谷一斑，犹胜吴修龄一味抹煞，竟谓山谷开浅直之门者，纯乎不知而作矣！余谓琢不伤巧，密不露芒，厥惟山谷，是则深有望于善读者。

荆公处苏、黄两大国之间，争衡坛坫，将何途之从？则毅然学唐。苏、黄在能变易唐人面目，荆公则不欲遽离唐人面目。沉酣经子，自出机杼，尝从宋次道尽假唐人诗集，博观约取，晚年始悟深婉不迫之趣。其精严处，步骤老杜。或谓得杜之工致，少其悲壮，读之令人笔拘而格退。此亦入微之论。但时非天宝，丧乱之音，无自而生。必欲无病呻吟，则徒具框廓，灭尽性情，去诗教愈远。吕晚村为吴孟举作《宋诗抄小传》，谓安石遣情世外，其悲壮即寓闲淡之中。究非能知荆公者。

荆公律体章法、句法、字法在在有唐人之妥贴，济以宋人之纡徐。其起结不懈，实已胜过唐调庸沓之弊。惟中四句炼削太甚，时露斤斧痕迹。如"江月转空为白昼，岭猿分暝与黄昏"、"一水护田将绿绕，两山排闼送青来"，其炼字固非西昆、钱、刘所及，惜吃力耳。体格如一，却少变化，习之久而笔拘，不以庸沓为累，却以工致为累矣。乃若其善，则别乎苏黄以此，其为宋人学唐亦以此。至其七绝之妙，逼真唐调，全脱宋制。杨诚斋自言初学半山七绝，晚乃学唐。山谷亦云："荆公暮年，小诗雅丽清绝，脱去流俗，每讽咏之，便觉沉濬生齿牙间。"其服膺如此。可知荆公七绝，在当时已有定论。

古体、五言善押险韵，善使奇字，一线追人，从昌黎来。七言清滔，令人意远，不作精悍之辞，但少开辟之力。刘须溪谓荆公诗律甚严，及其拙也，有书生辞赋之气。盖惟其不肯轻易下笔，有时以炼字之故，而伤于拙。诚斋云："半山便遣能参透，犹有唐人是一关"，虽是见到之论，然纯以唐体绳荆公，殊失宋人参唐之旨。岂必北地济南、双钩填廓，而后谓之学唐乎？山谷云："荆公格高而体下。"斯言得之。

荆公学博无涯涘，举儒、释、老庄，凡将、急就、医卜、星象之属，无不牢笼挢揉，幻其形神。故能深密精严，角立苏、黄两家。然其诗宋、元之间无有能读之者。洛学行而士夫几以博物为丧志，江西盛而拘于一隅者，更以学唐为不脱窠臼。荆公之诗，遂废不讲。然入相一念之差，搏击已甚，故其诗与其人两相诟病。观其入相未谢杜门题窗云："霜筱雪竹钟山寺，投老归与寄此生"。又"三十六陂烟水，白头相见江南"，其胸怀旷澹若是，似亦有激而为之者，虽然，意气之害烈已。

陈后山弃其少作，近师山谷，远宗少陵。赠山谷诗曰："陈诗传笔意，愿立弟子行"。山谷亦称其挽司马公"政方随日化，身已要人扶"之句为不可及。任渊注山谷，复注后山。其序后山云："读后山诗如参曹洞禅，不犯正位，切忌死语。非冥搜旁引，莫能窥其用意深处，因为作注。盖法严而力劲，学赡而用变，涪翁已后，难可与敌。"

余谓后山严于首尾照顾之法，谋篇谋句，成之甚难。拥被微吟，肌骨声调，务入纯净。其于涪翁得法外意，温密之中，时露峭崛之态。涪翁如峻坂悬崖，绝人攀跻。后山径路透迤，步步引人。冯定远谓："后山五言貌似老杜，最不可学。"彼自诋杜，遑论后山？但学杜要从山谷入，自无框廓徒具之弊。后山惟其温密，学者又失其峭崛之致，遂尔不免落套。敩器之评后山："深林孤芳，冲寂自妍"，语极精当。今人不求自妍，只求媚人，性情所以日槁也。

陈简斋诗风格高举，气味沉著，与后山同出杜陵。简斋身逢丧乱，略同天宝，建炎间避地湖峤，惓惓君国，诗篇类多清壮。后山相形稍屡弱矣，边幅亦较狭窄。简斋能开拓局阵，处杜陵之时，为杜陵之诗，故所得在骨格之似，非躯壳之移。能以严简扫除繁缛，能以温厉涤除尖新，品格自在南渡诸家之上。吴修龄评其诗以趣胜，而受病于此，俊气终不可掩。是谓语无伦次。夫兴趣与俊气原为二道，兴趣只是意味之间，俊气乃为骨格之似，焉有受病于兴趣复有俊气难掩之理？

余以简斋学杜，是由山谷追入。刘须溪序其诗胜后山，取其格调高也。若以拟东坡，则譬之于花，论高品则色不如香，论逼真则香不如色。是以简斋之景物明丽、肌骨匀整，亦东坡所不及。简斋之言曰："诗至老杜极矣，苏、黄始复振之。东坡赋才大，故解纵绳墨之外，而用之不穷。山谷措意深，故游咏玩味之余，而索之益远。要必识苏、黄之所不为，然后可以涉老杜之涯涘。"玩味斯言，可以定其品格。简斋能逼真，能不矜持，以此旨绳后山，便知苦吟费力，已涉矜持。《小雅》之诗曰："吁谟定命，远猷辰告"。德人之深致，固不若"昔我往矣，杨柳依依"之感发自然深至。此论得玄奥之旨。

昔人谓简斋天分既高，用功亦深，意不拔俗、语不惊人不肯下笔。晚岁齐物寓兴之作，纡徐粹美，最耐涵咏。余谓矜持固作家所当去，过求惊人拔俗，便形矜持，亦不能自觉。此道微乎微矣！方虚谷云："嗣黄、陈而能恢张悲壮者，陈简斋也；流动圆活者，吕居仁也；清劲雅洁者，曾茶山也。

秦少游诗，吕居仁称其过岭已后所作严重高古，自成一家。少游本以轻情婉约为务，人讥其风光细腻，颇近词调，盖少作如是耳。观其服膺山谷，有"每览斯篇，怅然终日，殆忘世事"之语，盖已悔然思返矣。苏门称秦、晁，晁以气胜，灏衍而新崛；秦以韵胜，追琢而渟泓。今观过岭已后，仍未入于严重高古之途，采徇仍所不免。于苏门中，壮逸不如无咎，清健不及惠洪。

张文潜诗，史称其宗白居易，乐府效张籍。近体工警不及白，而酝藉闲远，别有韵味。乐府古体辞意雅润，亦长庆体为多。子瞻云："秦得吾工，张得吾易。"余谓工则可求，易却难几。山谷云："张子笔端可以回牛。"乃诗人赠与，随手兴致，不为定论。文潜只落得清浅二字，如东坡所云。

晁无咎诗，史称有俊逸塞刻之思，无平易宽泛之语。与弟具茨各有独到。无咎思刻有波澜，具茨边幅狭矣。刘后村谓"具茨诗惟放翁可继"，立言失当。具茨尝谓吕紫微云："我诗非不如子，只子差熟耳。"意似嫌紫微过熟。紫微答云："熟便是精妙处"。盖亦不满具茨，故反其意以示之。无咎以塞刻为本体，以宽纡为致用，一洗乃弟穷饿酸辛之习，各立一境，而力求精进则一也。李芳仪一首情胜于文，史所谓波澜者欤？

韩子苍本学山谷，吕居仁列之江西宗派图，未为不合；而子苍意不乐，以其曾为东坡所识拔，遂欲自异于江西。其遂有异于江西乎？抑遂有合于东坡乎？正恐子苍亦无以自解。苏、黄取才，原自至公，只称其所长，不欲以己之所长掩人之所长，狭小规模，排除异己，夫是谓之大家。子苍有磨淬剪裁之功，不吝改窜，有寄人数年之诗复为追改一二字者。故诗不能多而密栗，以幽古澹自喜，已启江湖一派。"汴水自驰三百里"一首，清空浏亮，字字活跃。冯定远反谓死句，又谓不落板；然则必以堆砌为落板、隐语为活句乎？有人问诗法于吕居仁，居仁举此诗云："熟读此诗，思过半矣"。余玩此诗，通首写景，只"茫然不悟身何世"七字，带动全局。居仁正是取其活泼不落死句，与定远之旨适相反。庄生有言："将使同乎我者正之。"既同乎我矣，焉能正之？或且讥其诗多官样，余则谓堆砌为官样、为死句、为呆板，子苍无是也。

吕居仁作《江西宗派主客图》，自陈师道以下二十五人，传者今不及半。曾茶山自言其诗出居仁，序居仁诗，服之甚至。乃居仁不以其名入宗派图，岂引为后辈而有所慊欤？居仁诗境主于自然，有"活法弹丸"之喻，言从字顺，尽反槎枒嵲确之态，妙出新意于流动圆活之中，惜墨如金，故语不陈腐。居仁有句云："丁宁入汉魏，委曲上唐虞。"学者从"委曲"、"丁宁"四字悟入，自不患平衍陈沓之病，而言从字顺之境亦出。其后方虚谷又衍为一祖三宗之说，继居仁主客图，谓杜甫、黄庭坚、陈师道、陈与义也。虚谷欲自托于宗派，故定为一祖三宗，以明自家指归。然其诗粗具规格，去山谷远甚。居仁能妙出新意，是其所以似；徒观其流动圆活，自然不似。杜陵所以有"得失寸心知"之叹。

曾茶山诗清远萧散，无一奥语，无一腐语，只欠深厚。余以谓奥可以力至，亦可以力去。腐则力亦难去，尤关天才。茶山之诗其为子苍、居仁之支流者乎？江湖派专主之尤、杨、陆、范，皆出其门，务观推服尤至。究其所成，未及浑涵之能事。四库馆臣称其风骨高骞，含蓄深远，介乎豫章、剑南之间。夫以清远疏散之品而云高深，可谓昧于句律者。且豫章、剑南讵可同论，茶山、豫章相去亦远，不过递相祖述，乌睹所谓介乎其间者？且务观为茶山弟子，是以师之所至而介乎弟子间，不已颠乎！

陆务观诗本出茶山，而序居仁诗又自谓出居仁，盖茶山亦出居仁也。其自述得力处云："我得茶山一转语，文章切忌参死句。"今读务观诗，亦自圆润，近居仁而无其新意，装点门面；虽忌死句，而肤浅是其本相。才则富矣，却欠洗刷。自谓不如杨诚斋，殆亦嫌其句冗调庸，难语超脱。但诚斋超脱，往往失之粗浅；务观则是范我驰驱，稳步康庄。誉之者谓其有少陵之心事，有东坡之才分，抬举失真。刘后村云："近世诗人博雅者惟对仗，空疏者窘材料，出奇者费搜讨，缚律者少变化。惟放翁学问足以贯通，力量足以驱使，才思足以发越，气焰足以凌轹，南渡为一大宗。"吕晚村云："岂惟南渡，虽有宋不多得。"

余观放翁惓惓君国，身世略同陈简斋，均之远祖杜陵，近法山谷。陆得其浩瀚，陈得其精湛。纪晓岚云："后人选诗略其感激豪宕沉郁顿挫深婉之作，徒取其流连光景、可资剽窃移拟者，转相贩鬻，放翁诗派遂为论者诟病。其诗诚有利钝；而托意遣辞深微雅隽者，指不胜屈。"其讥选家之谬，可谓先得我心。综诸家之论，自是推许过当。万首平熟，倾动古今，熟而不俗，圆而非浅。学者拈得真谛，究其得失，从入之途，较诸家自易。后村所云"气焰凌轹"，晓岚所云"豪宕沉郁"，放翁平生性情绝不类是，不知其何所据而云然也？

范石湖诗缛而不酿，缩而不窘，一种清新妩媚之致，极似陆鲁望之于晚唐也。学力才华小于放翁，忠爱之忱尤所不逮，一飞一潜之技耳。姜白石称其温润，七绝尤雅韵宜人，畅于四肢。冯定远、钱牧斋竭其才力，尚难比肩。其不及陆鲁望则结撰自乏新峭隽永，以语高华沉实盛唐境界，则更远已。古体嘲弄风月不足观，冗散欠精彩，去古益远。

唐子西奥衍屈折，时有生剥处。其善者，沉密精严之中饶有疏秀宽绰之致。南迁海表，诗格益高，曲尽南州景物，并不作憔悴悲酸、三月无君之态。刘潜夫谓其出稍晚，使及坡门，不在秦、晁下。读其诗，结束精悍，体正而辞奇，藏芒焰于简淡之中，寄神韵于声律之外，可谓服膺之至矣。余谓字里行间，新机泼泼，于山谷境界之外，别开生面，秦、晁只能润色声律，不足比拟。与东坡同生眉山，同贬惠州，诗境虽较东坡肌理粗疏，而风骨遒迈，不愧小东坡之目。东坡大家，子西名家矣。宽绰一境，尤关胸襟分量，非学力所易到。

杨诚斋诗跳脱洒落，不事修饰。其独到处，善能沿俗入雅，然多失之粗。白傅以后，能为坦荡平易之音而居之不疑者，一人而已。豪纵处近太白，但不若太白之缥缈。自序云："始学江西，继学后山五字律，又学半山七字绝句，晚乃学唐人绝句。"后官荆溪，忽若有悟，遂谢去前学，而后涣然自得。时目为诚斋体。余谓晚年所悟，即其平易不事修饰，扫弃一切，行吾之素志而有自得之乐，此之所谓诚斋体。

盖其天才散朗，胆气粗豪，驱驾辞源，走赴笔端，滔滔浩浩，沙砾杂出，流凘解冻，一遇撞击，铿尔作声，特少余韵耳。五律格虽不高，萧洒澹定，并不若翁覃溪所云"以轻儇佻巧之笔，作剑拔弩张之态"；刘后村谓"放翁学力如杜甫，诚斋天分似太白。落尽皮相，自出机杼"。

余谓诚斋能落尽皮相，放翁未能落尽杜框子。成如容易却艰辛，历尽甘苦，自有此一境。老益颓放，傲然自足，怒张在所不免，谓之轻佻，不已过乎？诚斋自焚少作，如"露窠蛛恤纬，风语燕怀春。立岸风大壮，还舟灯小明"；"疏星煜煜沙贯月，绿云扰扰水舞苔。坐忘日月三杯酒，卧护江湖一钓船"举似。尤延之叹惋曰："诗何必一体，焚之可惜。"所谓独到处，此类是也。宋人学太白，又有郭功甫，叫嚣伧俚，甚于诚斋。查初白学东坡名甚高，其讥诚斋，谓以艰深隐僻显其能。诚斋之诗具在，未可厚诬。初白才力屡弱，行间不能自举，古体尤冗散赘累。刘后村以四灵一派摆落近世诗律，敛情约性，因狭出奇。为合于唐人，乃务为刻琢精丽，与之并驱。年少气盛，孤行迈往，已而厌之，谓诸人极力驰骤，才能望贾岛、姚合藩篱。欲息唐律，专造古律。赵南塘谓之曰："言浅意深，存人胸臆，不系体格。若气象广大，虽唐律不为害；否则，手操云和而惊飚骇电隐隐弦拨间也"。后村感其言而止，自是思益新，句愈工，涉历老炼，布置阔远，一守南塘之旨。

论者谓江西苦于丽而冗，莆阳得其法，而能瘦、能淡、能不拘对，能变化活动，融会众作，自为一宗。余谓后村晚年，沉著简炼，自荡天机，若鸟啼花发，声色只在山水溪径间，空翠湿衣，尘梦不到。其句法学山谷，其字法入长吉，瘦峭幽微，自非陆、范平熟一路所可拟。王阮亭谓其喜用本朝事入诗，如读崇宁长编、建炎系年。此不独其论之谬，适以见阮亭效唐乃变北地济南之面目，避其生吞活剥之诮，而为是神韵不可究诘之旨。效之者益以空疏平调为性命。阮亭之善作狡狯，足以欺世盗名，盛唐绝句、唐贤三昧、两选，后学误入，不能自拔，老死无一成就，其害烈矣！夫以神韵为盛唐，宁有异于以生吞活剥为盛唐者乎？有清一代作者知攻北地、济南，不知攻阮亭，又从而誉之。发奸摘伏者仅一赵秋谷，亦只能讥其神韵之说如神龙见首不见尾之谬，而未窥其为北地济南之变相也。北地不用唐以后事，阮亭亦以宋人喜用本朝事为讥，其旨宁有别乎？意之不古，坟典丘索未足多也。

四灵者，翁灵舒、徐灵渊、徐灵晖、赵灵秀，皆叶水心弟子，近法茶山，远效姚合、贾岛，略其险峭，出以冲澹孤寂之音，惟取径太狭，取象太细。月泉吟社谓为："语无排奡，体不效昆"，评论至当。其五七言律，句中必有单字。方虚谷所谓诗眼，其实本之于自然。唐自大历已后，始致力于是，初唐无是也。当时谓之江湖派。王阮亭、翁覃溪喻为"袜材"，谓其狭而俭也。所得不过晚唐侧调幺弦一派，候虫啾唧，本无不平之鸣，自尔醒人清睡。然蔬笋气多，铲琢研炼之风息矣。袜材也，候虫也，蔬笋也，江湖也，其即殷丹阳所谓野体者乎？

风会升降之故，宋之末犹唐之末，气体幽微，不足语于泱泱大风之雄。凡夫风花雪月、草木禽鱼、诗酒琴杖，无不入其绘写，此外无闻焉。以言工细，则露斧凿；以言幽秀，又伤碎琐，四灵之所以为四灵若是焉尔。赵师秀云："一篇幸只四十字，更增一字，吾未如之何已。"其精苦如此。徐玑云："昔人以浮声切响、单辞只句计巧拙；近世乃连篇累牍、汗漫无禁制。岂能名家？"是其心手略于气格局势之大，徒事琢句遣辞之末，吟成五字，拈断数茎。琴棋僧鹤茶酒竹石，亦犹是晚唐之风花雪月草木禽鱼也。四灵之中，徐照龂思尤奇，横绝歘起，冰悬雪跨，读者踔历慄慄，肯首吟叹，不能自已。语意皆人所共知，但腕下不能道出。

乾淳以来，尤、杨、陆、范称南宋大家，视北宋瞠乎其后，而比之四灵，又非其敌。至若杜本《谷音》之编，房祺《河汾》之集，其中作者本不求人知，而慷慨孤吟，声满天地。文文山、谢翱羽、汪水云、郑所南之流，固未可以诗家面目时代气数限之。翱羽之言曰："每执笔遐思，身与天地俱忘，用志不分，鬼神将避之。"今读其诗，古体激昂古丽，颉颃长吉。近体踔历郁崛，更非长吉所及。覃溪乃云："非盛时之音，时带巫觋气。"试问国之将亡，安所得和易之语？知人论世，读诗者其亦知所反乎？

诗家又有道学一派，朱元晦、邵尧夫、刘静修、陈宪章、李大厓、王阳明诸贤，自为音节，凡近者不能道其只字，身心俱了不为物役，既非时代所能限，亦非摹拟所能似。

九僧者，希昼、保暹、文兆、行肇、简长、惟凤、惠崇、宇昭、怀古。而惠崇为之冠。其诗清紧萧远，绝去重浊之迹，而与四灵先后两宋之间。其体制均从景物中求新警，每首必有佳句警联，而忽于起结。起少气势，结少韵味。晚唐姚合、方干之圆畅似之，高不及贾岛。僧诗脱不得一"清"字，然好引佛书，亦为雅中之俗，此可为知者道耳。方虚谷论诗："淡中藏美丽，处处著工夫。"九僧四灵，尽此十字。欧阳永叔只记惠崇而忘其八，诗亦不传，声称仅及，一时无可比数矣。九僧北宋人，以僧诗附论于卷末。

卷三　论金元明清四代诗派

金代兴于北鄙，作者寥寥，元遗山其首出也。赵秉文、刘秉忠、李俊民、王若虚诸人，体格略同，撑持一代风雅。有王寂者，独能镌刻清厉，不随风会，体近江西。若虚诋江西而推东坡，乃其所成，壹不能似。戎马倥偬，此事其遂微矣乎。

元遗山学少陵只落得肤廓，才力弱而学识浅也。近师赵滏水，赵自诩宗工，其诗出于辛敬之，敬之之诗何似乎？学之者以遗山易入，欲倚之成名，翁覃溪尤深服之，为作年谱，施国祁为之注解，均之陋而已矣。

遗山五古，学陆务观而不至。自患其茶也，则每叠一韵以蹴其声浪。此如医家峻剂，终伤阴阳之和。盖叠一韵，只能收突进之效。彼其格律平衍，不能开张局势，故欲顿出挺特之笔，醒夺读者心目，有识视之抑末矣。此法七古为宜，覃溪推为"牢笼百代，得秀色清扬之致"。又云"秀拔俊爽，能集大成"。岂"秀"之一字，遂足以"牢笼百代"乎？遂为"能集大成"乎？其七古学东坡而不至者，乃妄云"诗到苏、黄尽"，后人震其狂论，转慕遗山。为遗山所欺矣。覃溪意平词平格平，则求之于字于气于调之说，其果为遗山之旨乎？遗山其果能尽此旨乎？真力不能弥纶，斯无所往而能求，即无所往而非平矣。遗山语多庸钝，东坡之迈往恢奇，岂许梦到？总之诸体漫无精湛，只五律差可成诵。覃溪乃云："五律郁勃之气不可掩，所以急发不及细入，仍是平放处多。"既云"郁勃"，又云"平放"，已难自圆其说，恣口过誉，言出无章。

遗山最纰谬者，无若论诗绝句。于元微之云："排比铺张特一途，藩篱如此亦区区"，岂知作诗正在排比铺张之难为功也。于黄山谷云："古雅难为子美亲，精纯全失义山真"，以精纯拟义山，以古雅拟杜公，以山谷为学义山，几于无一不谬。于陈后山云："传语闭门陈正字，可怜无补费精神"，知其不耐深入其结构，只此细雨飞花之伎俩耳。又云"只知诗到苏、黄尽，沧海横流却是谁"，竟隐以正派自负，其不学如此。虽然，遗山自信以徇己也。誉之者直是两无可徇，何乃数百年滔滔未已乎！近湘绮老人大声斥之云："初无功力，欲称大家，取古人之辞而杂糅之，不古不唐，非宋非元，学之必乱"。其见自卓。遗山自言尽法古人之美，不过如是，岂足以掩天下后世之耳目哉？

金亡不仕，勒成《中州集》，存一代文献，志洁行芳，有足多者。毛子晋刻十元人集，以遗山冠首，书估求售，不足深责。顾侠君《元诗选》欲附《中州集》以行盛，言书成之日，有古衣冠数十辈罗拜于梦中。吾知遗山不顾而唾矣！

元代作者变为典丽矞皇，涂抹金碧，字里行间如闻呼号之声。盖自南渡之末，渐入江湖一派，蔬笋气重，久久自厌恶矣。乃进而为铿锵高亮之音，亦平淡转入绚烂，势所必趋之境。语以长吉、飞卿之秾丽似矣，而非长吉、飞卿也；语以王维、贾至之台阁似矣，而非王维、贾至也；语以玉溪、冬郎之艳情似矣，而非玉溪、冬郎也。故其失也，缛而不清，砌而不灵，浮而不沉，撑架不住则变本加厉，溪喧犬吠。其浅者，则取姿于一縩一拂之间，瞻顾矜持，不足以登大雅之堂。大要"辞余于意"四字，该其长短。比之于宋，剩得一段半致耳。遽以拟唐，去之抑远。皮相之士，恶足以知之？

虞伯生、杨仲弘、揭曼硕、范德机号称四家。亦称虞、杨、赵、范、揭为五家，加入赵孟頫也。均之流俗之评品，只觉其不伦。伯生独立元代，主持风雅，北宋以后，学杜得其具体。五古能以酝藉储其气韵，七古能以浑融泯其迹象，五律格调深秀，七律构造严整，略同荆公。元运方兴，昭旷清夷，蔚成一代大观。余子无可倚其门墙者，集名《道园学古录》，信乎其能学古矣。但稍泥于法，学杜而未能旁通百氏，独气体精纯，不可以躯壳貌之也。

杨仲弘功力不厚，时露肤庸，非伯生之匹。揭曼硕比之于三日新妇，而自命汉庭老吏。然曼硕选句，亦伤矜顾。其禁御台阁之作，尤多空响。人方以百战健儿称之，实则幽并慷慨之音，呼号满纸，其于天趣天韵，失之远矣。

范得机歌行有格调，亦能放纵自如，但欠精卓功夫。总之揭、杨、范三家之学古，学其格调之似而已，不能深造自得。庄生谓之

"吾丧我"。不若道园力量博大，不徒在声音笑貌之迹。吾故曰三家未可比肩也。

赵孟𫖯有开物之功，实元代作者之先声。律体清畅酣足，人称其"中原人物思王猛，江左功名愧谢安"为有含蓄。余谓李长源"渭水波涛喧陇坂，散关形势轧兴元"亦具气象。元人本擅七律，渐开青邱，北地之音响。派衍脉络步步可寻，故夫风诗之变迁，皆秉气类之感通，因时会为转移，鲜有能自为风气者。

马伯庸、袁伯长才气开张，在杨、揭、范三家之上，而得名反次之，知人论世，以俟后之不随流俗俯仰者。

萨天锡诗壮丽严整，才情俱到。其于盛唐，只欠浑融。渟蓄之致不及虞伯生，亦是幽燕呼号之气多，山林沉寂之境少也。其选辞纯从长吉印出，故声响不能含弘。覃溪许为才致清逸，果何所见，直是外道语。

柳道传、黄晋卿稍后出，诗境已落平缓，格调近中唐。文有法度，循墙而走，不足当古作者。

杨廉夫学李昌谷，炼字琢句，逊其幽侧。自许甚至，名亦甚高。全以放诞淫荡、倾动世俗浅夫之观听，所谓靡靡之音，当时谓之文妖。乐府尤所擅名，然全失古意，丧其朴拙之致，其思益巧，其离愈远。流而为李东阳、胡缵宗及清代之尤侗，其焰久而日炽，至今犹承其弊。七言长篇非不奇丽，是与萨天锡、张思廉、宋子虚辈依倚长吉为性命者。长吉锻炼辞藻，务去陈言。此境与太白之天仙羽人，皆非后人所易拟。拟之不成，流为文妖。

廉夫耽声伎而务浮艳，竹枝也，宫词也，野孤禅耳。又作嬉春体，言元代诗人为宋体所牿，取老杜"江上谁家桃李枝，春寒细雨出疏篱"之句为新体词。老杜自言效吴体，以其无当于大雅也。廉夫习为艳辞，恐人议其后，借老杜以掩其迹，装点风花雨叶，竟妄言去杜不远。又云学杜必先得其情性，岂所称情性者，竟若是而已乎？东坡"野桃含笑竹篱短，溪柳自摇沙水清"又何尝不可目为嬉春体耶？取致于撇拂之间，猥曰"吾以学杜"、"吾以变宋"，自欺欺人，识者病诸。至云"元代诗人为宋体所牿"，益见其攻讦宋诗，并忘其本朝风气之所尚，全在致力唐体。作者林立，谁则学宋？廉夫何尝不知，毁人以自成，君子不取，实不啻其自毁而已。

张蜕庵、贡玩斋处元代之末，于举世纷尚才情之日，独能以清壮深秀之品，骞腾风骨，令人改观。玩斋高节不仕异姓，覃溪谓其诗不让雁门，似矣，然雁门辞丽而调庸，玩斋具有齐气。

王原吉《梧溪集》以俊拔激越，冶宋、元为一炉，举所谓枯淡秾丽两熠其焰。乱极思治，元运亦随以亡矣。

又有吴渊颖者，挺生其间，学富才轶，珠玑满地，笔力横逸，绝去依傍，不囿风气，洗脱金粉，古芬高标，殊途异境，真足豁醒心眸，从生硬中斫出，难以迹象求之。有昌黎之排奡，有长吉之奇丽。驰骋康庄，纷披经史。驽钝者得其鞭策，可以箴膏肓而起废疾。韩公之赞东野"横空盘硬语，妥贴力排奡"，渊颖得其排奡矣。妥贴抑犹有欠焉耳。东坡谓"读山谷诗如见鲁仲连，李太白不敢复论鄙事"。吾于渊颖亦云。

自余顾仲瑛、倪云林、张伯雨、柯九思之流，题画游山，自诩高致，时露清标。其或真率不择，往往失之于俚。俚之于俗，无几何矣。

明代之诗，一如唐之有初、盛、中、晚也。当其兴也，必有总持风雅之人生于其间，发为昌明光大之音调，如龙之嘘气，如虹之经天，虽作者莫知其然也。

永乐、成化之际，刘伯温、高季迪、袁景文、贝清江诸人，以清真雅正尽反元代秾丽纤艳之习。季迪于格律句调未极高浑，要自冲和雅澹，微婉芊绵，蔚然盛世之音。伯温规守少陵，不能综览博涉以成其美。景文逊于伯温，气象窘仄。清江七律差长，亦少波澜。李东阳沿流继起，如唐之有沈、宋，实开李、杜之先声。句律稳称，才力未能弘大。

逮弘治、正德，始称极盛。李梦阳、何景明、边华泉、徐桢卿首倡复古，是为弘正四杰。益以康对山、王久思、王廷相，而有七子之称。其旨非汉魏六朝盛唐之诗不观，标榜门户，入主出奴，浮响虚弦，皮剥肤附，其于温柔敦厚之教，未始有闻也。嘉靖、隆庆已还，王元美、李于麟、复扬其波，益以谢茂秦、宗子相、梁有誉、徐子与、吴国伦为后七子。广为九子、十子，喧啾不已。于麟谓"唐无五言古诗，陈子昂以其诗为五言古诗"。余以谓子昂之不能比于嗣宗，则将曰嗣宗之不能比于苏、李，可乎？则将曰明无五言古诗，李、何、王、李以其诗为五言古诗，可乎？李、何、王、李力求其似，便失其真，标榜虚声，抵死不返。当时俞宪编《盛明百家诗》，三百余卷之多，作者姓字十九湮灭，并此巨帙藏家罕购。余尝览其所录，略如一家之言，陈陈相因，令人厌倦。

逮夫万历，此风始燧。袁宏道兄弟绌排王、李而效香山、眉山，其诗俊利轻新，称公安体。喜以伧语杂入韵调。然其合者仅得逸趣，非有得于逸气者。如"一病袁小安，五载江犹淹"，尖巧复成何语？朱竹垞云："倡浅率之调以为浮响，造不根之语以为奇突。"直揭其弊之所在。

未几竟陵钟惺、谭元春又反之为贾岛、孟郊，侧调幺弦，幼眇偏张，发为潜伏之音。意在矫弊，转失和谐。当时亦谓之竟陵体。元春尤纤艳，《岳归堂集》中子夜读曲之歌，荡人心志，元气斵削，不待王季重之为文妖，国运文运，沦胥以亡矣。杨铁崖作新体，王常宗请置之大辟，非无故也。王船山氏谓李、何之诗言不由衷，毫无意绪。钟、谭侈言真性情，欲其真乃流为俗。今欲求去俗之法，则无若取材乐府，以宏其基，使俗之一字无因而入。白香山能俗，为其能得天趣也。此即古乐府之义也。香山施之今乐府，故能衍其派，至于今不废，特后人少真趣耳。

冯定远云："明人诗一字一句推敲，方知他不好处"。非知言者。明人力求外观，无俟一字一句，索其瘢疵。贺黄公云："古人诗如乳母，弘嘉之诗如一生不离乳母怀抱，不能自立。故足贱也"。斯言犹信。虽然，冯、贺之依傍西昆，又岂能自立者耶？钱牧斋丑诋前后七子，其时七子之焰渐熄，故冯、贺乘而挤之，今为论定于后。

清代之诗，作者众矣，莫盛于康熙一朝，太半明之遗逸也。

诗派有二：铺叙平帖，不事富美，源出中唐为一派。韵调秀发，意求新颖，源出晚唐为一派。雍乾以后之作，已由平而入于庸，由帖而入于沓，每下愈况，无可拟数矣。习为中唐者，若宋初之有王、苏、欧、梅，则杜于皇、孙豹人、龚芝麓、朱竹垞、施愚山、宋荔裳、周栎园、陈元孝诸人其选也。而王元美晚年屏弃盛唐，实开其先，钱牧斋更扬其波。习为晚唐者，若宋初之有钱思公、刘子仪、《西昆酬唱集》，则冯定远、吴梅村、顾黄公、李良年诸人其选也。何义门之评唐音丁戊两签，纪晓岚之评《瀛奎律髓》，冯定远之评唐贤《才调集》，皆主晚唐两派。

风起云涌时，则有若娄东十子，黄忍庵为之冠；岭南三家，陈元孝为之冠；江左三家，钱牧斋为之冠；而王阮亭、宋荔裳、田山姜、王秋史、徐东痴同时称雄；江左西泠十子，亦以丁药园冠，陆丽京、毛稚黄，又其匹亚；余若梅藕长有宣城体，潘稼初有三布衣诗；又有吴汉槎、王楼村、顾茂伦、钮玉樵、叶已畦、王于一、徐巨源，各以诗鸣，大率不出于中唐，而自谓能师少陵。其争持坛坫，盟主风雅者，钱牧斋、吴梅村、冯定远、王阮亭声名最盛。然其从入之途，二百年来无有能窥其源委、著为定论、以明一代归宿者。后学习于所闻所见，随人俯仰，久已莫知其非矣。谈宋派者，仅查初白，厉大鸿孤鸣其间。初白俭啬而芜缓，大鸿猥细而虚憍。其于苏之超迈空灵、黄之钩深致远，概乎其未始有闻。

近吾乡何子贞学苏，差得其气格而伤于冗散；曾涤生学黄，则吾不知所云矣。

钱牧斋七律专学李义山，起结照应，左瞻右顾，绳趋矩步。大历已前诸大家高瞻远瞩无是也，不必粘题，却不脱题；不必紧结，却自收煞；不必求好，却无不好，此之所谓自然一境。盛唐人伏案以求之者，宁能望其边际？内不足而徒事外观，泥于迹象，自然去之益远。诗言情景，三百篇即景言情，自能意与神会，神与理交，浑成融洽，不是凑借，禅家谓之"现在"。牧斋拘拘于起结照顾，其悟入本浅，屈晦翁谓其未能超诣，是已谓其才气太大、学问太博之为累，则未免震于其名。大历诸家才大而能敛才以就范，学博而能守约以施博，安有太大太博不能敛不能约，犹谓之才谓之博者乎？其道在不逞辞不纵欲，此即赵秋谷"朱贪多、王爱好"之说也。吴天章讥其博而非大、厚而不清、大而未化，效之则拖泥带水。余谓杜公顾视清高气深隐只一厚字，牧斋是致力于字句之缛厚，未可语于意义之深厚也。大而未化，盛唐诸公尚难言之；牧斋才不能大而学则博，七古每欲以振迅之态，动荡心目，其失也肤浅而凌杂，辞余于意，如一篇事类赋。五古又以缓弛敷长而失神采。翁覃溪谓其使才处近于粗豪，言情者涉于垢腻，搏击一代作者而独推李东阳。盖牧斋所习在中晚之间，与王元美晚年尽反盛唐，不尚秦汉之旨略同。

牧斋晚年多引禅语入诗，欲以炫博矜能，若是者谓之僧俗气，唐贤集中无是也。钱遵王笺注《初学》、《有学》两集，或谓为牧斋自注以售博者，其言犹信。集中小诗清调哀弦，韵味宜人，可攀范石湖，而造句新颖尚觉逊之。梅村、阮亭则又不及牧斋，亦是时有庸俗缓弛之病，二十八字所以难也。

吴梅村亦沿义山，垢腻甚矣。匪惟俗也，曼柔移于壮夫，衬贴比若窗棂，此亡国惰气之所乘。淫哇悦耳，大雅弗尚也。七言歌行求协宫商，元、白无此堆砌。画界分段，形同八股，亦难语以初唐。字里行间无空气为之斡旋，妄人且称为诗史，疏浅无识，其又何讥？若夫杜、韩大篇制作，吐纳气息，呼吸首尾，如关河放溜，瞬息千里，不闻声响。又如长蛇蜿蜒，坦道陂陀，随所至为转移。截断处如奇峰突起，撑天遗世，阻绝攀梯，打落钩锁，一撞一击，济之以惨淡经营之妙用，胸有成竹，目不旁瞬，潜伏其机，密抽其绪，"大蛇中断丧前王，群马南渡开新主"，斯则杜、韩之所以为杜、韩者矣。

善言弈者能辨教师之弈，能辨国手之弈。教师之弈拘死于绳尺，国手之弈妙存乎运用，操纵取舍，惟变所适。梅村分段易意，换韵易事，痕迹呈露，板比冥顽，学之即似，成之匪艰，异乎吾所闻矣。五古缓弱凑杂，气韵索然。五律七绝尚可玩咏。七律如："青衫憔悴卿怜我，红粉飘零我忆卿"，街头巷尾唱道情莲花落者，当许为共席联吟之知音。以此言诗，以此言怀抱，牧斋之靡亦不为是。《初学》《有学》集中，只读吴宫詹艳体四首，其所取于梅村，盖可知己。

冯定远以性情说诗，亦源出晚唐者也。定远其果知性情之用乎？性情只是一"真"字，定远取法西昆，摘叶寻枝，斲损天真，蜣螂转丸于粪壤，宁得谓为圆美乎？狂吠江西，排除异己，毁人以自成，虚憍而已。定远之于唐与阮亭之于唐，均之从事于声调排场之表，此与北地、济南亦何以异？定远谓江西"直是搓不成团，不如西昆之数典"，定远其将以搓得成团为能事乎？抑将以数典为能事乎？定远其将自谓为能数典乎？

余谓江西使事托之于虚，西昆使事泥于其迹，江西生硬不求人誉，定远终身徇人所守者。韦縠《才调集》尚昧于所选之旨意，牧斋谓其出入温、李、小杜之间，实则去小杜尚远。阮亭认为差长《香奁》，其胸中所激赏正自有在，此语诚为照妖之镜。韦縠不专重《香奁》也，定远举唐小说"纤手垂钩对水窗，红蕖秋色艳长江"二句，宋人不能为之，其徒吴修龄、贺黄公之流亦以缘情者为诗。此种儿女态度，殆与杨廉夫强取杜公"江上谁家桃李枝，春帆细雨出疏篱"二句衍为新体诗同一浅陋，细响幺弦，难语以黄钟大鼓。

宋人效吴体，每于题上加一"戏"字、"偶"字，可见作家原不欲靡丽轻倩之辞、闺房恩怨之私销磨壮夫豪健之气。阮亭集中犹能力避其习，自较定远为大。

王阮亭论诗，有取于严沧浪以禅喻诗之旨，谓诗有别材，非关学也；诗有别趣，非关理也，遂倡为神韵之说。承其弊者大率空疏肤浅，藉口为藏拙之计，王、孟之萧散，储、韦之闲淡，皆可借以文其浅陋，几以吟咏为别是一事。若是者谓之假王、孟为诗道之魔障，神韵之说阶之厉也。然沧浪固申之曰："非多读书多穷理，则不能极其所至"。并非教人以不学，阮亭亦非不学，乃若其说，不啻为不学者别启途径，不惜以"别材"、"别趣"之片辞厚诬古人，贻误来者。

阮亭渊雅，尚能铺排局面，但少清真之致。所选《盛唐三昧集》《古唐诗选》《十种唐诗选》《唐人万首绝句选》，类皆自扶藩篱，曲徇其神韵之说，诸选中往往裁弃前人之所长，悉入一己之嗜欲，其于唐贤之精神理趣未遂有合也。不涉理路，不落言筌者，竟若是其无据乎？夫有周召郑卫之抒怀景物，则必有鲁颂秦风之堆填故实，诗之为教广矣大矣，断非一方一节之用。司空表圣"不著一字，尽得风流"之旨，为二十四品之一，岂可据以概作诗之全？且阮亭之旨，不过于声调求其圆适，以云神韵。十不一二。抑余更有进者，则是神韵原不能定为一宗。盖神韵二字，丽于虚者也，绝句小诗所尚。若夫体格也，局势也，铺叙也，停蓄抽放也，句律字法也，无一不丽于实之一境，果何者而可以神韵概括其全？丽于虚者，自不能立为一宗。而实则虚之所丽，讵曰虚为实之所丽乎？严羽卿以禅喻诗似矣。然禅家自有"渐"、"顿"二义，严氏只是顿悟，阮亭亦是顿悟，盛唐却不是顿悟。翁覃溪曲祖阮亭，谓其能合丰致、格调为一，而浑化之为集大成。"丰致、格调为一"，已近于不辞；乃云"集大成"，岂丰致、格调遂为能集大成者乎？阮亭名位既高，声气日广，执牛耳以叱咤中原，莫敢异议，然其焰及身而熄，当时仅一赵秋谷作《谈龙录》，诋其"见首不见尾"之谬论。

余谓秋谷犹未能发其冢而控其颐也。自明七子以虚弦惊人，人知七子之失为优孟衣冠，而不知阮亭之失犹夫优孟衣冠也。七子从盛唐之面貌以求之，阮亭亦未能鞭辟近里，其于七子同而异、异而同者也。贻害诗教，自扶藩篱，亦诈而已矣。人攻七子，吾攻阮亭。

彼不落边际之说，嘲弄风月可耳；语以清庙明堂之大，典章文物之盛则废矣。李于麟不敢正议杜公，屏其诗不录。阮亭选太白，径别为古调，唐调，集中《古风五十首》，只录其近选体者。是则犹夫于麟所谓唐无五言古诗之说，以巧避一世之讥弹，而阴袭其迹。学者承讹习谬，奉为圭臬。秋谷评竹垞、渔洋之诗曰："朱贪多、王爱好"。爱好者，徇人者也，已落第二义。《带经堂集》七绝差具风调，其去神韵尚隔一程，不过与牧斋、定远伯仲。《秋柳诗》发端云："秋来何处最销魂，残照西风白下门"，抑何庸腐乃尔！

清代学宋体者，有查初白、厉大鸿两家。初白习北宋而肤廓庸钝，殆无其匹；大鸿袭取南宋之靡，不能振刷恢豁。是时宋体方为一世诟病，学之者鲜，知之者亦稀。乾嘉之际，更有考订家喜作辨识金石之诗，凑韵衍辞，一唱百和，何不径作考证一篇，骋其辩说，而必为此类似有韵之文，令人呕哕，果奚为者？前乎此有宋人楼大防，好为考证故实之诗，亦堕寒乞。自理学盛，而语录白话入诗矣；释道兴，而符箓颂偈又入诗矣。赵瓯北以用故实而俗，袁简斋以言性灵而又俗，村夫贩妇，自适其适，于诗教夫何与！

盖夫诗者，民俗歌谣贞淫正变之所从出也。代兴之际，承踵流风，浸渍时会，潜移默转。唐之承隋，宋之承唐，徐、庾之为四杰，温、李之为昆体，一机之揆。李、杜、欧、梅之盛，即为将衰未落之先兆。南宋之末，江湖四灵枯淡之极，久久令人厌倦。至于元代，乃不沿其流，则拔而反之于秾丽。或为台阁之清壮，或为幽并之慷慨，或为宫闱之金粉，萃精力于一字一句之声响，骨干已靡于不觉，大要长吉之变体耳。

浅人目为正声，而不知其神与理散而不会，气与形浮而无着。杨士弘选《唐音》可以觇元代风气之所尚，傅习选《皇元风雅》，孙原理选《元音》，刘仔肩选《雅颂正音》，大率以声响为命脉。世有审知风会趋势者，当能辨其非有异乎？隋唐宋初之渐转，与夫元代所变之不于其流而反之于声响也。延祐、泰定二十年间，比于唐之大历、宋之元祐，一时作者争自刮靡，鄙夷故习。其初兴也，元气未充，则弱。及其末造，元气凋丧，则又弱。乃若弱之所至，各自不同。唐末之弱，伤于纤俗。宋末之弱，伤于瘟俗。元末之弱，伤于靡俗。明末之弱，伤于仄俗。

易牙辨味，钟期审音，惟诗亦然，是在审之辨之而已。譬之于画，宋人之画似唐人之诗，为其浓厚而深秀也。宋人之诗似元人之画，为其疏逸而澹远也。更进一解，则元人之诗似宋人之词，明人之词似元人之诗，盖元人之诗既异乎宋，何敢望唐？明人之词远不逮元，更何敢望宋？唐以诗赋取士，宋以画院抢才，其得其失，即可于其失以辨其所得，复于其得以究其所失。其得也，诗教之所由昌也；其失也，竞心之由此萌也。有取悦于人之见介乎胸臆，斯不能立于昭旷之域，驱使百怪而朝万灵。

诗为心声，心无所触，是何异不知而作者。有一代之独到，有一人之独到。啖黄蕭之美者，不足与语珍饈之奇。论其世知其人，是谓尚友。后山有言："学诗如学仙，时至骨自换"。作者勿高谈汉魏也，勿侈言盛唐也，勿夷视北宋也，析其体制，辨其沿习，探其途径，窥其玄奥，随所浅深，自得师资。

盖自昭明辨体，尚有偏谬；钟嵘评诗，难语宏达。自兹已降，师心以绳古人，吷声以求形影，见其所见，不见其所不见，未窥古人之全，妄议古人之短，插架少参考之书，坐瓮鲜一得之长，佛书言析骨还父，析肉遗母，斯可为论古者痛下针砭。韩公亦云："及之而后知，履之而后难"。然则世固有未及之而自以为知，未履之而自以为能者矣。稗贩荒芜，既陋且悖，欲其亲切言之，涕泣道之，不已难乎！唐子西云："泉性耿介得其类，虽越千里，伏流相通"。此中渊源，是所望于好学深思、心知其意之君子力挽狂澜也。

卷四 论历代文派

文学为弟子余力所及，盖亦末已。虽然，以言夫其大，实与天地并生。文以启事理之牖户，诗以道性情之贞变，使进于优游涵泳之途。圣门列之四科：德行、言语、政事，（文学，）舍是即无以通其意旨。君子之道三出，辞气斯远鄙倍，体之重也，用之弘也，若是其不可以已也。

文之始萌芽于羲画，子游习礼，子夏传诗，四科之选，明明以经属之，文学之徒舍经即不得言文，断可识已。时代有盛衰兴废，文体与为变迁。系乎天者，既征诸人；系乎人者，自验诸天。交相为感，交相为用，而作者统系派别之辨即由此起。处今日文运百六阳九之会，吾甚惧乎文献之无征也，又甚惜乎壮盛之精力亦既耗于斯也。延其将丧，及其未坠，穷源究委，开悟来哲，其亦后死者之责乎！

夫六经为文字之导源，奇偶则文字之效用也。《易》首韵言，《书》多骈语；《毛诗》开辞赋之源，《左传》为叙事之祖，极其变也不越乎是。继六经而言文，可括为两途：《国语》《国策》是已。《国语》优于析理，其气体恬永；《国策》长于论事，其气体高华。投之所向，各呈其能。人之秉性亦惟两途：沉潜刚克，高明柔克。循吾性之所近，善矫其偏，功收于事半；若背道而驰，纵有得者，所谓诡遇苟获。非如六辔在手，二十四蹄所投无差，神以散而不昌，义以泛而不切。辙乱旗靡，乌合兽散，其不足以当堂堂之阵亦明矣。以周秦诸子言之，荀卿似《国语》，韩非似《国策》。荀卿理蕴精醇，纡徐暇整，愈析愈明。肤廓者，藉资鞭辟。韩非辞华而辩，意深而刻。钝根者，取其譬喻。荀韩之书，皆其自著，《吕览》《淮南》则门下宾客所成，自尔驳杂而鲜条贯。余若《管子》峻重，《庄子》恢诡，亦行文之助。墨翟、晏婴言俭啬，老聃、御寇尚玄虚，其旨本不在文，其文自非可习。吸其义蕴，便收充实光辉之效。

逮乎西京文章，《尔雅》训辞深厚，盛之盛也，其文运之中天乎！大概亦分两系：邹阳、枚皋、扬雄、王褒、司马相如、东方朔之流为一系，其源出于《国语》、荀卿，读其文若弦歌雅奏，飒飒移人，班固《汉书》之详瞻缜密似之；贾山、贾谊、伍被、严安、晁错之流为一系，其源出于《国策》、韩非，读其文若高山大川，气象含宏，马迁《史记》之奇肆壮阔似之。两系分驰，各止其所止。舍是则歧路野径，不足以登大雅之堂矣！

东京已降，一蹶不振，萎败衰羸。冗长浅易。崔实、王符、仲长统、荀悦诸家之论著，弛而寡要，浮而不入，肤辞剩义，读之意倦。即谷永、杜钦、刘向、匡衡、王嘉诸臣之奏事，已不得捋于贾捐之、韩安国、赵充国、路温舒之朴茂简炼。西京之渐衰，不自东京始也。蔡伯喈援枹而鼓，殿两汉文运之终；创制碑辞，开后代应用之文字。能以渊永绝去怒张，按辔康庄纡徐为妍，达意而止。美则美矣，古意已不可复睹，马班列传无是也。其善处，在能以数语赞叹概括其平生，令读者穆然遐想其人，欧阳永叔所称颊上三毫，盖即伯喈之旨。但伯喈是空际传神，自然笔妙；永叔是刻意叙事，求之于迹象，不足与语上乘法。固知罗者沮泽之视，亦安知鸿鹄寥廓之志哉！王充《论衡》云："采掇传书以上书奏记者为文人，能精思著文连结篇章者为鸿儒。"可知汉代为文，首重奏记，次则专著，旁及碑、志、传记。其体制日盛一日，莫之能废也。

魏晋之际，实为骈散消长之机，然排偶之中义理曲畅，叙述明析，别具韵味，是亦阴阳奇偶自然之理。数其远，源出于《周易》、《尚书》；近之，亦邹、枚遗轨。本非创制，句虽偶出，气仍单行。不似齐、梁，抽黄配白之靡，自得两骖如舞之乐。曹植、阮瑀、陆机、江统、李康、袁宏之伦，未背斯旨。干宝《晋纪总论》，尤为杰出。源本《国语》，旁通经传，人自不察耳。为晋史者，十有八家，唐太宗集其大成，言谐而理析，事畅而情敷。辞赋之渊海，奇偶之途径，于是乎在。范晔《后汉书》文华而气缓，难言布濩。陈寿《三国志》尤伤琢削，徒具形骸。

要皆骈俪之所有事，上溯西京则贾谊《过秦论》："秦孝公据崤函之固，拥雍州之地"二句；"席卷天下，包举宇内"四句；"陈涉瓮牖绳枢之子"三句；与乎"尊贤重士，约纵连横，宰割天下，分裂山河"等句。有散有骈，有叙有议。意之所至，笔亦至焉。又进而求之"武灵胡服"之议，董子《繁露》之作，桓宽《盐铁》之论，皆能合骈散为一体，收华实于一囊，应不尽之变，于行墨之中。后乎此者，陆敬舆之《奏事》，刘子元之《史通》，有隐斯显，无机不畅，何害为骈，何伤于散。

刘宋已还，文体愈弊，内不足而务外，本先拨而害枝，非天之降，才有殊也。干戈云扰，政治不修，而荒淫之患日深也。其始句自为对，浸而隔句为对，专事配色，有同涂傅。唐代燕、许为四六之极则，至宋又返之于朴，喜以成语斗巧，虽能驱驾，古义蔑矣。文犹质也，质犹文也，亦视其所章焉耳。棘子成疾周末文胜之弊，端木氏为析其理而正其失，使明夫文质之交相为用，原无二致。自上焉者言之，厚集其阵，郁崛其势，字里行间，辐辏相衔，则邹、枚之若断若续，两贾之重叠激厉，自未易可几者。自次焉者言之，反复推勘，穷极事物之变，辩而不肆，曲而能断，则陆敬舆之执两用中，刘子玄之左右逢源，是可学而至者。齐、梁、陈、隋侈靡之习成，朴实之风微，风云月露之词胜，堆砌繁缛之字夥，高才免胄，莫之能拔其势，非荡涤群秽不足振颓俗而登大雅。

唐太宗统一区夏，恢张皇纲，文弊盖五百年矣！陈子昂首倡复古，奏记之文，力除结习，转移元气，余风未殄。

开元、天宝之间，元结、独孤及再接再厉，文坛响应，体制丕变。结之为文善能健举，微伤於气迹，其一生潦倒，慨愤郁崛，笔间厚重有余，终伤局促。独孤及文质相辅，能以气胜而稍窘边幅，未能弘毅。《唐实录》称昌黎学独孤及能自得师。举世诵昌黎文，一叩其所自，或竟茫然。但昌黎才力弘大，远过其师。崔祐甫称独孤长于议论，盖指其谥议诸篇不挠众说，韩之气盛言宜，殆有得于此者。梁肃为及之门人，吕温又肃之门人。肃之文宽舒有度，迈往以行其气势；温能守其师说，心手相应，有士马精研之乐。昔人谓贞元、元和之间，词人咳唾，皆成珠玉。唐代之文章于斯极盛。

韩愈自命起八代之衰，实则锺元结、独孤及而代兴，非绝类离群而为之者。其文亦可析为两体：所云气盛，则言之长短与声之高下皆宜，如《原道》《谏佛骨表》《上宰相书》《答李翊》诸篇，是源于子长。所云节助字，换陈言，惟陈言之务去，如碑、碣、志、铭诸作，甚或艰涩。其句读若是者，远之导源于"殷盘"、"周诰"，近之托体于《法言》《太玄》。其平日服膺子长、子云，故能各极其至而摩其垒。《潮州谢上表》云："臣于当时之文亦未有过人者。"殆谓其气盛言宜之作。"至于论述功德与《诗》《书》相表里"云云，则所谓务去陈言者。六经惟《诗》《书》至为奥衍，昌黎记事纂言提要钩玄之旨，将于是乎在。乃后之推崇昌黎者，多取其赠序、题记小篇，习之不遗余力，自文其浅陋而莫知所返。昌黎不云游戏于斯文耶，所自期许本不在是也。纪晓岚之评魏冰叔曰：小题大做，此俗人得意之笔。乌有满纸诞散，无中生有，而假曰赠人以言者乎？埋头伏案，日夕呻唔以求其似，呼啸党倏傲然自足，谓吾之文视退之、永叔何如，有腼面目成此恶习。宋吴傲自邕入对张南轩，为书"孔子之刚"、"曾子之勇"、"南方之强"三章志别。古人赠人以言，随其性以施针砭，何必为此态也。昌黎自有杰作巨制，真德秀、谢叠山与夫归、唐、方、刘之所选，相沿相习，有江河日下之势。谓为正轨而实歧途。与欧阳永叔谓晋无文章，只《归去来辞》，同其寒陋。文运之衰，不徒在无学，而尤在无识者矣！

当昌黎之世，以铲琢奇崛自喜者，有李观、樊宗师二氏。观作《项籍庙碑》发端云："铺周秦之巅亡，粲乎简册，吁！可骇也。"宗师《绛守居园池记》聱牙已甚，单字为句。孙之騄注仅得三四。雕镂肝肾，殆无古人。是时韩门诸子，亦分两途：皇甫湜、欧阳詹得其险涩；李翱、李汉得其醇肆。刘蜕、孙樵最后出。蜕之选辞，短兵劲接，绝去支蔓，构思未遂奇也。樵则辞意俱奇矣。

东坡谓学韩愈不至而为皇甫湜，学皇甫湜不至而为孙樵。余谓此亦专从险涩方面论韩，未足以概韩之全。樵之奇又甚于湜，《武侯庙碑》发端云："赤帝子火炽数百年，天厌其热，洎献烬矣！"是又效李观而为是，语不惊人死不休者。起衰之弊毋乃已甚。综览诸家学韩之长，各有性情，各有境界，大要是文字中求生活，故所至终不逮韩。彼其识量未能宏博，气概未能恢豁，又无事业以植其行谊，托属车之后尘，自有惭色。韩之"谏佛骨"、"驱鳄鱼"，面折王庭凑气节文章，谁为匹敌，学者盍亦反其本矣。天下几人学杜甫，谁能得其毛与皮。韩公亦自写身分如此。

韩之文自异柳子厚，独心折子厚，称其雄深雅健似司马子长；崔、蔡不足，多乎崔、蔡，岂子长之比，此言子厚兼有崔、蔡之长耳。子厚之文亦分两体：雄深雅健为一体，幽隽缜密为一体。雄健韩优为之，缜密非韩所能，而近崔、蔡。答肃、李诸书，郁结不得其志，是从子长《报任安》、杨恽《报孙会宗》来，人尽知之。若《晋问》《天对》，柳自言：参之《国语》《离骚》者。自宋以还至桐城一派，弃之如遗，韩公所称，不几无据乎！柳《答韦中立书》自道文章甘苦云：参之《穀梁》以厉其气，参之荀、孟以畅其支，参之老、庄以肆其端，参之《国语》以博其趣，参之《离骚》以致其幽，参之"太史"以著其洁，博观约取，调剂吾之才力。向使子厚不遭放逐，不过与梁肃、令狐楚辈周旋进退，安望雄深雅健见许昌黎耶？

宋初文体繁芜，风骨替矣。然其所习，则昌黎为不祧之祖。

周、秦、两汉殆已束高阁而不省。欧阳永叔始宗昌黎，其徒苏轼、苏辙益因师说而大其焰，要不出气盛言宜之一途。其于提要钩玄、务去陈言之旨，已非其所习。先永叔为昌黎文者，有柳仲涂、穆伯长、尹师鲁，规模小于永叔，名位亦小于永叔。读宋文者囿于所谓欧、曾、王、苏，此外不读只字，亦并不能举其名。夫永叔惟不能气盛，故境之所至，文从字顺，兹所谓学韩而不至者，又唾弃余子，故其途益隘。

包慎伯谓永叔序记实为庸调，余读《泷冈阡表》，求所谓极思者，竟不可得。或言欧阳史才，而《五代史》铺叙平易，刻削太甚，规规师鲁之说。正如病愈之人，着新衣冠，端坐厅事，应对宾客，终乏精彩。但旧家风范，不失排场，亦非寒乞所敢拟。观水有术，必观其澜。永叔自言能添颊上三毫。余谓能之者惟左氏、司马迁。欧史弥觉其钝，论赞多用呜呼，昔人已讥其无病呻吟，皆非过论。

钱惟演镇洛阳，以河北陪都之要，大创驿舍，榜曰临辕，命谢希声、尹师鲁及永叔撰记文。希声五百字，永叔五百余字，独师鲁三百八十余字，语简而事备，典重有法。欧、谢缩手，以师鲁文进。惟演曰：已砻三石相待。不得已，俱纳之。永叔终未服在师鲁下，载酒独往，通夕讲摩。师鲁曰：大抵文字所忌，格弱字冗，诸君文未至者以此。永叔奋然持此说别作一记，更减师鲁二十字，尤完粹有法度。师鲁谓人曰：欧九真一日千里。然寻绎其文，正坐毋乃太简之消。格弱本为天才所限，有非学力所能挽之使强者。虽然人第知简之为难，抑知繁之尤难乎？能之者亦惟左氏、司马。而《檀弓》《乐记》《考工》尚优为之。永叔则务去冗以为简，其言简已非上乘法。宋子京锐意修唐书，欲以简胜永叔，事多于前，文少于旧，其病至于辞不达意。盖自减字之法行，而繁之为义已晦而不明。繁可数行，简惟数字，失之简则斲削其气韵，不能繁便束缚其机趣。况乎文字之变，匪特繁也，"戴记"多以复焉者致其韵味。庸讵知奇正相生之妙用，若行云焉，若止水焉。往复曲折之兴象，如层峦焉，如叠嶂焉。

永叔一生致力于减字法，亦未明乎更有向上一路在也。唐荆川、归熙甫、茅鹿门、王遵岩之流，更限之以八家，规之以绳幅，习之也易，成之也亦易，空疏枯竭，并不能如永叔之笃实冲和，饶有常度。以是言文，鄙野固陋而已。王介甫所学所行，于"上神宗"一书已窥其全。其文一意旋折曲尽事理，望之似靡而劲气内翰，由其胸次充实不作纸上之谈。浅人效之，失其内劲之气，而为绕指之柔，本无学术，皇皇而求其似，夫焉往而不靡者。彼其立身事功，本异苏、曾，自不得专以文人目之矣。

曾子固刻意为文，以渊懿之才，上摩西汉校书诸序，神似子政，所逊者真醇一境，此亦鹜于为文者势所必至。譬犹画家，法太密者，辄少士气。士气云者，疏逸之致胜耳。疏逸云者，真醇之味多耳。子固外制虽用四六，却能以意为主，以气为辅。张燕公有其瑰健，无其缜密。盖缜密者，意之谓；瑰健者，气之谓也。今之读子固文者，于外制屏不省视，是不能求古人之所长，徒以吾之所习，漫绳古人，安见其有合也？

苏氏父子之文，绝不袭迹，各有独到。老泉明于论事，推勘辩难，如快马砍阵，得《国策》之骏急。《权书》一卷，千营共呼，无一闲字，当者辟易。然往而不返，令人不能宁静。子瞻湛深经术，所谓醇而后肆，有昌黎之弘大。《表忠观碑》上窥子长，慎伯称其暮年心手相得，独立千载，洵足令才人俯首。外制笔力驱驾，不为绳墨所缚，陆敬舆而后无其俦匹。子由介于父兄之间，自寻径路，委婉缛厚，屏脱尘垢，芟夷猥鄙，其致力所在，《上韩太尉书》具见崖略。天怀昭融，清旷自娱，有非父兄所能及者。

茅鹿门创为唐宋八家之说，欲以取威定霸，束诸家之书于高阁，作茧自缚，未免为古人所窃笑矣！迄乎南渡，文运雕丧。经义兴，而士夫以性天为功；道学盛，而语录以鄙浅为适；禅学倡，而颂偈以惝恍为能。由前之弊，作者之心理只求取悦主师，叠山、西山不无可议；由后之说，作者之心理只求自护寒乞，朱子、陆子，未免作俑。昔人谓古文亡于南宋，非无见也。

叶水心、陈同甫辈，论事明快，人推其文，余未许为能文也。水心尤悠靡肤廓，似王充、崔寔一途。文字盛衰本关国运，南渡其汉之东京乎！作文之道非必侈谈秦汉也。宋代作者何尝不由唐溯汉，旋折而下以成一代之文。北宋醇厚，南宋遂如坠渊，是则人所共认，不俟详求者耳。金、元两代等之。自邻、姚燧、虞集、赵秉文、耶律楚材之流，南渡余波，接续时会，其气不昌，国运随之以促。

明兴，宋濂起于词馆，翊赞盛业，拟若欧阳永叔之在宋初，有开物之功。

北地一派厌其茶也，起而抵其隙。李梦阳、康海鼓吹文坛非周、秦、两汉之书不观，其失也，激为虚弦而不能赴。的字摹句，仿双钩填廓，了无真趣，果奚为而有是言也！王慎中、唐顺之、归有光、茅坤又起而抵其隙，是为唐宋八家文极盛之时，亦即明代八比文极盛之时。魏叔子云：八股文绳趋矩步，使人无所闻见。阎百诗亦诋其平分八比为削足就屦。皆知言者。虽然此不善习八家者之咎，未可以此咎八家也。

茅氏《八家文钞》，专取时文之法，妄加评言。荆川稍博大，而评语仍多束缚。选其所习见，弃其所独到，取备于分类，泛求于命题，抹作者之用心，惟吾意之是适。抽掣傀儡，锢闭才智，枯木朽株充满行间。裁复为单，改短为长，纤其辞以为古，曳其气以为调，铺排场面，随声喊呐，不能生于其心。寻其结构，若冒头，若入题，若中段，若收束，如是如是。归、唐八股之成法，乌足以拟行文之真谛？嘉隆七子之诗千篇一律，一邱之貉耳。

不观禹之行水，行其所无事耶？河疏为九江，别为沱，凿龙门，潴大野，随所行而因应，使氾滥者得所归宿。智者之于文犹乎水也。学识充于内，光辉发于外，放之则弥六合，卷之则退藏于密。文成法立，法其可泥乎？

清初侯方域、魏禧厌其庸沓，不欲倚之，又未能力矫其失，既非秦汉，难语韩柳，气褊而矜，学浅而鄙，发于文也，纤俗而狭嚣。冰叔之传神阿堵已流为小说，朝宗之俯仰顿挫有类于俳优，野狐山魈弄瓦砾以投人，技只此耳。庸夫俗子方从而骇之。桐城方苞、刘大櫆乃重整归、唐之旗鼓，姚鼐益扬其波，文以经术，夺归、唐之席而据之，昌言所谓桐城派者，树坛站而狎盟主百有余年。其文既衰疲不振，承学之士又从衰疲之余以求其似，其入几何。程鱼门、曾涤生袭严羽卿以禅喻诗之旨，转而论文，谓古文门径切忌怒张而喜旋折，舍桐城无所师法，不遵桐城即为畔道。

沧海横流，雾雾漫天，一叶蔽目，不见泰岱。驯至今日，偬然自命文豪者，有字而无句，有句而无文，其于古之作者究何似乎？夫桐城本无派也，归、唐而已矣。归、唐岂有正法眼乎？摸楷以为工，吞吐以为韵，时文之机摈而已矣！吴汝伦自神其说曰：抑阂掩蔽能自伏其光气。嘻！此邹、枚研精理气之法，源出荀、韩，桐城不能似之，又从而假之，以愚弄一世之人，谓能自伏其光气，颠矣！归、方合评《史记》，流毒坊肆，桔灭性灵，羁绊手足，黄蘗禅师所云：横说竖说未得向上关捩子。其桐城之作茧自缚于一丸者乎？

乾、嘉以来学者务为训故考订，废寝食於声音训诂之破碎，无暇措意文字，桐城壁垒愈益坚不可犯。姚氏选《古文辞类纂》纯乎自固壁垒，与唐选、茅选将毋同挟其门户之见，鐅固心曲，强古人以入吾室。彼自以为神秘，则神秘而已矣。隐晦其义，束缚其律，果于自信则失之愚，欲以欺世则失之妄。

文之有法也固矣。泥于法以游羿之彀中则悖。梓匠轮舆能与人以规矩，巧则自为之耳。体象天地经纬阴阳，两都宫室之制也。积石成基凭林起栋，高士幽居之营也。构思布局，各具匠心。桐城则一如官廨程式，虽有骥足莫能自展，而自信甚笃，行之日久，竟无有议，其后者风会披靡，若是其往而不返。

曾氏选《经史百家杂钞》较为博大，讥姚氏所收史汉太少，而又为史汉多不胜收之说，毋乃进退失据。至各类冠以诸经，则仍未惬于人心。文以载道，道在六经，经不可删，经其可选乎？李申耆《骈体文钞》每类冠以散文，邹、枚、两贾悉入甄录，既觉不论，更嫌挂漏。与曾氏冠以诸经，毋亦同为论高常近迂者。与谓骈文宜读，散文以荡其气机似矣。

以散文冠骈文似伤于悖，谓散文导源六经以引其义类似矣。以六经冠散文究失之诬，皆论高近迂之害也。萧统《文选》十年成编，姚铉《文粹》亦以十年，选政之操谈何容易。自余吕东莱《宋文鉴》，真西山《文章正宗》，谢叠山《文章轨范》，已启归、唐之初基，方、刘益承其弊，吠声之论，附和姚氏，推方、刘为宗派之始，不知其脉络线索实无二致。

　　未尝学古，安望穷源。必欲求师法之正轨，何不取之周、秦以习其弘简，取之西汉以习其朴茂，取之魏、晋以习其奇偶，取之唐、宋以习其步骤，上下求索，自能日起有功。何必从事唐选、茅选、姚选、曾选，倚为护身法宝，奉为金科玉律，而莫知所极耶？不读遍专门之书，不足与论文。不读遍专门之书，更不足与言作文。引而伸之，触类而长之，涵泳其所长，反覆其所短。不事叫嚣以为雄，不事涂泽以为丽。挹之无尽，咀之弥永，坚光切响，绝去依傍。独辟榛莽，深造堂奥。析其变化，会其指归。史迁有言：夫惟大雅，卓尔不群。盖信乎其不群也。彼浏览家数，既非博学，安能详说。况乎文章盛衰之故，作者派别之殊，本非可一二数乎！浏览家乌足以语于斯？！

辑三　文录

据《论历代文派》可知，王礼培于文章一途，眼界颇高。其乡试中举前曾撰有《湘武述闻》十八卷，附《中兴以来湖南名臣图赞序》一卷，旨在叙述其祖辈功业。《湘武述闻》及其赞序今已不存，而《湘武述闻初编自序》因载于《船山学报》而得以留存。王氏还曾撰《刘襄勤（锦棠）公事实》《杨太傅（昌浚）别传》，前者为单行本，后者载《船山学报》。

王礼培应湘乡易氏之请，曾撰《易闻远公传》，亦为其早期作品。其《扫尘斋笔记》原载长沙《民声》杂志第一卷第二期（1916 年 11 月），谈人、谈文，亦谈艺。

王氏在《船山学报》所刊散文，尚有《独行洪先生传》《张素文女士晓莺词集序》《万母冯太君墓志铭》等。他在船山学社除公开演讲诗艺外，还曾涉及《版本目录之学》，后者原载《船山学报》第二卷第十四期（1937 年 11 月出版）。以上诸篇均录于此。

王礼培于光绪十九年（1893）应试湖南癸巳恩科，中式第二十七名。我们有幸查到王礼培当年乡试朱卷，包括《四书》文三篇、五言八韵诗一首（应为第一场考试内容），现收录于此。

扫尘斋笔记

左文襄气度含宏，有天下一家，中国一人之量。西征时，许仙屏督学甘肃，百物凋残，人文殆绝，招客籍应试，差足满额。凉州牛氏多藏书。许录其子弟二人，荫蔽牛家，酬以旧藏十骡车。文襄贻书诮责之曰：身为文宗，目击边氓不沐诗书之泽，致兆杀戮之惨，不能提倡，又从而私诸一己，岂善与人同之义，况国家试士大典等诸私家酬报之物，朝廷纵不知而罪之，宁独不愧于心乎？仙屏为之悚然。

左文襄尝言，武侯一生，只是每事力求妥当，今人易言之，此庸妄耳。妥之一字，便有天地位万物育的气象。大易为四圣人之书，祗当位不当位以定凶吉。大传天尊地卑一节，其注脚也。先壮武公亦言。窃叹公每事力求妥当，真能道当日武侯心事。

古人著述立定宗旨，自有其颠扑不破者在。司马温公通鉴一书，于历代统系之故，皆就事实以断书法，盖有统则系之，无统则绝之，有统则正之，无统则降之。魏既代汉矣，则武侯不得不书寇；朱温即代唐矣，则河东藩镇之大义，又不得不书寇。微意深心，欲使后之君天下者，知权位之一去，守府虚名，无当事实，不能仍旧居之不疑。后儒以此讥温公者甚多，皆一孔之见，附和朱子纲鉴之以意为褒贬，不顾事实之相悖也。孔子作春秋，寓褒贬于书法，岂是之谓乎？当日诸侯犹奉正朔朝京师，汉唐之比，殆不如是，禹稷颜子，易地皆然。使孔子而修通鉴，吾知其必有所取矣。名器不可以假人，温公于是书发端一语，已凛然有罪晋之辞，故申之曰：礼莫大于分，分莫大于名也。后世孱主偷苟自安，无恢复中原之志，朱子之书不能辞其咎，而谓能自托于春秋之义，其谁信之。一书有一书之宗旨，读一书必须得一书之宗旨，而后一己之私见，乃不至与之相背而驰，开卷有益，若是则信乎其有益矣。

康乾时，中晚唐一派盛行。冯定远极得细润之致，一时评骘家如何义门、纪晓岚，亦皆宗尚晚唐。何评《唐音统签》晚唐数十家（今刊者仅义山一家，余得藏其原稿全部），纪评《瀛奎律髓》，专从字句间，寻其起伏照应之迹，而极力推翻宋派。纪评苏诗，学者称为善本，然往往以晚唐之法绳尺坡公，讥其不得风人之旨，何其悖也。定远尤恶山谷，至斥为门外汉，摘其字句，以供诋諆，真所谓死于句下者矣。山谷"霜林收鸭脚，春网荐琴高"二句，本极高妙，攻之者谓琴高可当鲤鱼，则苏武可当羊，许由可当牛，亦何在不可施乎？余观曹孟德诗"何以解忧，惟有杜康"，不闻人讥其以杜康当酒。且以诗道言之，"春网"句自胜"霜林"，此未易一二为俗人言也。定远指宋诗之妙，而合于唐者，则曰：宋而妙何必唐？岂知宋之妙处，正在不合于唐，对于唐谓之不妙，对于宋则谓之妙耳。夫去矜丽而得细润，晚唐所以别开生面于盛唐也；有细润，有拗拙，宋人所以能脱落晚唐也。南渡而后，国运凌替，诗境随之以靡，往往又由细润而流为纤仄，当日拗拙朴茂之风，杳然不可复睹。四灵九僧有清远孤淡之致，而蔬笋轻微颇见讥于前贤。由斯以论，一朝有一朝之妙处，一人有一人之妙处，乃不失为独有千古。居今日尚论古人，知其人论其世可也。孟子读诗之旨，只有一人字在胸中耳。国风多比兴，小雅多怨诽，不闻孔子取风人以绳小雅。养其一指而失其肩背，兹可为驰骛一逞往而不返者戒矣。

王渔洋选《感旧集》，标神韵为宗。此渔洋作诗之指归，非诗家之极轨也。其说出于宋之严羽，所谓诗有别才，非关学也，诗有别趣，非关理也，羚羊挂角，镜花水月，其取喻之微意深心，聚聆之不啻如沉思之顿悟，划然中开，乃迫而察之，其识仅高于《才调集》一等，以言上乘法抑又疏矣。当渔洋主坛坫之世，赵秋谷著《谈龙录》攻之，不及百年，其焰渐息。钱蒙叟尝攻北地，兼攻公安竟陵，口辩甚强。前贤身无完肤，然攻蒙叟者则谓，长篇隶事，板重出笔，缓驰小诗，清妙仅足，上进石湖，求其进于晚唐诸公集中，未易多得，盖为诗之道，亦至难言矣！《感旧》及《唐贤三昧》两选，皆是自家扶持藩篱，使后人重信其集，奉为不祧之祖，原不足以尽诸家之长，故神韵之说，一倡疏浅者得以似之，而王孟之席，几于可夺，渔洋未尝教人不学，不啻为不学者别开生面，若李之清，超杜之沉郁，韩之倔，强苏之奇趣，黄之偃蹇，皆诗家百世不迁之宗，浅学何从拟其一字，霭霭神韵之说，失其远矣。

吴修龄《围炉诗话》云：欧公古诗，叙事处，累千百言，不枝不衍，宛如面谈。惜其意尽言中，无复余意，而曲折变化亦少。欧公本学韩，韩本是诗中别体，佳处不易得，徒浅直耳。且又有赋而全无兴。今皆坐此病，不独欧公。余谓韩之真味，今人何能梦到，谓之曰别体，殆庄生所谓，其犹蓬之心也夫。诸家之诗，如李如杜，学之尚易得其形似，学韩公则不猥琐便率易。今观韩之五古，似猥琐而实曲尽，似率易而实研炼。盖其胸次自超卓，其出语乃本色。使后人效之，则刺刺促促，数盐米而讨阿堵者耳。妥贴力排奡，韩公自道甘苦之言。后人尚不敢望妥贴，又安知排奡？欧公为之，诚如吴氏所论，韩公何尝有此善？读者玩索而自得之，无论欧公不能及，即香山为之，亦自觉沉沓生厌，彼所谓浅直者，乃其隽永者耳。不废江河万古流，别体云乎哉。

余尝得一论，以喻诗法矣。唐人之诗似宋人之画，宋人之诗似元人之画。宋画浓厚深秀，元画疏逸古淡。作诗之要，炼不伤巧，老不伤枯。亡友陈梅公以为知言。

　　　　　（原载长沙《民声》杂志第一卷第二期，1916 年 11 月出版）

湘武述闻初编自序

粤寇初发难，篝火狐鸣。啸聚为一身自适之计，此其志不在大。当是时，海宇乂安久矣，吏治窳坏，风威亦少薄。盗起则讳之，捕之不胜，举城授之。燎举燎原，逾岭东趋。踩郴永，若虚无人。围攻长沙不利，一撞而下武汉，众且十万，益掳民船，顺流千里，击溃江南大营，蹶走向、张之师，踞金陵为伪都。十年之间，攻城屠邑，杀人盈野，糜烂十五六省，东尽浙江，北抵山西，东北及于山东，涉汴渡河，横扰近畿。壮士舆尸，相望于道。百战千攻，耗矣哀哉。自向荣、张国梁不能规画远势，与寇争地形，欲以野战之技，挫方张之卒，兵燋身死，祸乱浩不可止，其势非命世之英不足以夷。

天下之大难，湘军者起。以韦布书生，激于义愤，驭田夫牧竖之子，披舆图，揽形势，扼其要害，寇相顾始骇畏。时论以天下不可一日无湖南，湖南不可一日无湘乡。虽然以百里邑悬一世之安危，夫岂犀兕之力、贲育之勇所可语于斯乎？精诚一德，奋其威武，无坚不摧，无乱不理，毒天下而民从者，其庶几矣。国史之记载，疆臣之奏章，功败不免差殊。私家所述，或隘于闻见，参诸爱憎，是非淆惑滋甚。当日书出，将士愤其失实，欲甘心刿刃，如袁弘之见窘于密室甚矣。师武臣之力，上功幕府文吏，或持其短长，目不睹横草之烈耳。不闻钲鼓之声，坐而论事，叱咤堂皇，往往及身不得。沾朝廷之雨露沉默若冯异者，又不欲自伐其功。载笔之士，复从而短少之，有班固陈寿之污德，而无其美才，令不显于当时者，复不显于没世，不可知之名。有天幸者，生则光耀麟阁，没则宇崝于都邑，有司岁致其祭，垂于无穷，宜其日暮，倒行计画，无复之扼腕杀人也。然其书已出，不及百年，文献荡然，荣枯得失之数，将奚以徵焉？今天下去乱未久，行间之士，日以凋丧，并吾世记湘军者，各尊所闻，是非定于爱憎，何足道哉？

　　余生也晚，尤及见大父方伯公腾腾论战事，私窃志之。秋高农隙，大父讲武训卒之余，顾谓小子识之，某卒某校，昔为某战功首，某卒某校之父，死王事或祀奉，有不祀者，此其孤也。自大父时，家仆马僮皆久战敢死之余生，忽焉无一存灭，献议捐躯之功不述，昧先人之善弗知，知而弗传，不明不仁之罪莫大焉。嗟乎！少小所闻不能综其终始，按其岁年矣。官私之书，异夫余所闻者，不敢苟同，几何不又贻爱憎之说，所以讥余，犹余之所以讥诸家者哉。

　　先世二公，始募老湘营，事在道光二十九年。曾侍郎咸丰二年十二月，奉朝命以钦差督办团练，练水师于衡阳，相去且三年。记载明备，谈湘军者，尚昧于所自，谓侍郎实始办团练，不已閤于事实，而习于其所忽矣乎？

　　是编专述老湘营始末，迄于乙未辽东之役，为一卷。后四卷，人自为篇，间著论赞，犹史志也。即有所闻，踵而成之，将以俟诸后世。而不惑执简之士，或有取焉。

（原载《船山学报》第八期，1935 年 6 月出版）

易闻远公传

公讳华，字闻远，湘乡人。祖炎正公，行谊敦笃，与元儒吴澄，讲求程朱义理之学，有《涟溪集》，人比之周茂叔，称涟溪先生，登元延祐进士。闻远公之生也，是为有元至元甲午年。性豪迈任侠，击剑盘矛，身材魁伟。多结海内豪俊之士，隐观天下之变，然守其家学，修明礼法，人莫能窥其所至。家积殷富，扶危济困，使鳏寡孤独废疾皆有所养，退迩闻风，从之如归。

顺帝立，朝纲解纽。燕赵间，群雄角逐，拥兵据地，苛敛日急，南服纷扰。公一邑重望，首建清野之策，令民结寨自固。湘乡百里之邑，据有四十八寨。所居堂甲湾，筑箭楼，远瞰烽烟，协助守御。邻邑七县之民，依以自壮，声势甚大。

至正十二年，徐寿辉僭号蕲州，称天完帝。陈友谅举兵附之，陷湖南诸郡邑。十五年，朱元璋据金陵，友谅畏其逼，欲自立，东向以击元璋，遂杀寿辉，称帝于蕲，国号大汉。大举攻金陵，令湖南输军粮十万八千石。民情汹怒，公倾家财给之。

二十年，元璋遂破友谅。军退江西，图再举。援前事，令湘乡专任之，不如数者，无少长，皆屠杀。公力输其半，民众感动，卒如其数，得免浩劫。

二十二年，友谅与元璋大战于鄱阳湖，友谅败死，秘不发表。元璋亦散走惊退。友谅军退武昌，子陈理嗣立。元璋闻友谅死，急围武昌，陈理乞降。其明年，元璋自立为吴王。公审知历数有归，释戈叹曰："虬髯往事，吾方思之；吴王英主，及今从之；与民休息，识时者不后时。"乃纠合湖广拥兵据地者十余部，悉受指挥。于是吴王授公湖广参政。

二十五年，吴王北攻元都，用李善长策，命阳从政搜割田赋，规粮为饷。得陈友谅粮册：湘乡两征，各输十万八千石。令改征银两如旧额。公抗言："父老苦友谅苛法久矣！旧额屈于伪命，安有真主为民除暴，而有是不仁之言乎？"往复辩难，从政厉声曰："若忠于贼而逆于君，不思引咎，顾多言为?!"公从容进曰："频年寇盗横行，此类苛征，不止友谅，求免死须臾耳。今吴王伐罪吊民，不以此时解倒悬，收四海之人心，反贻黔黎子孙之忧，王者不为也!"从政拂衣遂起。公遮言曰："蕲，于湘为近，天完挟帝位之尊以临之，谁敢不服？金陵有主，道远不得闻；友谅自立，声威盛大；吴王之兵，鞭长不及。时则为之，地又限之。愚民何辜？华受任参政，不为民请命，默无一言，是卖众以求荣，华不忍为。吾迫暮齿，方期归顺，翘首企观新政之更始，君宜有以处此。"从政恚曰："不从者屠，毋多言!"

公因群情汹汹，请连七邑之兵，抗拒吴王，言："吾意不可以不明，民意不可以不从，有死而已!"率其七子变姓名，间道走江西，匿袁州何氏家。冒姓何，自署何生有，还湘乡。一夕，椎牛飨士，四十八寨诸豪酋长，歃血誓师。是时公年已七十，据鞍指挥，往来参战，胥候令行。浏阳一县，亦因例比规银八万，闻公起义，率众依以自壮，长、岳、衡、宝、永、道，同时响应。

二十六年，吴王大举北伐，军用浩繁。江苏赋税，既因张士诚数增额率，湖广、江西、安徽以次重征。独湖南一隅梗令。明祖患其摇动全局，遣军溯江西上。大湖以外，所过残杀，孑遗仅存。始祸者湘乡，而集矢在公之一身。不得公，即民无噍类。公乃于常所止乌石寨，声言投水死。士卒奔溃，寨虚无人，冠带盔甲，狼籍道路。明兵过者，以罪人斯得，遂班师。

二十八年，吴王以湖南平，即位于金陵，是为洪武元年。会有言公实不死者，明祖大怒，即日搜湘乡，毁所居，株连甚众。或言公负上麓寨之险，因纵火焚山。公已先出，扬言自焚，于是一军欢噪。公乘间混入帐中，刺杀名王及阳从政，匿其尸于大坪山中。复走袁州。

大兵之后，田亩荒残，人烟稀少。十七年，下令移江西居民往充实之。公始得出其七子还湘乡，复姓易氏。大坪之族，由是始大。然事秘，当时莫有知其隐者。

阴德及人，天殆将启之欤！孝莫大于复宗敬祖，游羿之觳，卒能不变其节，可谓烈丈夫矣！受任参政，仗义执言，不惜一死，激励父老，使元凶授首。徒以淫威之积，虽有孝子慈孙，茹恨终古，先人之善，知而弗传，邑志且为"土酋"，是不独易氏之子孙引为正义之不伸，抑亦载笔之士所当羞矣！

今《易氏谱牒》祖炎正公，已不能详数公之往事，一究其端委。犹幸公有《世系索隐图》，而寓言十九，不能显著，以俟后人之推求，嘻其艰矣。

裔孙有名允者，与余善。尝反复征引，与事实若符契之合。今分为界头支、峡上支、金涵支、洪山支、大坪支、后圫支。一子服兵役，为桂林中卫，名文瑞，别于湘乡六系。

公享年八十四岁，殡葬二十九都羊楼冲之钟鼓石。岁时祷祀，尝有疾风暴雨，出钟鼓声。茔地所在，不能详已。

允既乞余为文，将与《世系图》刊诸木，以示易氏之后，又以俟乎修邑志者采录，以正前志之失。此孝子仁人之用心也。

独行洪先生传

独行洪先生者，余塾师李先生啸溪其及门弟子也。先生字秋浦，尝扶杖过塾，侃侃谈节义，酒后益激昂，挺身端坐，望之俨然。同治甲戌，礼培才十龄，犹忆其论治心之学云：朱子言天地万物，本吾一体，吾之心正则天地之心亦正；吾之气顺则天地之气亦顺矣。今年且七十，恍惚洪先生声容气岸，如对案提撕亲接。其警惕夷考，其行谊，是殆狷者之流，而圣人之徒欤。

始，先生与曾文正读书邑之东皋书院。文正恂恂长德，同舍生稍事侵慢，既就寝，或唾污其履，晨起试之，略无容心。先生述其事，叹为弘远。文正先茔，与洪氏之先同邱。家人颇惑风水，屡移其棺，潜侵洪茔及马鬣矣。子姓饮恨，欲有所言，先生曰："棺则移矣，茔固未移，奈何，吾惟付之，不可知之，天耳。"文正微闻其事，为之踧踖，欲价得之，令改葬，使人示意。先生愀然改容，曰："吾诚不肖，不能庇先茔。又因以为利，人其谓我何？"先是文正督师东征，贻先生二百金。至是且二十年，先生取之床头，授使者曰："为我谢钦差。"向者，二百金关防宛然未启。果为金耶？吾亦不知。使者惶遽嗟异。古称相士以居，自非烈丈夫，其孰能当此。虽然，文正赠金，念故人贫耳。自先生还之二十年后。几无以自白，卒贻当时后世之口实，盖君子之行事，行其义也。义之不行，不能达于州里。乃以之当洪先生，吾叹处约之难，贞固后凋，神鬼钦惮，视暮夜却金抑蔑如也。

先生以老诸生终于家，名则余幼而忘之矣。

光绪初元，文正弟忠襄买宅会城洪家井，四周缺一隅。有锻铁工占地丈许，巡道裴荫森劝之售，不肯。威之，无惧。忠襄鉴于洪先生，卒寝其事。夫以铁工之微，尚不能夺其志，况于洪先生者。今忠襄之宅，已三易主；铁工之地，亦随烟尘转移，而不可究。先生没二十馀年，其子竟挟契约，买舟献忠襄两江总督衙门。既延之上座，则呴呴一村夫也。礼培方客署中，不禁重为洪先生悲。孟子言，其子之贤不肖，皆天也。噫！信乎其为天矣乎？

范蔚宗《后汉书》独行列传，著东汉节义之士，谓志刚金石，克扦强御，其风轨有足怀者。吾于是传洪先生。

（原载《船山学报》第三期，1933 年 10 月出版）

杨太傅别传

太傅杨公昌浚，字石泉，湘乡人，忠节罗公高第弟子也。幼而好礼，尝随大父入山樵采，累石为室，折枝编叶，拟成笔楮，抟泥成人，列席左右。一师列上座，秩然如论列状。大父心异之。十岁就外傅，湛然内照，深思端诵，日征月迈，文誉著于乡间。

闻忠节讲学，负笈往师之。作自勉、慎独两智箴，粹然儒宗之言。尚书贺公长龄，延忠节主讲私第，公从之不舍。同游其门者，有若壮武公、心牧公（壮武公讳鑫，心牧公讳开仍，皆余从祖父）、李勇毅续宜、钟近衡、钟近濂、易良干、易良翰、康景晖、左枢，志同道合，以节义事功显于当世。比之文中子之居河汾焉。公内修性善，外务弘济。自嘉道已来，学风偏尚训故，诋讥宋儒，视为迂阔。而忠节之门，文德武功，炳耀寰区，庶乎一雪斯言于风会侵凌之日也。

当是时，洪秀全犯湖南，据郴桂，遂围长沙。西王萧朝贵、前锋罗大纲，分军扰劳旁邑，忠节与壮武公、刘蓉练乡勇三营，自领中营，公与壮武公领左营，御寇于邑之马垞铺，是为湘人与寇搏战之始。其后驰驱戎马，扬历疆圻，垂五十年，尽心民事，细大不遗。唐有二裴，行俭笃于内，行度之功在淮西，公兼其能矣。体貌魁岸，须髯秀美，出言威重，恶斥人过失，亦未尝宽假以尺度，自律甚严，而不孤行其志，殆内省不疚，无恶于志之君子欤。

自壮武公、李勇毅、钟近衡、易良干先后死王事，独公得享大年，晚著《罗门弟子录》，阐扬师说，守先待后，确乎不拔。左文襄天才横轶，俯狭众流，于公独无所忤。文襄一日直军机召见，太后问公品第如何。文襄敬对曰：善人也，信人也。大臣以人事君，京师推其笃论。文襄既没，知公者微。公窃叹曰：道不孤，行倘不获乎上，谁明吾心迹者？屡乞骸骨不许。京朝官岁时咸倚外官为馈遗，公刚健在躬，见节峻历，或以为言，则额之曰：力不能办，奈何？任闽浙总督，乡人求鬻田者，谢之曰：吾家十口百亩，视昔已多，安用此为？其抚浙也，修陆清献祠，建紫阳书院于墓旁，刻《三鱼堂集》、沈端确遗书；督闽，修杨龟山祠；督秦刻李二曲《惺惺录》、《慎思录》，访求其后，列之庠序，风示群伦。

综公之学行，似张杨园，而达于时变，故其经世大政，扩而充之，至位天地、育万物，而要之于戒惧，不执一而吾道自一以贯，乌能测其所至哉？尝言：今国家诚乏才矣。科举之衰，揣摩以求合试官，叩以当世之务，茫然无以答，奉承以应故事，民隐而不知恤，长奸宄而阶祸乱，此辈实尸之，非有修德、明道之师儒挺生其间，多方以资觉牖，如孔门之列四科，广其途以进之；如周文之有四行，殆无以挽痹痿之颓波，驯至膏血枯竭，内不足以植民生，外不足以捍强邻，异说辩言，反得乘吾虚而拔吾之帜，勇贾于疾视，气暴于骤发，矫赢于强，倚祸为福，酷毒生灵，殄瘁邦国，世变炭炭，安知所极乎。

公之勋业政事，具在章疏札论，人读而知之。公之绪言、遗行，人不尽知据其可知，述之后来，大木远籁，根柢渊源，岂事功所可概其全者？礼培辛卯岁客武昌，公自陕甘总督放归，张文襄冠带登舟，辞不获，迫而入，则见公冠而不顶，文襄急免冠，亲为公解其缨，问忠节死事状，遂至洪山星陨之地凭吊，欷嘘不能去。问忠节学术，何以致贤于一堂，则危坐言曰："吾师善能变化，气质似夫子也。"音声朗澈，今犹萦耳目间。缅公之风微于道，丧风微之日自顾衰残，彷徨无所建树，斯亦晚矣。

目录板本学原始

　　目录板本之学，盖一而二，二而一也。其为学最古。权舆于汉代刘向刘歆父子。自古书篇籍，遭秦燔灭，汉兴大收篇籍，广开献书之路，武帝始建藏书之策，置写书之官。自经传下及诸子传说，充集秘府。成帝时复使谒者陈农求遗书于天下，诏光禄大夫刘向校经传诸子诗赋，步兵校尉任宏校兵书，太史令尹咸校数术，侍医李柱国校方技医药。每一书成，向辄条其篇目，提其旨意，录而奏之。向卒，哀帝复使向子侍中奉车都尉歆卒成父业。歆乃综编群籍，定其甲乙，分为七略。首辑略为诸书之总要，意在包括七略而一之，故以冠首；次六艺略，为六经之属；次诸子略；次诗赋略；次兵书略；次数术略；次方技略。是谓七略。向所校书，末署官爵臣刘向校上天禄阁为藏书之地，中秘书为所藏之书。

　　汉世无板本。五代孟昶始刻九经于蜀中。今最重北宋蜀大字本，为最古之本。而简策所流传，漆书所传写，自多异同。又如伏生口授今文尚书，孔壁又获古文尚书。由互异而为古今聚讼之案。故知刘向校诸本之异同，实为读书破万卷必要之途径。此校雠之义，实为板本学之滥觞，向所谓条其篇目者；歆之七略，不过因父书之未成而卒成之。其别无著作可知。举凡学术渊源之所自，治乱兴衰之所由，与夫典章制度之所托，叙次之而部居之。六艺之文，粲然大备。故亦为目录学之滥觞。班固修汉书，颇仍七略之旧，增分子目，而引其端于目首，分著其家与其书名，勒成《艺文志》十卷，依然以经为之冠，删去辑略，最为卓识。梁阮孝绪仿七略而为七录，惜与歆书皆不传。后人莫能分究其得失。隋唐又改班书而为《经籍志》。而唐以前之史，不尽有书志。自唐已下，志艺文者，书分经史子集四部，至今仍而不改。

　　宋代有晁公武《郡斋读书志》，陈直斋《书录解题》，义例颇详，亦上法刘向，特不若向之文辞茂密，曾子固经序诸篇差近之。然晁陈卒能卓然为目录学专书之祖，元明无此制作矣。

清代朱彝尊辑诂经之书成《经义考》三百卷，浩博无涯涘。乾隆中开四库馆，修四库全书，发内廷所藏永乐大典，令儒臣分辑。其中所收古籍，能编成完书者，至一百三十余种之多。右文稽古私家秘籍麕集辇下，各省巡抚采集之本，莫多于浙。有浙江巡抚采进遗书目录二十卷，而长洲鲍廷博献遗书二百余种，庋之翰林院典籍厅，转发四库馆臣，择其尤者，采入四库全书中，置写书之官，写完，仍发还原书。鲍氏以献书最多，得赐古今图书集成全部。故其藏书印有老屋三间赐书万卷之荣誉。雍熙盛事，令人神往。

四库馆臣以河间纪昀最博雅。提要一书，多出其手。书成命名《四库全书总目提要》，为卷二百有四。就中如经部偏重汉诂，轻诋宋儒，未免囿于当时汉学家言。子部医家非其所长，所收甚为庞杂。至其辩驳，亦往往中肯綮。自唐已下之书，几无不遭其抨击。当日馆臣，殆不能如刘向之分任专家，俾臻完善，为可惜也。

乾隆中又有《天禄琳琅书目》，及《续目》两书，为昭仁殿藏宋元明椠本之善者，于板本源流题跋藏印，无不详尽，实为谈板本者之津逮。陆诚斋、张月霄相继而起，编次所藏，足资参考，目录板本，兼擅其能。

要而论之，谈版本难，谈目录更难。章学诚自谈本者为横通家，书估优为之，士人反不如也。然则通于古，即为直通，书估不能抉书中之旨要。正孟子既竭目力不能既竭心思之谓。余在京厂，往往见书估于板本指陈明瞭，如数家珍，若目录之学，上之必如臣向书能于序中提出旨意，次之必如宋之晁、陈以逮竹垞、晓岚，下之亦不失为月霄、诚斋之详实，庶几其可。然则横通直通，实一而二，二而一者也。亦有鸿博之儒，精修之士，全昧此旨，律以抱残守缺之义则废矣。今言板本而板本耗矣。学者欲按图索骏，而寓目已难。且先老消落，旧学荒芜，相长相助，负手茫然矣。

近人至谓司马迁史记自序、班固汉书叙传，均为目录。彼自述作史之微意，而以目录当之，多见其不知而作，妄作聪明，实为此道之门外汉。

（原载《船山学报》第二卷第十四期，1937 年 11 月出版）

张素文女士《晓莺词集》序

倚声之道，徽缠过严，则拘束而不灵，声律不精，则扞格而难入。盖天机、人事，于兹判焉。声依永律和声，尚书云云，词之工用已尽此而无馀蕴。虽然，此道之自外焉耳，抑又有内心之心焉。深静以立其体，凄惋以致其用，比之诗家之放纵江山，正自分途而驰矣。幽怨凄丽，女子之能事，自李清照以来，代有作者。清代庄盘珠、吴苹香，声誉著一时，亦差得艳丽之致耳。张子野伤于情，言才似稍替矣；柳耆卿酣于景，言韵又稍逊矣。皆女子之所习者也。大抵命意遣词，圆稳易而精紧难，风韵尤难，卒章、尾声有馀不尽更难。体格神致之间，有无形之诉合，自然之妙绪，要以上进于浑成为极功。《花间集》多小阕，以韵为主，自识指归。今观张素文女士《晓莺词集》之作，单调小令，悉本《花间》，循是以进，凝神幽杳之域，加以精紧，尾声极其馀韵，斯又不独女子之能事，而子野、耆卿之嗣音也。若夫侧艳导靡，损性断肠，亦无取焉。

（原载《船山学报》第六期，1934 年 9 月出版）

万母冯太君墓志铭

礼教之溃决于今为亟矣，妇道抑又甚焉！人伦造端乎夫妇，而夫妇之道今为至苦。城阙之青衿，溱洧之芍药无论已。仳离起于俄顷，奢侈习为故常，父兄师保，昔之所恃为督饬者，彼方侈然谓圣贤不足法，人言不足惜矣！老友万君元杰，一日出示其母冯太君事状，属礼培纪述懿行，俾无忘先德。且曰：元杰不自振作，今年八十，去母夫人之没若干年矣。失今不述，一旦填沟壑，先人艰难辛苦之行谊将遂泯然不得。托诸文字，以诏子孙。

沧海横流，文运亦丁其阨塞。吾子习于制作，于是敢请。礼培谨按事状。

太君姓冯氏，湘潭人。父故儒学训导，传习诗礼，太君姊妹怡怡无间言。凡夫女工刺纸之事，无类不能。事父母先意承志，料衣奉甘，本末无缺。年二十三嫔于万。万氏为邑甲族，元杰父星榆先生，已补博士弟子员，蜚胜文誉。就馆授徒，岁暮始一归。家政之撙节酬酢，端藉太君一手一足之劳。虽然，太君则富家女也，是难能也。咸丰戊午，星榆先生举于乡，太君始稍舒眉，而服务家庭，不改常度。于是星榆先生三上春宫不第，归自中州，飞沙眯目成眚，居恒郁抑愤懑。会刘晏用士，偶绾权务，则以所入佽助昆弟经商，权子母盖太君实左右之，自奉极约，终身无金玉簪珥罗绮之饰，练裙缟袂，若农家妪。或以为言，太君曰：君子素位而行，吾以行吾素也。若岁时祭，款洽宾客，必精必洁。宗族亲友，多有则效。生子三：民熙、民临、元杰。教督至严，元杰性豪迈（足字旁加斤、足字旁加也），不受羁束，然卒鲜过失，进取有方，人民国壹不任事，会都督谭延闿厉行亩捐法，乃独走长沙，上书极陈民不堪再扰，得中止。邑人至今德之。礼培益叹母教之贤，其施于泽也。若是其远矣乎。太君以庚辰年三月二十九日没，孙兆鹗、曾孙二廷璞述德。

铭曰：

骄由富生，鲜知检束，能克其身，妇德乃笃。吾将以托，载笔之末。而传臣向，列女之续。

右铭系万淡安由潭寄来行述，并函于余。王君佩初见之，欣然作志。兹念万君八十在病，不忘显扬，并将来书具载本报通讯栏，以见孝思。周逸识。

（原载《船山学报》第十期，1935 年 12 月出版）

附：王礼培乡试朱卷

（湖南乡试朱卷光绪癸巳恩科中式第二十七名王礼培卷）

子曰道千乘之国敬事而信节用而爱人使民以时子曰弟子入则孝出则悌谨而信泛爱众而亲仁行有余力则以学文

圣人述管子之书，知齐霸所由盛矣！夫言霸于今日诚有足尚者，夫子读牧民诸篇，于弟子职尤三致意焉，记者所为连类记之欤。且自王降而伯，此三代已还，世变之隐忧而岂意迁流之极，并伯亦几于不可得。我夫子间尝历聘至齐，见管敬仲之书，乃不觉瞿然兴矣！美哉！政事之勤也，教育之备也！百国宝书，宜未有若斯之精详者，此虽不足语于王道之大，亦庶几乎霸业之资也！今夫齐千乘之国也，临淄七万户，举袂成云，挥汗成雨，生齿之数杂矣，繁矣，嚣然其不静矣！而一时都雅之士，儒术之伦，大率以浮词杂艺训饬小子，父兄公卿之间，或且阙如，此而无以道之可乎哉？国家之患，往往以琐细烦苛损其实心实政之行，至于启塞工作，所以役民力而兴民利者，方且谓草野愚贱，分固宜然，而何人言之足恤也。先王之法，往往于本原根柢，树其可大可久之业。若夫著作文章，所以衡吾论昌吾言者，亦惟是圣贤豪杰，老而逾笃，而何等第之容躐也。嗟乎！政教一跌，百年不复。昔者管子相齐，知霸术之将兴，盖尝发愤著书矣。山高乘马寄军令也，理财用也，大匡小匡广惠政也，达舆情也。而白心内业诸篇，直溯夫黄帝道家之书，而表里于儒家者流，以畏慎为治国之先，即以果决为治国之继，寓宽柔于畏慎之内，即施福惠于果决之中。贤哉大夫！虽其仁不足以覆育天下，德不足以协和万邦，而环顾其国之子弟，若放诞，若刻覈，若宏奖群焉，胥泯表海一千里，家弦户诵，彬彬乎文章之选，盖其讲于弟子职也熟矣。遗书数卷，伟度千秋，我夫子尝受而读之，析其词，述其义，益深当世之感矣。习俗尚富强，则君相每多喜事之心，见其可利也，而方虑其或害也。一令之行，顾反汗以起，通国之疑，政绩其底于成乎？管子相齐，不若是矣。容止可观，而临察无，或苟大廷独断，而欺诈不能参，而且赋税征敛之繁，旧有常经重天时以纾人力，其精神实有周乎政之先者焉。敬信为治心之本，敬信即为治国之端。所以五伯并称，春秋之世而成书，独管子一编，知杂霸所为非无术也。勤恤民隐，而纷更不事，于以卜苍生旦暮之福，国家竞事功，则子弟每多凌上之习，以为可慢也，则益肆其无忌也。一念之苟，或以横暴贻终身之羞，教化其庸有济乎？管子养蒙不如是矣，寝膳克修而气质悉以化，少长有礼而天性于以敦，他若言行交接之际，无敢怠荒，而事诗书以扩才艺，其实效诚有极，夫教之余者焉。孝弟为门内之修，孝弟实为门外之应，所以管子独推王佐之才，而五霸惟桓公为盛，知近世所尚有由然矣。蒙以养正，而夸张悉化于以立圣贤远大之基有旨哉，夫子述管子之书也。鲁论特著之于此，或疑为齐论错简云。

人力所通

有通于舟车外者，可极声名之通矣！盖人力能通，舟车所不能通，则视舟车又远矣！君子于此觇至圣之声名焉，且人迹罕至之乡，何莫非人迹能通之处，世所称神州之外，瀛海环之，其说傥非虚诞也。竭斯人之智能，试假之以岁年，超忽荒远，不胫而走，夫然后山失其高，水失其深，吁可畏乎，其骇人也。洋溢之声名，既验诸舟车如是，昔者圣人知人无羽翼不能奋飞，人无蹄腕不能追逐，于是乎取诸涣，而舟楫之用出焉，取诸随，而牛马之用兴焉。以云舍之则滋惑，以云助之则滋妄，因物之利以济不通，大哉！人力竟至于此哉。然吾尝读山海经，多闳诞，迂夸，奇怪，俶傥之言，不觉掩卷而起，逡巡而退，屏息彷徨，以为何其诬也。及一遇鸿词丽藻之客，雕龙谈天之子，辄嗤为拘儒鄙生，若夏虫之不可语冰也。遂乃心壮其言，飘飘乎有凌云之气，然后叹载籍极博，彼邃古之睢盱屯蒙，榛狉混沌，群居萃处，至老不相往来者，殆未足以语于斯也。且夫圣天子，开明堂，觐群后，辟疆域，拓版图，元戎勒石以纪功，壮士拔山而通道，雄才大略之君，往往褊之，谓夫提封仅中土，而分野不越九州，疆宇本一王，而玉帛不尽，万国守域中之局促，曾何足以驰无外之观瞻也。若夫献越裳之白雉，贡西旅之名獒，传王母之灵书，来肃慎之楛矢，东升大人之堂，西燕昆仑之巅，南轹鼋鼍之梁，北蹑积羽之卫，舟则不能泛，车则不能驰，莫不陆讋水慄，延颈企踵，回面内响喟喟如也。噫，是果伊谁之力哉？抑又闻之所通之人，古狭而今广，所通之力，中国杂而蛮貊专，奚以明其然也。彼夫探河源，历星宿，信史疑为凿空，今则实履其处矣。鞭巨石，望神山，方士诳以回风，今则共证其谬矣。至于南极之南，北极之北，去赤道寥远者，冰凝为山，火炽如焚，不知其几千万里也，中土才智之士，强有力之人，未闻一至焉。而蛮貊探奇好胜，弃舟逞志，舍车而徒，穷极其术，直造其窟，卒以不得通而返。说者豔之。噫！岂知至圣之声名，固已先人力而通也歟。

春秋天子之事也是故孔子曰知我者其惟春秋乎罪我者其惟春秋乎

操南面以临万世，知罪非圣人所计也。夫天子之事，褒贬笔削之谓也。春秋出，而知罪起，孔子所为自明其心歟。且圣人常以一身鹄天下，天下即从，而鹄之人几为圣人惜矣。顾天下有欲鹄圣人之人，天下即有不欲鹄圣人之人。不欲鹄圣人，天下为圣人幸，必欲鹄圣人，圣人且为天下幸。夫权不可以假也，分不可以僭也。无权之权，无分之分，千古一人而已。春秋之作，胡为而惧哉！盖自东迁以来，政教之不行也，则可惧，号令之不明也，则可惧，刑赏之不信也，则可惧。上之替也，下之玩也，是皆不逞之徒之所资也。孔子知其隐也，入故府而考图籍，有春秋一编，乘檮杌杂厕其间，其体细琐而无当，其辞繁芜而多诬，退乃取而修之，笔则笔，削则削，思深而虑远，辞严而义正。乘檮杌之事遂暗，而春秋独章。噫！是悬诸日月不刊之书，自太史所藏，未曾有也。拨乱世反之正，行天子之事，而不必任天子之位，其在斯乎，谁为为之，孰令致之，是亦不可以已乎？且夫礼莫大于分，分莫大于名，何谓分君臣是也，何谓礼纪纲是也。夷考二百四十余年之间，弑逆频告矣，僭窃日炽矣，狩河阳朝王所其小焉者也，战繻葛盟践土小之又小者也，周德虽衰，天命未改，纪纲之礼奚以振，君臣之分奚以严，孰翊戴共主，孰震叠王灵，读春秋之书，睹天子之事，知孔子当日不能深切著明，见之行事，仅仅托空言者，其心亦大可悲矣！知我罪我，失今不述后世何以称焉？是故知孔子者，其知春秋者也，罪孔子者，其罪春秋者也。究其兴衰之故，明其善恶之迹，诛奸谀于既死，发潜德之幽光，凡百二十国之宝书，七十二公之轶事，编年纪月，粲然大备，贯穿刊落，略无盈辞，慎覈其事，整齐其文，千古作者之林曷以加诸，任斯世之喜怒爱憎，心苟无暇，何恤乎人言哉？所患者，世风之变，付春秋于不闻不问之列，竟公然犯不韪之名，即春秋亦无以济王法之穷，斯真蔽锢沈溺，而莫可如何者也。然非孔子之所能逆睹矣！

赋得岣嵝山尖神禹碑（得碑字五言八韵）

岣嵝云尖穴，神灵护旧碑。

名山垂禹绩，伟状颂韩诗。

文体开天运，峰芒蠹火维。

铭功深刻玉，陟险缓乘樏。

苔壁花如绣，泥金蓏倒披。

岩峦仍夏日，草树动秋飔。

蛟篆盘拏古，龙威锁鬣奇。

歌俪虞陛喜，元气仰淋漓。

辑四　题跋及书目

　　湖南近代藏书家中，王礼培足与叶德辉匹敌。杨钧曾谓："叶、王藏至富，故版本之考究，为吾湘冠。两君之版本，已不让人。"王礼培《小招隐馆谈艺录》序自谓："余家颇富古籍，亦既遍观，而尽识之，爰囊刮而成兹篇"。又云："余搜书四十余年，视莵翁三十年精力所聚，未许让也。"《宋元版留真谱》跋则称"余家所收宋元版，积四十餘年之力，得宋椠二十元种，元椠及明初本不下百餘种"。

　　大约1929年前后，王礼培因开矿失败，准备出售所藏珍贵典籍。他因此编成《复壁书目》，共三百多部近千册。这批藏书由傅增湘经手准备由湖南省图书馆收藏，因故未果，后大部售予易培基。不久，"一·二八"淞沪抗战爆发，易氏江湾私宅毁于战火，这批藏书多与庐舍同焚。王礼培稿本《复壁书目》及黎承福抄本《复壁书目》均藏于湖南图书馆，现录于此以存其真。

　　王礼培是学者型藏书家，其购书、藏书，目的为读书、校书，取斋名为"扫尘斋"，即寓"校书如扫尘"之义，其所藏典籍均曾手自校雠，并多有眉批、题跋。所幸，曾经王氏珍藏及批阅的典籍，仍有部分藏于包括国家图书馆、北京大学图书馆、上海图书馆、台湾傅斯年图书馆、国立中央图书馆及美国国会图书馆、哈佛燕京图书馆在内的海内外各大图书馆。本辑所录王礼培题跋，除出自湖南图书馆所藏外，均见已刊之台湾傅斯年图书馆《善本古籍题跋辑录》《国立中央图书馆善本题跋真迹》、上海图书馆《历史文献》《上海图书馆善本题跋真迹》、沈津著《书城挹翠录》《山东大学图书馆古籍善本书目》等。

《宋元版留真谱》（现藏湖南图书馆）

余家所收宋元版，积四十馀年之力，得宋椠二十元种，元椠及明初本不下百馀种，残缺者十居四五，以今日视之，皆拱球也。连岁兵祸，吾扫尘斋秘籍散失之馀，往往于兵退后，蹒躅阶除，检拾零乱，废然浩叹。积其所存，装裱成册，并识于此。庚午岁五月，湘乡王礼培。

《日本环海险要图志》（现藏台北中央研究院傅斯年图书馆）

《日本环海险要图志》二十卷，元和王肇鋐辑。肇鋐字振夫，据其凡例，原止十二卷。成书于光绪十三年冬。旋奉总理衙门咨送日使署增辑。自光绪十六二月，迄十七年十二月，加二年之功，讹者正之，略者详之，缺者补之，改为二十卷。二十年，东事骤起，爰又搜罗十八、十九两年中实测、纪事备补。二十一年春，开办东国舆图局，又将应补者悉行补入，无稍遗憾矣。其于日本环海全岸形势、天时、风信、潮流、经纬度表，与夫海岸岬湾之凸凹状势，岛屿礁滩之大小位置，航路锚地之深浅、底质，潮汐之迟速、渡航之方向、入港避险之标准，靡不悉载。采辑之图籍，出自日本者，如海志、地志实测录，航路标识，海军省实验笔记、水文报告，文部省全图，内务省分辖图，测量部辑二十万分之一地图百馀幅、二万分之一地形图若干幅，海军省实测海图百四十余幅，英海军海图若干幅，综一百余种。惟目中所列诸图，限于尺幅及经费故有志无图，未能与海图对观阅者，不无缺憾。

日本为环海之国，凡四国、九洲中土，均有连属之处，得其门，则攻守之势易，失其门，则攻守之势难。是在后之读是书者用心焉耳。书凡一千四百单八页。甲子初伏曝书，湘乡王礼培佩初记于小招隐馆。

是书向在钱塘诸可权处，肇鋐未及印而没。可权游宦鄂中，托吾湘书估袁益美付印。无何袁暴亡，书为夥友所挟。可权讼于官，始得还，可权又没。余识可权订交在书肆中，没后始向其家以资取之，存箧中几二十年，亦复不能印行，惧其佚也。有效力于日本者，欲得之，啖以重利，予笑置之。是书成于甲午辽东战后，去年三十馀年，海流、潮流、锚地、航渡、经纬度表宜其小有出入，若夫海岸四边之形势，如岬湾、岛屿固不变者也，滩随礁转，变亦仅矣。明乎此以应无方，思过半矣。戊辰伏日礼培又记，时客沪滨。

《参寥子诗集》（现藏湖南图书馆）

日本维新至二十四年以后，成绩大著，民风丕变，阻力不能振矣。旧日汉学典籍流传彼都者，至是乃复内渡。是时方柳桥氏宦粤中，收之于内，黎莼斋氏使日本，收之于外，盖皆真知，荐好义富于资财者也。戊戌余以礼部试留滞都门，适闻方氏之书，自柳桥先生殁后，将以海舶运赴都中，售价以偿还官债，念之慨然。七月而书至，悉聚肆雅堂丁子固肆中，乃得纵观。就中日本人佐伯文库藏书不少，余仅得此《参寥子集》及《萨天锡诗》二种耳。于今明治已四十年矣，内渡之书无几何矣。丙午余至彼国，亦携数册以归，颇有非之者。因检旧藏漫记，南公。

《吕子评语》（现藏湖南图书馆）

余颇厌苦时文，以母命应明年乡试，乃购得是书，为简錬揣摩之资，自胜高头讲章矣。书为善化贺耦耕中丞故物，中间墨笔其手迹也。书价只制钱四千耳。壬辰（1892）春记，礼培。

己丑（1889）闰七月重编书目，录旧识语，时母殁已三年矣。

《坡仙集》（现藏湖南图书馆）

焦弱侯评选《坡仙集》十六卷，系光绪十二年春仲送伯兄西行，返自长沙，维舟江畲，与陈君梅根订交，此其见赠之书也。今梅根归道山具八年矣。眼中人落落如晨星，而伯兄去岁始归，壮时功名亦垂垂老矣。传经将赴吴中游学，求箧中书，遂检书目授之，倘能得其墨汁一滴，浸润脏胃，斯不负负。宣统二年二月朔日，扫尘斋主人题记。

《吴郡志》（现藏台北中央研究院傅斯年图书馆）

余旧藏陆拙生校本，系用宋椠本及旧抄《吴郡志》《吴都文粹》三本合校，细按尚有误字，当系抄陆校本。其显误者即为纠正，有疑，即仍其旧。原本钞补至九卷之多，藏架二十年，卒不得副本照抄，使海内多一校本，以广其传。宣统二年春，始得此本。三月，又得袁漱六先生所藏旧校本《中吴纪闻》，喜不自胜。四月，至都门。六月，冒暑返长沙。比抵家，而臀偏右疮毒遂作，如大股贼盘据根深，全局震动。二十余日，疮口未合，不耐多坐，凡九日始录完，然亦已勤矣。敢告后之得此志者，其加意焉。七月三十日，湘乡王礼培记于扫尘斋。

得此志时，又得翁季霖《具区志》，与旧藏《震泽编》同观。在京曾见《姑苏志》，索价百金，行箧萧索，未能得也。又记。

夏至后校讫宋本，后五日校记。《吴都文粹》、旧抄《郡志》。

《明书》（现藏上海图书馆）

《明书》一百七十一卷，傅维鳞撰。维鳞，上元人，其先上元人。永乐间徙灵寿。自序侈述家世。甲申明亡，从父永淳遁东海岛中。顺治三年开进士科，中式，选庶吉士，入内翰林国史院兼弘文院编修，分修明史。当时史职止类编列朝实录，严禁旁采私家杂述。维鳞自言负性刚直，徒郁中怀，乃搜求明代行藏印钞，旁及家乘、文集二百余部九千余卷。钩稽参互，勒成《明书》，可谓勤且博矣。其言实录之弊与野史之弊更甚于实录，进退弃取，具极苦心，则其所择自可徵信。是书起元天历元年戊辰，迄明崇祯十七年甲申，于万历以前，厘然详备。泰昌而后，或事近人存，野史未出，濡毫而始，恍惚疑似，宁以俟之来者。故于宦官则阙冯保、魏忠贤，于乱贼则阙奢崇明、安邦彦、徐鸿儒、李自成，盖其慎也，以视滥取成书徒诩篇幅者，未可同日语也。王鸿绪《明史稿》正坐此病；至若汪琬《拟明史列传》，则又徒事文采，更无徵焉。宣统元年六月曝书题记，湘乡王礼培佩初。

万斯大预修《明史》，自谓任故国之史以报故国，信如维鳞所言，万氏有愧色矣。

《云林先生续集》（现藏上海图书馆）

云林《清閟阁集》始刊于元末，洪武初刊成即天顺本也。余旧藏一部，已归涵芬楼中。此续集世无刻本，附录一卷则当时名流投赠题画及墓铭诸作，惜无好事者付之手民，孤本劫余，傥竟不传，吾知后人不知有此书，良用慨然！甲子秋夕，王礼培记于小招隐馆。

《箓竹堂稿》（现藏上海图书馆）

王士禛《池北偶谈》云：叶文庄公集，世无刻本，所传止《水东日记》四十卷。予从其远孙翰林学士讱庵所见公集稿二册，未编卷次，序、记、碑、志、杂文凡三百四十六首，附《宣府志》序例一卷，后有叶氏族谱，甚简质。又一册有巡抚宣府关防。诗文多手稿，皆公亲笔点窜。公文章平实条畅，盖德宣以后弘治以前文体，大概如此。《国史经籍志》载公集四卷，不知何据？学士云，集至今未梓。其弟方尉则云，公集旧已版行，岁久失传耳。礼培按：此《箓竹堂稿》八卷，为嘉靖八年裔孙叶梦淇所刊。《经籍志》所载四卷，当只得此集之半，或文或诗耳。讱庵先生所得公手稿，当别是一集，故文之篇数不合。而《宣府志》序例、叶氏谱，此本皆无之，即所谓至今未梓之本也。其弟方蔚所云，公集旧已版行，殆即指此刻耳。旧有叶恭焕题记云，红点乃俞仲蔚所选，欲录出付梓。其说必有依据。又有叶古愚识语，备述家集之失而复得，不啻赵璧。则是书之珍贵可知矣。宣统二年冬，得之袁漱六先生家。又六年，秋窗曝书，遂为题记。

《山海经》（现藏山东省图书馆）

此本从泰兴季氏所藏宋本传抄，旧在湘潭黄氏听天命斋。黄氏藏书不足比于袁氏，而望衡对宇，颇争雄长修。原为仲谨先生子，有气节才干，以湘省矿事客死上海，所藏遂散出矣。余无力收集，劝焕彬收之，且言京厂贾人挟资睨视，将转鬻日本，我中土恐无副本，殊可惜也。一日，焕彬答书言：我不能为中国办海防。余大愤，乃竭力簿之。一日，焕彬欲借一校，余反唇讥，倘不办海防，君安所得此书以校哉。今焕彬死于横暴之手，余亦以兵祸转鬻是书，为之嗟叹，差本尚在中土耳。

《桂苑笔耕集》（现藏台北中央研究院傅斯年图书馆）

《桂苑笔耕集》二十卷，唐崔致远撰。致远，新罗人士，仕唐为高骈幕僚，后乃归仕本国。此集皆在中国时所作，末卷文外附诗四十首，而卷十七献司徒相公诗三十首，杂出其中，据其入本国进书状，则致远自编之本也。其归国已后之作，诗赋表状等集二十八卷，今不传矣。《唐书·艺文志》有《笔耕集》，南宋诸家书目之传于今者，皆不载此书，则其佚久矣。邵位西书目云："诸家传抄皆从高丽活字板本转相授受，即其国中亦为罕见之秘笈，始为摆印。"余检丁氏书目，有旧抄本、二樁秘笈、马氏吟春馆诸印。此本为湘潭袁氏卧雪庐藏，宣统三年从袁氏家中得之。陇西砚农印未详。前十卷一抄手，后十卷一抄手，字体均臻雅健，绝非俗手所能，不得因海山仙馆潘氏刊入丛书，遂忽视之也。甲子除夕祭书，记于扫尘斋。湘乡王礼培。

《眉山唐先生文集》（现藏台北市国立中央图书馆）

此系宋刻传抄，第二十七卷送王观复序。书眉云原宋刻少此几字可证也。又让作逊桓字，注云避渊圣御名，但编卷实无伦次，如前五卷赋诗六卷已下至十六卷，杂文十七卷以下又出赋诗，至二十二卷卷尾又出记四篇，二十三卷至三十卷杂文。礼培记。

《松隐文集》（现藏台北市国立中央图书馆）

松隐文集四十卷，四库著录系抄本，佚一卷，各家书目未佚。正统五年刊本，四十卷未云有佚卷也。此抄本残第七卷至十四卷，凡八卷。曩余从老友陈梅根处得十五卷至四十卷，凡两册，插架二十余年，无从补抄。宣统三年，得袁漱六编修家书，其丛残堆中有卷一至卷六一册，有翰林院印，为库抄底本，其中"虏"均改"金"，并钩勒行款使合库抄定式。余因是益思借抄，使成完全之本。鼎革以后，两至京厂，卒不得副本抄完俾无缺憾，因急付装手，无使存者断滥坠失，又增后来之憾，其庶可也。乙卯九秋残夕，湘乡王礼培记于长沙客舍。

《夷白斋稿》（现藏台北市国立中央图书馆）

此《夷白斋稿》抄本，以张刻为底本，又经香岩居士用尧翁所藏抄本据以校正，是张刻原非尽善，盖其源流各自不同耳。书经抄写，非校则等于无。而源流各别之本，尤应存其异同，又不徒在传写失真之仅见于点画间者矣。如外集《南归道中》七古一首，张本所无，而题则误并于《题画》二首中，其谬若此。向非抄本补出别是一首，则《题画》二首均不可读，是又非徒遗珠之憾矣。甲子秋夕重装检记。湘乡王礼培。

文征明小连章印、虎儿藏书印，知为嘉靖以前旧抄，尤可珍贵。又记。

《文翰类选大成》（现藏台北市国立中央图书馆）

文翰类选大成百六十三卷，明李伯璵编，南宋金元及明初集部之书，若存若没，端赖是编存千百于十一。或以编选讥之者，无当于大雅，而转失抱残守缺之义矣。庚子溽暑，山居时闻拳匪之变，私念典籍奇阨，挑灯记之。湘乡王礼培书于扫尘斋。

《琴隐园诗集》（现藏台北市国立中央图书馆）

右《琴隐园集》，光绪二十九年以陈眉公画《江南秋卷》易得于周梦公者，亦各从其所好耳。此本与刻本多异同，并记。甲子秋深，湘乡王礼培。

此钞本较刊本小有异同。卷二辛丑诗挹峰集同韵诸子叠韵亦是刊本皆无，固足珍也。宣统二年周君多龄得之，同客沪上，余以陈眉公画《江南秋卷》换此，亦各从所好耳。丙辰秋季检阅南公记。

《述学》（现藏湖南图书馆）

是书有初刻本、阮氏琅嬛仙馆本，及汇刊本之各异，此本为同治十八年方浚颐刊，合三本补正异同，删去重复，最为完善之本，未可以非初刻易视之。潜虚翁记。

《中原音韵》（现藏湖南图书馆）

元泰定刊本周德清《中原音韵》不分卷，残去三十二页。其中钩勒字数章法，以命钞胥，与四库所校底本之例略同，疑即馆臣编撰词呈本子时所用之本，令人不胜抱残守缺之憾。丙辰（1916）初伏日曝书南公记。

《毅斋王先生文集》（现藏湖南图书馆）

《毅斋王先生文集》八卷，明王洪撰。书凡百九十四板，此本失去太半，内墨笔校之处，遇空格皆使联属，笔意非常潦草，疑系四库馆臣所校。余所藏库校原校本数十种多类此，五百年旧物，又经笔校，弥可宝贵，不得以残缺为累也。共和二年夏正正月元夕，湘乡王礼培记于长沙昭忠祠故址，时有洪江会之警，省城戒严拆城之议方兴，是夕乃复闭城也。

《毅斋王先生文集》八卷，明王洪撰。据后跋载，书凡百九十四板，此本失去太半，书中遇圣朝等字，皆用墨笔联属，不空格，又记。

《翰林朱玉》（现藏湖南图书馆）

丙寅岁余，从何贞翁裔孙家得元钞本，近时已有重刊，元本影写尚精。佩初检记。

《后汉书列传》（现藏湖南图书馆）

《后汉书列传》七十卷，缺卷一至卷三十，又缺卷五十七、五十八、五十九、六十、六十一，共缺三十五卷，亦袁氏卧雪庐故物，丛残凌乱，不可整理。庚午乃付装手，毋令其拉杂摧烧，亡于吾耳。湘乡王佩初记于扫尘斋。

玉泉街文善堂书估谭厚坤有此刻，为日本人校过。厚坤认为日本旧刊，不知是明刊。余检日人所校，甚精。及对勘此本，乃知系此本，盖此本为原刻。重加校正，其挤字剜板处，痕迹宛然，皆日本人所据以依校者也。重校所以胜原刻，虽残缺亦可宝贵。未几，厚坤因余言而重视此书，亟付装手，装手别居他店，不戒于火，不数日竟兆焚如。物之成败，反因其重之而适所以戕之，此理宁可解乎？至厚坤之书，先付上半部，云尚存半部，或能配合余书，以完列传之全，则又不幸中之一幸。然厚坤之为人，糊涂无匹，屡嘱其检出试一撮合，而终无如其懒于从事何。丁丑日本大开边，取京津如指掌，遂犯上海。烽火遍东南，而京汉、津浦、京绥三大干路，反以资敌。长沙亦屡有飞航之警，家人劝余避地，儿子传麟任京职，屡以电函促返旧居。检书之馀题而记之。省寓所藏，至为繁重，动手需钱，亦遂听之，其能免于兵祸与否？余不能为之计也。

《三体骊珠集》（现藏湖南图书馆）

《骊珠集》九卷，顾有孝辑，所选皆从高华典丽一面着意，而沉幽寂历之作，遂见屏遗，国初作者藉是编可得其概略，固当与邓汉仪《名家诗观》，同为《箧衍》《感旧》两集之先河矣。

《髯仙诗舫遗稿》（现藏湖南图书馆）

李眉生诗与芋仙齐名，视同时流辈实为清超，扫除六朝结习，独得苏黄逸趣，便觉稍耐咀嚼。宣统三年邓幼弥以此册赠余。幼弥嗜酒，不省人事，朋辈轻讥之。虽然，彼讥之者宁遂省人事耶？贤不肖之相去何如矣。南公题记于扫尘斋。

《牧斋有学集诗注》（现藏湖南图书馆）

此《有学集》无《初学集》，得之石承藻家，朱笔是钞批，墨笔每多驳正，当是石先生手笔也，永宜宝积。茗仙。

《东涧集》为牧翁晚年依人之作，评笔多能以意逆志，故非圈点文字可比。第八卷残十一页。又记。墨笔一作云：当是依全集。

《周礼全经释原》（现藏上海图书馆）

宣统三年得明柯尚迁《周礼全集》二册于湘潭袁氏，缺是册天官地官，引以为憾。共和二年，大儿传经游上海，见书肆有袁氏印记此书残本，购归。珠光剑气会合有时，心壹豁然矣。三年夏余至北京，于厂肆又购得一明本，归而校之，殊多同异，未知与此本孰后孰先。此本为钱遵王旧藏，未可轻忽视之。四年夏日曝书题记，佩初氏。

《二老堂杂志》（现藏上海图书馆）

此旧钞周益公《二老堂杂志》五卷，旧有朱笔校过，颇精详，其无《玉蕊辨证》，而有《近体乐府》，为他本所无。余观其每卷下有"周益文忠公集"，其下剜痕当是全集卷数，书估嫌其非全书而剜去之，并非此本之有无玉蕊、乐府二种也。卷末有"戈庄续古庐中阅竟"一行，知曾为戈小莲所藏。丙寅（1928年）春分日，湘乡王礼培佩初氏记于小招隐馆灯下。

《贾浪仙长江集》（现藏上海图书馆）

钞本《贾长江集》十卷一册，后有冯简缘识语。简缘（定远犹子也）康熙时人，朱阆仙重刻《西昆酬唱集》，简缘有序文。前有

翁覃溪朱笔识语，云从明刻本校过，首页有顾氏秀野草堂藏书印，
剜去六字细辨自明。共和四年孟冬月，湘乡王礼培题记。

《云麓漫抄》（现藏上海图书馆）

云麓漫抄今所传者，蒋光煦十五卷本较为完足，四库所取亦即
此本。惟蒋氏不知而妄作，于书中空格提行之处以虚字填补，如及
至、在于之类，谬妄极矣。世传艺祖登南门一则、文潞公一则，移
动原著尤为臆造，证勘此本而蒋之妄自见。叶君焕彬有陈仲鱼过录
吴兔床拜经楼所藏本，虽胜于蒋，然诸图则完全失之。此本为吴尺
凫绣谷亭藏本，焕彬曾借以校陈本，悉为钞补，亦一幸事也。甲子
冬杪，佩初记于扫尘斋。

《节庵存稿》（现藏上海图书馆）

于少保奏议传本尚多，此则其诗文集，诸家目录皆未见，焦弱
侯《国史经籍志》有其目，此本刊于成化十二年，有汪鱼亭、赵辑
宁古欢堂诸家藏印。善化贺瑗为耦耕先生之子。湘乡王礼培记于小
招隐馆。

《流铅集》（现藏上海图书馆）

吴徵君农祥，字庆伯，浙江仁和人，康熙十八年荐举鸿博，徵
君生有异秉，淹贯经史，与西河竹垞颉颃，而身后之名稍晦矣。当
时四方征车诣阙，益都相国择其尤卓者客之佳山堂中，世称佳山堂
六子，谓迦陵、西河、吴任臣、王嗣槐、徐林鸿，其一乃徵君也。
徵君鸢肩鹤颈，指爪长三寸，须鬖鬖頩然渊放，得钱沽酒，而识微
见远。是时天下才志之士沿复社习角艺相征逐，而浙之读书秋声、
登楼、孚社及慎交诸社争立名称以应之，各各欲得徵君自重，徵君
曰是载祸见饷也，诸君忘东京钩党事耶？不答书亦不发视。其后朝
廷果切齿为社事者，尽搜所刊录摧烧之。袁枚《随园诗话》言徵君
乳哺时哑哑私语，谛听之皆廷文时事也，年逾十岁始不复言。此
《流铅集》盖即其稿本，每篇多有笺条商订之处，又匿影楼记代上施
制台启，或言宁不刻不可删，或言熙朝弊政，俟载心史，万不可刻，
则徵君之志可知已文体远绍燕许，绝非伽陵、西河所可拟议，读者
当自辨之。丙寅二月一日，湘乡王礼培记于扫尘斋。

《龟溪集》（现藏上海图书馆）

《龟溪先生集》十二卷，万历刊本有璜川吴氏收藏印，盖向为藏家所珍，余与沈忠敏、张纲《华阳集》、郑侠《西塘集》同收，此集爱日精庐之富与华阳集均祗钞本著录。礼培。

《湘武记》（现藏上海图书馆）

是书于光绪十四年购得于梁书估，然不详作者。书出于湘阴张力臣家。力臣有史才，曾著《瀛海论》，余因疑为力臣所著。于国变后又四年，乃于玉泉街冷肆见一红格钞本《湘武记》，第二行题独山莫友芝，始欣悉其为子偲先生所作也。红格本闻亦为吾邑人所得云。佩初氏记。

《吹豳录》（见《复壁书目》）

颖芳字西林，康熙间人。据朱文藻序，祗汪氏振绮堂有副本。此本为文藻所校，视汪氏副本为精审，系从其家回禄灰烬之余，得其手稿，是正伪字录成净本。王昶先生传有云：诸儒但能致其说而不能留其器，俗工则能习其器而不能得其说。嗟夫！前人毕生大业，尤不登于秘府，备无禄之采择，又不得传之，后人为之刊刻，汪氏藏本存亡不可知，此本之孤危亟矣！先生著述甚富，具见昶传，今无一传者。兵火相连，浩劫无穷，此书偶存吾架，其能留于天壤，使金石丝竹之声不绝于人间，亦徒付之梦耳！

《宋宰辅编年录》（见《复壁书目》）

《宋宰辅编年录》存十七十八卷乙册，宋徐自明。黄荛翁跋。旧跋云明刻全本原亦缺，此两卷后从万卷堂残帙中补全。此旧抄，从坊友易得而抄补十七、十八卷附后。明刻与旧抄殊多妄自填补，故留旧抄为余所藏，仅存两缺卷而无原来旧抄，全书跋后有壬申年四日坐酉宋廛中半恕道人书。

《梧溪集》（现藏湖南图书馆）

莫友芝有旧抄本，云鲍刻所遗皆全，余未见鲍刻，据陈序似无第二本。阁征芝书目有明刊抄配本，吴方山、袁又恺、黄荛圃均藏过。甲子秋分检记，湘乡王礼培。

《张忠烈公遗稿》（现藏上海图书馆）

澹归禅师上孔定南书，请葬瞿留守稼轩、张监军别山，其词有云："衰国之忠臣与开国之功臣皆受命于天，同分砥柱乾坤之任。天下无功臣则世道不平；天下无忠臣则人心不正。事虽殊归，道实同源。"其立言甚正。定南从之师姓金名堡，崇祯庚辰进士，永明王时任兵科杖戍，后剃度为僧。

右册为瞿忠宣公与张别山唱和诗，盖大清兵破桂林，同被执狱中四十余日，同时就刑，成仁取义，慷慨从容，题张忠烈公遗稿似未妥也。别山尚存有遗诗，如《渡江答故人》云："岂昧酬恩死，乾坤塞大仇，髯存仍有累，膝在不能柔，毫发增悲愤，微茫认恶羞。馀身凭割截，宁独爱吾头。可哭不甘泣，兹仇复几时。麻杉先帝泪，草檄故宫思，怨毒深冤骨，英魂立义诗，何当凭漆状，梦诉孝陵碑。"《避难小河》云："春尽才看正月章，依然一统旧春函。穷山夏令君臣泪，野泊周官姓字荒。发重生轻存笔舌，兵多民少叹耕桑。相逢欢笑皆成哭，寸土何曾不战场。赤头赤脚难中携，童仆逃亡独老妻。自分此番肥食蕨，可怜久不听鸣鸡。九朝御墨同烟烬，七世遗书瘗土泥，谈到孝忠须鬘在，楚人骚怨未堪题。"

钱秉镫《所知录》云："张别山同敞自全州回，一见称卖移予舟，缆其所居漓江草堂下，每酒后悲歌慷慨，自誓必死。别山无子，手一大卷，尽军中所作诗文，示予曰：'此即予子也，谁为我留之乎？'此可以知其志矣。今此册仅存之馀，益可珍重。所识军中一大卷则竟不传云。"扫尘斋主检书录记。乙丑三月三十日。

《北江诗话》（现藏湖南图书馆）

洪亮吉《北江诗话》四卷。此系手稿，与集内所刊互有异同，弥可珍贵。朱丝栏，板心有"志稿"二字，盖先生著《十六国疆域志稿》纸也。《疆域志稿》余有残本，改窜甚多。又有《释岁》一种，则集内未刊之书，并目亦不见诸集中矣。湘乡王礼培。

《铁木真帖木儿用兵论》（现藏台北中央研究院傅斯年图书馆）

此铁木真帖木儿用兵论，原书面载，俄罗斯人宜万宁著，日本国参谋本部原译，佐原笃分译，汉文萍乡文廷式治定，为廷式手笔。廷式所著书皆此红丝格写。甲子六月曝书检记。湘乡王礼培。礼培私印。

《吴志仁先生遗集》（现藏台北中央研究院傅斯年图书馆）

此册为海宁陈仲鱼藏书，卷首有陈鳣收藏印。先生专门汉学，所著甚富。凡所收书皆手自校雠，首末如一。甲子六月曝书检记。

《契丹国志》（现藏台北中央研究院傅斯年图书馆）

卢弨弓手校本。第一页，抱经堂印；第二页，武林卢文弨手校印；目录，文弨之印、卢弨弓；卷末，抱经堂藏。席氏刻本谬讹不可胜纪。此本朱笔稿为抱经老人手笔，墨笔在抱经之前，未详何人。其依据系善本。湘乡王氏扫尘斋检记。

《芦浦笔记》（曾为李宗侗先生藏）

卷九《祭蝗虫文》，四库馆以语多忌讳签出，已于正本删去，嗣后不必钞入，是库本已无此篇矣。此本尤当宝重。

《老圃集》（现藏湖南图书馆）

四库底本《老圃集》，往在厂肆正文斋书友谭笃生处见之，有翰林院方印，索价三十八金，无力得之。此本甲寅入京，以十金得之，虽不得库本，然亦艺海楼故物也。乙卯三月旅长沙展读题记，礼培。

《拟明史列传》（现藏湖南图书馆）

《拟明史列传》六卷一册。清汪琬。乌丝栏。琬入史馆自言仅六十日，杜门请告殆逾一年，始得告归，故所撰只此。又云衰老且病，一出几丧廉耻欠当，与史馆诸公意见参差可知。此书亡友胡子翼所赠，有江宁陈氏问原楼经籍记印、子孙借出为不孝印。卷末有康熙乙丑夏四月同里周公赟校字乙行。

《遗山文集》（现藏湖南图书馆）

《元遗山文集》十四卷，依弘治本钞。失去卷七、八、九、十凡四卷。

遗山生当金元之间，国家元气薄弱，诗文随其转移，风会所趋，虽豪才不能振拔。昔之崇奉遗山者，曰老手浑成也，曰律切精深也，比之李杜，托之苏黄。今平心静读，则仅能浏亮条畅，差免俗陋之讥而已。而庸靡肤廓即露诸其间，乌足以当起衰救坏之才乎？惟是诗文一道，二百年来益形敷凑，故其论古若是，所谓学焉而各得其性之所近，振奇之士幸弗尊其所闻，囿于所习，求之句法，求之章法，求之字法，力去其浅，务从其深，力去其泛，务入其精，勿以流走为豪迈，沉晦为拗折，庶几真苏黄矣，真李杜矣！久于此道者，当不河汉吾言。壬申首夏记于长沙寓斋，礼培。

《王季重先生文集》（现藏湖南图书馆）

明运将终，文体数变，王季重、李卓吾辈务为险僻，欲使观者索之于意外。当时有文妖之目，非妖也，卓吾之偈语，季重之悍泼，竟陵之纤仄，公安之诞散，皆所以变前后七子之优孟而为之者。总之，矜持而已，乌足以语其大，覆地载天是之谓大，夫是之谓不矜持。壬申八月曝书，潜虚老人记于小招隐馆。

《读书说》（现藏湖南图书馆）

胡石庄《读书说》四卷，即所著绎志之馀也。光绪庚寅用长沙黄氏天光云影楼所藏旧钞本过录，复以别本朱笔校过，近人刻湖北丛书已收入。壬申九秋检书，潜虚老人题记，时年六十有八，马迁叹孔子之年也。

《徐公文集》（现藏湖南图书馆）

余藏黄荛翁钞校《徐公文集》，乃孙均依未本钩乙之间不失真面目者。光绪庚寅读书长沙船山祠，将有事于刊刻，命工缮写，并以白米十石饷。友胡君子翼属其校阅，此后迁延三十年，胡君下世，又且十年，戊午初春发箧检记。佩初氏。

《沧溟先生集》（现藏湖南图书馆）

庚寅秋从黄小鲁世丈处借得此本。《明史·艺文志》尚有《白雪楼诗》十卷，此本不见，未知何日当寓目也。卷一至卷九倩陈茂才砚农钞，卷十以下自钞之，不暇及其文耳。装成题诗云："白雪楼高白雪词，十年归计鲍山知。后来坛坫轻前辈，不能空同竞鼓旗。"

《左传评》题跋及眉批（现藏湖南图书馆）

此种单刊本为书不过数十页，最易散失。辛未偶于旧书店丛残中寻获，急付装手，惜未嘱其衬纸耳。有盛柚堂印，益可宝也。潜虚翁记。

有谓左邱明为晋人，叙事多祖晋，故于晋之前后事特详，后人未可尽为所蔽。春秋之世，秦亦何能，即逞志于山东之诸侯，此岂得归功于晋而谓晋能制秦楚耶？尚论者必举头天外，而不为前人之所蒙蔽，庶几得之。

仲子之生，惠公年已将老矣，乃全不计老少，而即据乎，文以亡祸乎。

武姜乃郑之太母，君臣相语，居然逍谓之姜氏，恁亦不成体统。

克段固为郑志，其置姜氏于城颖，乃绝母子之恩，在廷诸臣未有一言之谏阻，岂非均是豺虎耶？此春秋之所以作也。

郑公子俱善将鲁班，饩而论爵，亦无大错，郑忽于功□师其为小矣。

前年郑取周之麦禾，此桓之所以不礼，又不声其罪以讨之，王室无政，不足以令诸侯。

羽父何以忽为此请，大奇。谮言易入，此必有因，弑不成丧，桓之怨毒甚也。

宋殇公不王，以致讨党卫州，吁以伐郑，是无君德者。华督因民怨以弑君，故行赂于诸侯，遂得保其位。

郑此时不能代周而有天下，故郑庄得胜而止，是英雄作用，祝聘逞匹夫之勇，非知几者也。

抗王罪大，岂可计其别功而未减不孝不臣。郑庄诚逆贼也已。

文姜谋杀亲夫，视宣姜尤恶。姜氏何多不良之妇也？

邓昌文多智而又识大义，亦奇妇人。亡人救己是党恶也。卒不能救尚得为共主乎？

请实将以媚鲁耶，抑和其郑子也。

郯国无政，自取灭亡。此就一事而善庄公尔，岂能概一身之全德。白日见鬼，彭生本以无罪而见东宣向齐。

小白入国亦在先，此鲍姑之捷也。而又能谦管仲视郑子尤难。

公子偃亦有将略，此乃蔡候始祸。宋师前以不战而败，此又以□陈而败。

宋无意中为孔父报仇，可见作恶之人终不能幸免。左氏尚好记此等事。

鬻拳所行非君子所予也，左氏之诬比赖是已。

三桓以季氏为首，与鲁终始。季反之生即有天命，共仲其节牙未见主德，而后亦曷，隐公不闻有后，天何偏笃于桓耶。

文士好鹤，传为美谈，卫懿好鹤，以致灭亡。可见君国子民必以恤民为要。明人早有卓见。

齐桓真心救患，里克此日心在公室不以荀息，一味逢君，晋侯不立申生已先说出。

申生视太伯为不若也。齐恒伯业有以及人，出于晋文之上也。卫文公在春秋时，君德亦仅见者，且迎于王道，以玷民气概不甚阔大尔。

中大夫始亦依违，可见晋献才器不小，特徇私以致酿乱耳。申生未免失之愚也，岂不闻太伯之风？

重耳自是有气概，其视委吾为优，即视申生亦达。

不能守则视不校者远矣。

荀息从君者也，胸无道理，砎□信君子所不予。

与其轻计而食言，何如先不忘说此尚，何必曲为惠公解免。里克志在重耳，惠公所以必去之，在里克亦有可杀之罪。

人鬼相接，岂有亲切，明显若此者。申生亡，何以能上谒天帝，此左氏之诬已甚。

平郑见里克已杀，而犹欲出君，殊不自量，其智又在里克下。秦穆可谓明哲矣，宜其侧于五伯也。

伯假之也，假之日久，则必将谒。

齐伯关天下之大局，故桓之将即有妖。

十月乙亥至十二月乙亥，相距六十日，此二月中如此乱法，好内之祸一至此哉，戴伯主之远于王唯。

未知正身以修身也，激励人心而后出战，人心固结则守之固。狄知卫不可克即退，此能审势者。

假得无味所以为世笑。

以子拒父，虽胜不可为。晋父之所以不校为有误也。妇人随意即能杀人，可见世无法纪。贼屡无告，等人命于草菅，天心焉得不恕乎？然姜氏固女中之英，所见远大，此则由于上无教化，晋一世咸梦焉，是大可伤也。

齐僖能为郑讨贼，此其所以小霸。

忧人为盗，邓曲底之，此大错。后邓见灭于楚，亦自取之。

祭母告女之言，殊不成话。岂节义在当日全不讲乎？祭女则为其母所愚。

楚子能奉天，亦能识天心，非一味逞其强暴者。

晋师而奉重耳，可见怀公特一匹夫。

重耳自见其遇，则胜夷吾远也。

周自后稷以迄文武、周公德泽在人，未有涯涘，天心眷顾亦有加无已。东迁之后并无令辟可以中兴，几不能为一世共主，乃有齐桓创兹伯局以维持宇宙，而奉戴宗周，俾得久奉祭祀，孔子所深嘉齐桓、管仲之功也。晋文继伯，特以地大力强，踵桓公之迹，莫能仰企齐桓之烈也。彼宋襄无足道。秦穆仅伯西戎，楚庄亦只能主南服之盟，迁延至于战国，而后伯图始熄。故《春秋》一书特为伯功而著。其著伯功所以尊周室，使天下知有共主也。左氏未能得圣人之心，其作文一味祖晋，殊不知事情昭著，千载而下谁不知齐桓之功，在春秋为特显，若欲勉强以晋文与齐桓比肩方驾，实所不能。特言文章之宗，则又不能不推左氏，为后之独步尔。

昭公思有以自立，而非建国才，遂致自杀。

齐恒有涵盖气象，晋虽战胜，无此雄风。

《文选》（现藏湖南图书馆）

此万历吴近仁刊本，脱漏错误不可枚举，编选尤为陋劣，盖俗本也。旧有蓝华临钱湘灵评点可存，然不出孙月峰、钟伯敬习气。戊午茗仙检记，时仲春，木笔花盛开，犹忆与亡儿传书吟咏已四年矣！徘徊花下，不堪人事益萧条。

复壁藏书书目（抄本秘册）

经部

易类

《研北易钞》不分卷十册。清黄叔琳。

励守谦进呈四库底本，馆臣翁方纲等笺校甚多，乌丝栏钞本。翰林院藏印、信天庐白文印。

《读易馊闻》六卷三册。清叶默斋。

第二行题昆山叶默斋先生手绥，男泽森蕃久氏纂述。蓝丝栏钞本。板心有松川日悔斋杂著七字。翠庭所藏白文印、古潭州袁氏卧雪庐收藏印。

《易荟》不分卷三册。清陆堃。萧山人。

右易类三部

书类

《书蔡传旁通》六卷二册。元陈师凯。

小山堂朱文印。卷末有至正乙酉岁四月余氏勤有堂印行一行。此本依元本传钞。

《尚书古今文考辨》。不著撰人。（按：黎承福抄本《尚书古今文考辨》二卷，二册。清胡敬。蓝格抄本。）

右书类二部

诗类

《诗总闻》二十卷八册。宋王质。

此与武英殿本有异同，明钞本。残卷十九、二十。爱闲居士朱文印、桐轩主人藏书印。

《诗说》十二卷四册。宋刘克。

《诗传注疏》三卷一册。宋谢枋得。

有翁覃溪题谢叠山诗传注疏七字。

《诗经疑问》七卷二册。朱倬编。

有古稀老人吴牧庵朱笔识语。

《韩诗外传》十卷四册。汉韩婴。

明天启间韩锡抄本。残卷一、二。

《申公诗说》不分卷乙册。汉申培。

明天启间韩锡抄本

右诗类六部

周官类

《周官总义》三十卷八册。宋易袚。

四库底本，残卷十一、十二。朱丝栏。板心有钦定四库全书六字。

《周礼全经集》六卷三册。明柯尚迁。

明钞本。有虞山钱曾遵王藏书朱文长方印。此书嘉靖有刊本，与此钞多有异同。刊本分为十二卷。

右周礼类二部

礼记类

《礼记疑义》七十二卷二十四册。清吴廷华。

廷华著有三礼疑义，见张金吾爱日精庐藏书志。此即张氏所藏，有张月霄印、秘册印。无刊本。

右戴记类一部

春秋类

《春秋辩疑》十卷二册。唐陆淳。

有五松居士手跋。五松，孙渊如别号也。古潭州袁雪庐藏书印。

《春秋释例》十五卷四册。晋杜预。

蓝丝栏。卷末有贞节堂袁氏钞本一行，知为袁绶阶故物。

《春秋录疑》十六卷四册。宋赵恒。

有雪苑宋兰挥藏书记朱文长方印。宋筠朱文，兰挥白文，松庵白文。

《春秋集传》二十二卷纲领一卷十册。宋张洽。

有同睦斋珍藏书画朱文方印。此依元延佑元年刊本钞，原缺七卷。卢文弨称其采择之精，立论之确。朱竹垞经义考疑其已佚。

右春秋类五部（按：实为四部，漏抄一部。）

四书类

《四书辨疑》二十五卷二册。清张江。

有清胜葫芦印、西霞藏印。

右四书类一部

经总类　附字书韵著纬书乐书之属

《吕氏五经说》二十二卷八册。明吕柟。

蓝丝栏，明抄，白棉纸。有衍斋椭圆印。

《六经笺释》不分卷八十二页一册。不著撰人。

《此木轩经字韵编》不分卷二册。不著撰人。

朱丝栏，有崇城私印白文，勺庵朱文，袁氏卧雪庐藏书。

《经史正音切韵指南》不分卷一册。元刘士明。

附韵学捷诀。

《七经纬》不分卷一册。不著撰人。

《急就篇注》不分卷一册。汉史游。唐颜师古注。

后有淳熙十年罗愿跋。

《说文音韵表》不分卷一册。不著撰人。

《礼纬含义嘉》三篇三册。不著撰人。

残天镜篇。

《离骚草木疏》[①]　四卷一册。宋吴仁杰。

有大兴金氏绳斋藏书朱文印、金绍纶读过印等印。

《释岁》一卷一册。清洪亮吉。

此亮吉手稿，未刊目不见集中。

《吹豳录》五十卷十册。清吴颖芳。

---

① 　此处与医家类重。

颖芳字西林，康熙间人。据朱文藻序，只汪氏振绮堂有副本。此本为文藻所校，视汪氏副本为精审，系从其家回禄灰烬之余，得其手稿，是正伪字录成净本。王昶先生传有云：诸儒但能致其说而不能留其器，俗工则能习其器而不能得其说。嗟夫！前人毕生大业，尤不登于秘府，备无禄之采择，又不得传之，后人为之刊刻，汪氏藏本存亡不可知，此本之孤危亟矣！先生著述甚富，具见昶传，今无一传者。兵火相连，浩劫无穷，此书偶存吾架，其能留于天壤，使金石丝竹之声不绝于人间，亦徒付之梦耳！

右经总类十一部，凡经之属八类三十一部

史部

别史类各类不完　稍变旧例

《宋中兴编年资治通鉴》十五卷四册。宋刘时举。

影宋钞本。

《明纲目前纪》二卷二册。清张廷玉等奉勅编。

乌丝栏。有歙鲍氏知不足斋藏书朱文方印、知不足斋藏书小白文印。此即所谓鲍抄。

《拟明史列传》六卷一册。清汪琬。

乌丝栏。琬入史馆自言仅六十日，杜门请告殆逾一年，始得告归，故所撰只此。又云衰老且病，一出几丧廉耻欠当，与史馆诸公意见参差可知。此书亡友胡子翼所贻，有江宁陈氏问原楼经籍记印、子孙借出为不孝印。卷末有康熙乙丑夏四月同里周公贽校字乙行。

《明书》百七十一卷四十八册。清傅维鳞。

维鳞预明史馆职，以明史皆依实录，不易一字，是非多谬，就史馆私书三百余种，独力成此书。故其体例与事实多与明史异。视王代明史稿依附以成名者，明眼自有定论。

《皇清圣训》不分卷五册。清太祖至仁宗。

贺长龄白文印、耦耕朱文印。

右别史类五部

杂史类

《皇宋隆平集》二十卷四册。宋曾巩。

乌丝栏。序中夹注为南昌彭氏刊本所无，书中亦有异同。

《宋宰辅编年录》存十七十八卷乙册。宋徐自明。

黄荛翁跋。旧跋云明刻全本原亦缺，此两卷后从万卷堂残帙中补全。此旧抄，从坊友易得而抄补十七、十八卷附后。明刻与旧抄殊多妄自填补，故留旧抄为余所藏，仅存两缺卷而无原来旧抄，全书跋后有壬申年四日坐酉宋廛中半恕道人书。

《建炎复辟录》不分卷乙册。不著撰人。

有耕石斋蒋氏、沧浪亭藏、日生黄直亨藏书、古潭州袁氏卧雪庐诸印。

《靖康蒙尘录》不分卷合上册。不著撰人。

三十乙页下缺左面。

《伪斋录》二卷一册。不著撰人。

有过录吴枚庵跋，谓据此监会编乃从政。有叶名澧印、润以印。

《刘豫事迹》不分卷一册。清曹溶。

《北狩行录》不分卷。宋蔡鞗。

有宝砚主人印、云卿连珠方印。

《南渡大略录》不分卷。宋辛弃疾。

有万卷楼图书记、许氏家藏、吴兴翰墨图记诸印。

《窃愤录续录》不分卷一册。不著撰人。

纪南渡事。有耕石斋蒋畴、沧浪亭燕日生印。

《裔夷谋夏录》二卷一册。宋刘忠恕。

有刘廷式印，又道羲读过朱文。

《三楚新录》三卷一册。

吴枚庵两跋。有翌凤钞藏、陈埒复初氏诸印。

《所知录》不分卷一册。明钱秉镫。

叙隆武永历两朝事，附南都疑案、阮大铖始末。后题此册从友人借得，录于天水氏井天阁下，竹卿记。

《浮海记》不分卷合上册。张麟白。

《粤黔纪略》五卷二册。不著撰人。

纪永历朝事。耕石蒋畴印、古潭州袁氏卧雪庐印。

《定陵注略》十卷四册。旧题竹坞遗民文秉。

此纪明神庙朝事，以著兴亡之潮。海宁杨芸士藏书之印、袁氏卧雪庐印。

《庚申外史》二卷一册。明权衡。

有吴耒敦复手跋，又吴尺凫手跋云：较秘笈中刻本，此为全书。有敦复印、绣谷印、许君修许氏家藏诸印。

《夥坏封疆录》不分卷一册。明魏应嘉。

《天鉴录》不分卷合上册。不著撰人。

《钦定逆案分款全录》不分卷合上册。明陈惊秦兰徵。

《拟故宫词四十首》不分卷合上册。明唐宇昭。

《酌中志酌》四卷四册。明刘若愚。

乌丝栏，板心有虚白堂三字。方晓印、睢阳后裔印。

《明倭寇始末》不分卷一册。清谷应泰。

有叔美经眼朱文方印、尚友斋白文方印。

补《奉天录》四卷二册。唐赵元一。

补《钓矶立谈》不分卷一册。宋费枢。

南唐兴废尽于是书。有石闾、高岱、云岑、丹丘、子昊之宝、碧城。乌丝栏。

补《明氏实录》不分卷一册。明杨学可。

《元故宫遗录》不分卷一册。明萧洵。

从赵清常本过录。

《甲申朝事小纪》第四编八卷八册。旧题之江抱阳生。

蓝丝栏，板心有屠苏草盦缮本。

《明末忠烈纪实》二十卷十二册。清徐果亭。

乌丝栏。板心刻书名。钱澄之序。

《湘武记》十四篇二册。清莫友芝。

友芝以湘军志是非多，凭己见著是书。

《贼情汇纂》十二卷六册。清张德坚邹汉章。

此纪载洪秀全军制及窃据事实。

右杂史类二十二部

地理类

《吴兴志》二十卷八册。宋楼钥。

德清许氏陔华堂藏书朱文。许延敬君修朱白文。

《四明续志》十二卷一册。元王无恭。

影元刊本。残第四卷至十二卷。

《乾道临安志》十五卷二本。宋周淙。

乌丝栏。原缺只存卷一至三。

《新定九域志》十卷二本。

此钞为吴尺凫旧藏书，面有尺凫手书九域志，绣谷秘录，今归墨斋。绣谷椭圆印、吴焯长方印、许宗彦子咏诸印。

《昌国州图志》七卷二册。元冯复京等。

乌丝栏钞本。

《越峤书》二十卷八册。明李文凤。

《嘉靖四川总志》二十六卷。明王元正。

此书仅存二卷，此为首二卷，得以稍具规模。杨升庵曾预兹设。朱丝栏。

《西镇吴山志》四卷二册。明邢云路。

长白敷槎氏堇斋昌龄图书记朱文。明抄本。

《影元大德本洞霄图志》六卷三册。元邓牧。

鲍氏知不足斋刊此书，空缺遗落至不可读。此钞均存原文，最为完善。元本有吴方山印。

《庐山纪事》十二卷四册。明桑乔。

慧海楼藏书白文印。陈岸先鉴赏图书朱文。明抄本。

《钦定石峰堡纪略》二十卷八册。清乾隆敕撰。

此系库抄正本，非四库底本。板心有钦定四库全书六字，下列书名。朱丝栏。

《莲华峰古迹考略》不分卷一册。清三宝王亶等。

乾隆间进呈，副页有道光元年辛巳九月二十七日赐，南书房翰林院编修以祁寯藻。朱丝栏，袖珍本。

《桂胜》十六卷二册。明张鸣凤。

专纪桂林山水之胜。

《汴京遗迹志》二十卷四册。宋李濂。

残卷一、二、三凡三卷。

《燕游后知录》十卷三册。清陶越。

此书从朱氏日下旧闻考，据其精英，补其漏略，推崇朱氏，因名后知此书净本之后又增各条。

《西招图略》不分卷一册。清松筠。

《秦边纪略》八卷四册。不著撰人。

有雪吟过眼印。雪吟为余老友，甲午乙未间在京厂收书。雪吟没，其所藏遂先我而散。此书纪边塞之险。

《历代治河考》不分卷一册。清朱鋐。

朱笔校正。袁氏卧雪庐收藏印。

《三吴水利录》四卷一册。

《日本环海险要图志》二十卷二十册。清王肇鋐。

肇鋐字振夫。据其凡例，原止十二卷，书成于光绪十三年，旋奉总理衙门咨送日使署增辑，自十六年、十七年两年之力，讹者正之，略者详之，缺者补之，改为二十卷。二十年东事猝起，爰又搜罗十八、十九两年中实测纪事修补之。二十一年春开办东国舆图局，又有补入，毋稍遗憾矣。其于日本环海全岸形势、天时、风信、潮流、经纬度表，与夫海岸岬湾之凸凹状势、岛屿礁岸之大小位置、航路锚地之深浅、底质，潮汐之迟速、渡航之方向、入港避险之标准，靡不悉载。采辑之图籍，出自日本者，如海志、地志实测录，航路标识，海军省实验笔记、水路报告，文部省全图，内务省分辖图，测量部辑二十万分之一地图百余幅、二万分之一地形图若干幅，海军省实测海图百四十余幅，英海军海图若干幅，综一百余种。惟诸图限于尺幅故，有志无图，未能对观，不无缺憾。日本为环海之国，凡四国、九洲中土均有毗连之处，得其门则攻守之势易，失其门则攻守之势难。是在后之读是书者用心为耳。是书携行箧中，为骨董商嘉滕所见，欲以重金取之，未许也。

右地理类二十部

附史部不成一部者

〇《古今卤差略》十八卷四册。明汪砢玉。

朱彝尊印朱文。竹垞朱文。

《货泉备考》六卷二册。清蔡锈。　（按：黎抄本附金石类。稿本。）

袁氏卧雪庐藏。

《历代正闰考》十二卷二册。明沈德符。

《历代医师记》不分卷一册。唐王泾。（按：黎抄本附医家类。）

《历代年号考》二卷一册。清鲁燮光。

《历代后妃纪略》十二卷四册。汪沅。（按：黎抄本附别史类。

缺卷一至三，存三册。）

《影宋绍兴本汉宫仪》三卷一册。汉应劭。

《经史互纪》十二卷。

影元刊本。原佚二卷。顾千里诸家印。

《金石综例》四卷一册。清冯登府。（按：黎抄本附金石类。）

有敬学主人凌霞手跋。第十四页补入上眉。

《全唐文姓氏韵编》不分卷一册。不著撰人。

《希姓略》不分卷一册。明杨宗吾。

《孔氏祖庭广记》十二卷六册。金孔元措。（按：黎抄本附儒家类。）

《东家杂记》二卷二册。宋孔传。

《司马相如传拾遗》不分卷一册。不著撰人。（按：黎抄本附别史类）

《飞燕外传》不分卷一册。不著撰人。

右史部不列类十六部

右史之属三类附不列类都七十三部

子部

诸子类

《老子道德经评注》二卷一册。明归有光评。文震孟注。

《老子注》二卷一册。清文元飞注。

元飞，文廷式女弟也。

《邓析子》不分卷一册。郑邓析。

库抄底本。翰林院典籍厅印。朱丝栏钞。

右诸子类三部

儒家类

《白虎通德论纂》十卷二册。汉班固。

《皇极经世观物外篇衍义》九卷二册。宋张行成。

此书诸家所藏均从永乐大典录出本，此册为明抄。书中称旧本脱误及旧本送某某是正处，盖从宋本，观书中避桓字、玄字等讳，当是依宋本钞。

《明本释》三卷二册。宋刘荀。

《晁氏客语》一卷《儒言》一卷共一册。宋晁说之。

惠栋之印、字曰定宇、袁氏卧雪庐藏。

《渠阳杂钞》五卷二册。

盛百二藏书、丹山藏本、善化贺瑗所藏书画。

《习学记言》五十卷一册。宋叶适。

只存卷一至五。

《御撰性理大全》七十卷存十八册。清康熙敕撰。（按：黎抄本作《性理大全》。）

佚卷一至七，卷三十五至五十五，卷六十三、六十四，共佚二十九卷。四库全书正本。朱丝栏。

《丧服制考》八卷四册。清朱建。

有诸锦印、文雪吟读过印。

《三鱼堂日记》不分卷一册。清陆陇其。

《松阳讲义钞》存二卷一册。不著撰人。

朱丝栏。

《闲存室适言》二卷一册。清杨德彪。

《拾遗录》十卷一册。明陆坦。

许宗彦鉴止水斋藏。

《澹斋内外言》不分卷合上册。明杨继仪。

明陈继儒跋。吴尺凫绣谷亭主焯跋。

《樵香小记》二卷一册。清何琇。

皆考订经义及字学韵学。四库收入、许宗彦二印。

右儒家类十五部

杂家类

《朝野类要》五卷一册。宋赵升。

《唐阙史》二卷一册。唐高彦休。

长白夐槎氏董斋昌龄图书、栋亭曹氏藏书。

《尘史》三卷一册。宋王得臣。

《括异志》十卷二册。宋张师正。

兹林书屋印。

《二老堂杂志》五卷二册。宋周必大。

附《玉蕊辨正》。卷末有戈庄续古庐中阅竟。袁氏卧雪庐印。

《芦蒲笔记》十卷一册。宋刘昌诗。

厉樊榭跋。翰林院印。

《洛阳搢绅旧闻记》五卷二册。宋张斋贤。

《帝京景物略》四卷二册。明刘侗。

《志雅堂杂钞》二卷一册。宋周密。

《翰院遗事》不分卷一册。宋洪遵。

黄直亭藏书印。

《话腴》不分卷一册。宋陈郁。

《江汉从谈》二卷一册。明陈士元。

翰林院印，袁氏卧雪庐印。乌丝阑。

《逌旃琐言》二卷，二册。明苏佑。曾在李鹿山处印。

《续羊枣集》九卷附二卷四册。明骆问礼。

《宾退录》十卷二册。宋赵舆时。

乌丝栏钞。板心有裘杼楼三字，后有跋云，从言山何丈借炒，再校一过。书中胡虏尚存，刊本已悉篡改。

《梦粱录》二十卷六册。宋吴自牧。

乌丝栏。卷末题朱点手抄。诸锦藏印。

《静斋至正直记》四卷二册。旧题六阙里外史行素居士著。

汉阳叶氏珍藏白文，汉阳叶名澧润以甫白文。俞正燮两跋，定为溧阳孔斋著。周寿昌两跋。

《续夷坚志》不分卷二册。金元好问。

叶志诜印白文，汉阳叶名澧名琛同读过，叶继雯印。

《尘谈》存三录四录不分卷一册。明沈仪。

佚一录、二录。

《冷赏》八卷二册。明郑仲夔。

右杂家类二十一部

艺术类

《五知斋琴谱》不分卷一册。不著撰人。

《坐隐先生灵棋经汇粹》不分卷一册。旧题坐隐先生。

明万历时人。

《纂修落叶无声谱》不分卷一册。旧题壶山外史。

清嘉庆时人。

茶书二十三种六册

《茶经》三卷。唐陆羽。

《茶经外集》不分卷。明孙大绶。

《茶谱》不分卷。明孙大绶。

《茶谱外集》不分卷。明孙大绶。

《阳羡名壶系》不分卷。王晫。

《茶寮记》不分卷。明陆树声。

《煎茶七类》不分卷。明陈继儒。

《茶蔬》不分卷。明许次纾。

《茶录》不分卷。宋蔡襄。

《茶经注补》不分卷。陈鑑注。

《洞山芥茶系》不分卷。王晫。

《试茶录》不分卷。宋子安。

《大观茶录》不分卷。宋熊蕃。

《北苑别录》不分卷。宋黄儒。

《本朝茶法》不分卷。宋沈括。

《煮泉小品》不分卷。明田艺衡。

《煎茶水记》不分卷。唐张又新。

《十六汤品》不分卷。唐苏廙。

《述煮茶小品》不分卷。宋叶清臣。

《采茶录》不分卷。唐温庭筠。

《斗茶记》不分卷。宋唐庚。

右艺术类二十六部

兵家类

《神机制敌太白阴经》十卷二册。唐李筌。

明钞，乌丝栏。臣思复、秦伯敦甫、石研斋秦氏诸印。

《元扩廓帖木儿用兵论》。俄罗斯人宜万宁。文廷式译。

右兵家类二部

医家类

《圣济经解义》卷四册。宋吴褆等。

绿丝栏钞。板心有苏台韩氏家传六字，蓼园藏印。

《素问玄密》十六卷四册。唐王冰。

朱丝栏钞。

《薛氏内科摘要》不分卷一册。

明善堂、乐善堂、卢复诸印。周荇农藏。

《离骚草木疏》四卷一册。宋吴仁杰。

有朱笔补校。

《本草化义》十三卷，一册，贾所学。有朱笔补校。

右医家类五部

释道阴阳家类

《道书四种》十三卷六册。不著编者。

《列仙传》二卷。汉刘向。

《穆天子传》六卷。晋郭璞注。

《黄帝龙首经》二卷。

《许真君八十五化录》三卷。宋施岑。

《列仙传补》九卷五册。明宋熏。

蓝丝栏抄。此系宋字钞，当系付刻底本，字体亦近万历。

右释道阴阳家类六部

法家类

《检验秘录》不分卷一册。不著撰人。

右法家类一部

农家类

《农家占候书》不分卷一册。不著撰人。

右农家类一部

金石碑帖书画图籍类

《金石徵》十二卷十二册。清胡元常。

此书亡友胡君子翼所辑畴，昔过从，见其寒暑不辍，没后书随以亡。又二十年书友张少仙物故，始忽见此书，亟收之。

《兰亭考》不分卷二册。清何绍基。

此从卞氏书画汇考中摘出，绍基手补并校。子贞印、何绍基印。

《淳化阁法帖释文》十卷一册。不著撰人。

《禊帖综闻》不分卷一册。不著撰人。

《古今汇刻帖目》不分卷二册。清赵魏。

《珊瑚网》四十八卷八册。明汪砢玉。

书佚卷四至十四、卷十九至二十乙、卷二十四，画佚卷一至三十七、十七至二十三。共伯二十乙。歙西长塘鲍氏知不足斋藏书印、老屋三间赐书万卷，亦鲍氏印。德清许氏陔华堂藏书，许延敬君修印信。此书向无刊本。

《海岳书画史》不分卷一册。宋米芾。

吴兴姚氏邃雅堂鉴藏画图籍之章。海宁查莹一字，映山听雨楼查氏有坼珍赏图书。归安姚衡。袁氏卧雪庐收藏印。

《林泉高致》不分卷一册。宋郭熙。

耕石蒋畴之印，袁氏卧雪庐印。

《钤山堂书画目录》不分卷一册。明文嘉。

此文休丞手书。休丞预抄严分宜家书画，录为此册。

《长物编》二卷一册。明王百谷。

此百谷手书所藏古物小册。后有八十三老人陆缪跋。

《百川书志》二十卷四册。明高儒。

后录黄荛圃跋。叶焕彬所刻多错谬，余曾校一本。

《述古堂书目》不分卷二册。清钱曾。

袁漱六朱笔校正。乌丝栏，板心有守雅堂三字。陈仲鱼过目印。

《迟云楼钞三家书目》不分卷一册。

《传是楼书目》不分卷。清徐乾学。

《得月楼书目》不分卷。

《四库简明书目》二十卷五册。清乾隆敕编。

乌丝栏。

《天禄琳琅书目》二十卷十册。清乾隆敕编。

右金石碑帖书画图籍类十七部

诗文评类

《文心雕龙》十卷二册。梁刘勰。

依季苍华所影宋本过录。有《隐秀》一篇。

《文苑英华辨证》十卷二册。宋彭叔夏。

明钞，影宋本。

《文选课虚》四卷一册。清杭世骏。

滋兰堂、杨孝骧印，开少朱文。

《编珠》四卷二册。隋杜公瞻。

翰林院。籍厂印。

《刘后村诗话》十四卷三册。宋刘克庄。

文雪吟印。

《对床夜话》五卷一册。宋范晞文。

鉴止水斋珍藏，许宗彦印，比青轩藏书，苕溪许氏。

《石洲诗话》四卷二册。清翁方纲。

此为覃溪稿本，有方纲二印。何氏云龙万宝楼印。此何子贞藏印。

《围炉诗话》十卷五册。清吴修龄。

《空山堂史记评语》不分卷八册。不著撰人。

右诗文评类九部

右子之属十一类都一百六部

集部

唐集类

《岑嘉洲诗集》八卷二册。唐岑参。

《刘宾客外集》十卷二册。唐刘禹锡。

《桂苑笔耕集》二十八卷四册。唐崔致远。

有泷西砚农印。

右唐集类三部。

宋集类

《河南先生文集》二十七卷四册。依宋本钞。宋尹洙。

《陈后山诗注》二十卷四册。宋陈师道。

《古灵先生文集》二十五卷六册。宋陈襄。

佚卷一至四。依宋本钞。

《苕溪集》五十五卷四册。宋刘一止。

乌丝栏。板心有小辋川三字。汪鱼亭藏书。

《眉山唐先生文集》三十卷四册。宋唐庚。

虞山钱氏家藏。钱氏剜去。此乾隆禁书，凡牧翁字迹皆毁。

《广陵先生文集》三十卷拾遗一卷四册。宋王逢原。

海宁查声山名昇印。善化贺瑷学蓬号仲肃行二朱文。

《雪山集》十卷四册。宋王质。

与武英殿刊本卷数不同。藏印剜去。

《冷然斋集》八卷四册。宋苏泂。

啸楼印。善化贺瑷印。

《松隐文集》四十卷四册。宋曹勋。

此书卷一至六系四库底本，有翰林院印。乌丝栏。卷十五至四十系另一旧抄配合。尚缺卷七至十四。

《翟忠惠集》十卷附录一卷四册。宋翟汝文。

爱日精庐藏书。乌丝栏。板心有爱日精庐四字。秘册印。

《西溪文集》十卷三册。宋沈遘。

乌丝栏。诸家藏印。

《吾汶稿》十卷四册。宋王炎。

明抄本，依正德本。

《鄮峰真隐漫录》五十卷十二册。宋史浩。

抱经堂藏书印、秀野草堂顾氏藏书印、文潜之印、雪吟读过。

《后村居士集》二十四卷十册。宋刘克庄。

明抄本。乌丝栏。桐城姚伯昂藏书记，谦牧堂藏书记，谦牧堂书画记。旧有荛翁跋。断烂过甚，竟为装手所弃。佚第三卷。

《杨诚斋集》存二十八卷六册。宋杨万里。

此板心有文瑞楼三字，目录后有宋宾王题翰林院印。曾在鲍以文处。

《筼窗集》十卷二册。宋陈耆卿。

乌丝外栏。

《无为集》十五卷二册。宋杨杰。

大楷书钞。

《北湖集》五卷二册。宋吴则礼。

库钞底本。翰林院印。朱丝栏。

《潜山集》九卷二册。宋曾文玿。

库钞底本。翰林院印。朱丝栏。

《日涉园集》十卷二册，宋李彭。

库钞底本。翰林院印。朱丝栏。

《唯室集》五卷一册。宋陈长方。

库钞底本。翰林院印。朱丝栏。

《湖瀍集》不分卷一册。宋朱中有。

《老圃集》二卷一册。宋洪刍。

板心有艺海楼三字。乌丝栏。顾沅藏书。第二行有长洲顾沅校、扬州府训导邵廷烈恭校。

《鄱阳先生集》十二卷二册。宋彭汝砺。

《方泉先生诗集》四卷一册。宋周文璞。

秀水朱氏潜采堂图书。购此书甚不易愿子孙勿轻弃。竹垞收藏。

《郑所南文集》不分卷一册。宋郑思肖。

璜川吴氏收藏图书。

《石林居士建康集》八卷二册。宋叶梦得。

乌丝栏。曾在鲍以文处。

《乐圃朱先生余稿》十卷附录一卷一册。宋朱长文。

板心有红药山房抄本六字。芷斋图籍。张元龙印。雨岩。研古楼抄本。张载华印。佩兼。在筠砚斋。

《翠微南征录》十一卷一册。宋华岳。

贺彬私印。

《李忠愍集》三卷一册。宋李若水。

善化贺学蓬父秘笈书画之章。

《东溪居士文集》二十卷二册。宋王之俊。

春雨鉴赏图书。

《葛归愚集》十卷二册。宋葛立方。

《秋崖先生小稿》三十八卷一册。宋方岳。

存卷二十五至三十八。宋宾王印。卷末题康熙六十年仲秋，同钱牧、方蔚、周诵芬、顾夏珍钞阅，宾王记。又壬寅五月校。吴趋王声宏藏本一次。

《应斋杂著》六卷二册。宋赵善括。

爱日精庐藏书。秘册。

《象台首末》五卷一册。宋胡梦星。

古懽书屋。汪鱼亭藏书。

《高氏小集》六种不分卷一册

乌丝栏。善化贺瑗所藏书画。

《林湖遗稿》。高鹏飞。

《江村遗稿》。高选。

《江村遗稿》。高迈。

《江村遗稿》。高质斋。

《江村遗稿》。高遁翁。

《疏寮小稿》。高似孙。

《夹漈遗稿》不分卷一册。宋郑樵。

仲肃秘藏。贺瑗印信。

《富山先生遗稿》五卷一册。宋方一夔。

乌丝栏。善化贺瑗所藏书画印。

《雪溪诗集》五卷一册。宋王铚。

澹云吟馆。贺庆铺印。

《雪矶文集》五卷一册。宋乐雷发。

乌丝栏。

《见心先生史咏》二卷一册。宋徐钧。

鲍渌饮朱笔题记。乌丝栏。

右宋集类四十七部

元集类

《遗山先生文集》三十卷三册。元元好问。

姚兴钰朱笔跋。从宏治本抄录，依何义门所校，汲古阁本过校，佚卷七至十。

《湛然居士集》十四卷二册。元耶律楚材。

平原陆氏家藏。金氏南楼藏书。元功珍藏。读书秋树根。

《揭文安公文集》六卷二册。元揭傒斯。

知非堂书画记。善化贺瑗所藏书画记。

《滋溪文稿》三十卷六册。元苏天爵。

璜川吴氏藏图书。

《梧溪诗集》七卷六册。元王逢。

黄锡蕃印。醉经楼。菽升过眼。

《月屋漫稿》。元黄庚。

乌丝栏。板心有小辋川三字。

《圭塘款乃集》不分卷一册。元许有孚。

《药房樵唱》四卷一册。元吴景奎。

贺彬私印。

《玉井樵唱》三卷一册。元尹廷高。

毛子晋六印。

《潜斋先生诗集》四卷一册。元。（按：原稿如此）

《汶阳端平诗隽》。元周弼。

白堤钱听默经眼。听默乃书估，当时文士多与往还。

《北郭诗集》六卷二册。元许恕。

佚卷三至六。有材佶人人形印。乌丝栏。

《桧庭诗稿》九卷二册。元丁復。

《东皋先生诗集》五卷一册。元马玉麟。

《周翰林近光集》二卷一册附扈从诗一卷。元周伯琦。

学纯印。

《半轩集》六卷一册。元王行。

《鹿皮子文集》四卷一册。元陈樵。卢联辑编本。

《勾曲外史集》附录不分卷一册。元张雨。

此编皆诸家题赠之作。

《云林先生续集》不分卷二册附一卷。元倪瓒。

樵允、子垂、袁氏卧雪庐印。

《还山遗稿》二卷附录一卷一册。元杨奂。

爱日精庐藏书。秘册。

《梅花先生遗墨》二卷一册。元吴镇。

善化贺瑗字学蘧号仲肃行二。

《默庵先生文集》四卷一册。元安熙。

赵辑宁印。素门。古欢书屋。善化贺瑗所藏。

《湛渊集》不分卷一册。元白珽。

梦庐校本。乌丝栏。钱天树印、嘉兴钱氏味梦轩藏本印。

《居竹轩集》四卷二册。元成廷珪。

板左有得一堂写本五字。竹舆。乌丝栏。

《夷白斋稿》三十五卷五册外集一卷。元陈基。

文征明连珠印。虎儿。有香居士风吹雨打锡瓒朱笔跋。

《莆阳知稼翁集》卷一册。元黄公度。

《古遗民先生集》不分卷一册。元汪炎昶。

寡过未能斋。善化贺瑗所藏书画印。

《铁崖古乐府补》存四五六卷一册。元杨维桢。

乌丝栏。袁氏卧雪庐印。

《草玄阁后集》存辛壬癸三集一册。元宋德润。

善化贺瑗字学蓬号仲肃行二。

《正思斋文集》八卷四册。元夏天祐。

青桐轩。蒋溥恒轩。

《桂隐先生文集》八卷三册。元刘诜。

知非堂书画记。敬翼堂印。平阳藏书。

《耕学斋诗集》十卷二册。元袁华。

葛宗之印。绵祖。善化贺瑗所藏书画印。

《殷强斋先生文集》十卷二册。元殷奎。

《玉笥集》十卷二册。元张宪。

《水云村吟稿注》五十卷六册。元刘壎。

男裔孙冠寰等注。

《栲栳山人集》三卷一册。元岑安卿。

《断肠集》十卷一册。汲古阁藏。元朱淑贞。

《肃雝集》不分卷一册。元房祺编。

乌丝栏，板心有小辋川三字。

右元集类二十八部

明集类

《王常宗集》四卷一册。明王常宗。

古盐张氏。松下藏书。张载华印。佩兼。芷斋图籍。古盐官州马思赞之印。善化贺瑗所藏书画印。传之其人。

《思庵先生文粹》十一卷一册。明吴纳。

善化贺瑗所藏书画印。

《花溪集》三卷一册。明沈梦鳞。

乌丝栏。板心有小辋川三字。

《南州诗集》五卷一册。明徐庸。

乌丝栏。板心有小辋川三字。

《吴志仁先生遗集》十卷三册。明吴谦牧。

陈鳣收藏，乌丝栏。

《二妙诗集》八卷二册。明王沂、王佑。

德清许氏陜华堂藏书。吴城。敦复。

《长白山人集》二卷一册。明陆之箕、之裘。

宋宾王跋。宋蔚如收藏印。乌丝栏。板心有文瑞楼三字。穷年事校雠。

《奇零草》卷一册。明张煌言。

《张忠烈公遗稿》不分卷一册。明张同敞。

同敞为江陵子，与瞿式耜同在桂林谋恢复，与张煌言起兵。江介同。畊石蒋畴印。袁氏卧雪庐印。乌丝栏。

《斗南老人集》存二卷一册。明胡奎。

佚卷一二三，又卷六。

《泾野先生文集》三十八卷八册。明吕柟。

吴瑛之印。

《震川先生未刻稿》二十卷四册。明归有光。

乌丝栏。诸草庐。锦。

《北泉草堂诗集》二卷一册。明蓝涧。

玉函山房藏书。

右明集类十三部

清集类

《牧斋先生遗集》不分卷二册。清钱谦益（未刻）。

《钱湘灵未刻稿》八卷八册。清钱陆烂。

佚卷二卷七。此本皆文，第五卷后搀入诗，题云总诗。五十三页今存四十九页。第八卷内又搀诗，半页无首尾。其凌杂不齐如此。但圆沙老人集少传本，余得调运斋集刊本，其诗乃圆沙手书，亦非此本。

《睫巢集》六卷二册。清李锴。

黄真亭藏书印。

《钝翁类稿》存卷五至八一册。清汪琬。

此乃稿本，有涂改，有菭华书屋图书。

《春明偶集》三卷续集一卷一册。清蒋云师。

此本手稿。有云师印。乌丝栏。板心有退思居三字。

《冬关诗草》不分卷一册。清释休复。

休阳汪季青家藏。乌丝栏。板心有摛藻堂三字。

《怀古集》二卷一册。清冯廷瑎。

廷瑎与定远同宗。此为手稿，有涂改。

《凤楼遗稿》不分卷一册。清严文杰。

《许畐农诗集》五种不分卷二册。清许田。

此系手稿。有改涂。有许畐印。

《涧莼先生集》三卷一册。清吴曾贯。

《洛间山人诗钞》十卷一册。清薛丹廷。

玉函山房藏书。手稿净本。

《稗畦集》不分卷一册。清洪昇。

思昉集未见传本。蓝丝栏。左有陆香圃三间草堂藏书一行。朱竹垞选定。

《刘次白文集》不分卷三册。清刘次白（鸿翱）。

此手稿净本。

《湛园集》十卷，存卷一至卷三，一册。清姜宸英。

板心有藤梧馆三字。红桐书屋。乌丝栏。库校底本。

《何义门先生集》不分卷一册。清何焯。

黄荛翁跋。钱竹订记。孙忠愍侯词堂藏书记。陈景云手钞。

《蒿庵集》三卷诗一卷乙册。清张尔岐。

今所传康熙刊本无诗集。

《芊绿草堂诗稿》八卷二册。清沈金鳌。

《卮园文稿》不分卷一册。清马璞。

《寒松穉子杂著》十六卷杂吟四卷六册。清韩曾。稿本。

《拟明史乐府注百首》不分卷一册。清尤侗。

侗子珍注。臣贺凯印。蓝丝栏。板心有梦梨雨斋自制六字。

《蔗堂未定稿》七种外集四种四册。清查为仁。

厉鹗序。

《琴隐园诗集》二十四卷八册。清汤贻汾。

此钞多于刊本，亦多异同。番禺沈氏所藏书画。

《潘少伯文稿》不分卷一册。清潘谘。

《陈恪勤公集》不分卷四册。清陈鹏年。

恪勤公集本分一官一集，今道荣堂集非原定也。今存四集，分集刊本余亦有之。

右清集类二十四部

右集类之属五类都一百十五部

此编即所谓吾家秘密藏者，综计四部凡书三百二十五部，习见之本都归芟汰。余搜书四十余年，视莪翁三十年精力所聚未许让也。礼培记。

此就旧目草草编成，乡城避兵搬徙，恐尚有出入，刻本各书大半在乡，丧失尤多，去年廖军据旧宅尤为浩劫，残帙断编废然不能过问，容当俟之异日耳。培又记。

附：黎承福抄录《复壁书录》多出部分

书类多出一部：

《孙氏尚书今古文注疏笺》三十卷，三册。清王闿运。精钞与刊本间有异同。

春秋类

多出一部（按：王礼培自抄本称五部，然实四部）。

《春秋辑传辨疑》不分卷，五十二册。李集凤。

每册有竹坨藏本长方印。竹坨手跋云，此为写本，楷法朴老，前后一手，盖犹李氏初定之稿本也。遐征博引，浩如烟海，中间不无繁复之弊，然古人藏书率珍手录。李氏奄有群籍，而能覃精竭思以成专经之学，功勤而志笃，足抗衡古人矣。读者宝诸竹坨。下有朱文锡邕方印。培按：是书不见经义考，盖晚年所得之本。诸家目录亦不著录，其为手稿孤本无疑。

杂史类多一：

《天启宫词百首》不分卷，合上册。明唐宇昭。

地理类多二：

《和州志》四十一编，一册。清章学诚。

《宁古塔纪略》不分卷，合上册。清方拱乾（？不确定）①。

后抄者史部凡之属四类六十八部二百二十九册。

《两浙人物考》，一册。

儒家类多二：

《大唐郊祀录》十卷，四册。唐王泾。

《经史互纪》十二卷，原缺二卷，五册。

影元刊本甚精，顾千里诸家印极多。长沙徐树钧手跋。

杂家类多三：

《寓圃杂记》四卷，二册。明王錡。

《采芹录》四卷，一册。明洛问礼。

《少室山人笔丛》五十卷，十四册。明胡应麟。日本抄本，汪阆源印，与明刊本有异同。

兵家类多一：

《太湖用兵纪略》，附《防湖论略》，一册。不著撰人。

释道阴阳家类多一：

《奇门指南》二十二卷，二十册。清凌龙光。

子部最后附：

《冠谱》，一册。

多出总集类：

《两汉制诏钞》不分卷，一册。清何焞。横云山人印。

《宋金元三史乐章》十卷，六册。清陈唐。乌丝阑。

《乐府雅词》卷，二册。宋曾慥，乌丝阑。养拙斋藏。

《唐七绝选》不分卷，一册。不著编者。

---

① 此处原撰者存疑。《宁古塔纪略》实为清初吴桭臣撰。

题乐是居定本。乌丝栏。同睦斋珍藏书画图章。

《太和正音谱》二卷，附乐府，乐府残缺，三册。不著编者。乌丝栏精抄。

《蓬庐逸纪》不分卷，一册。不著编者。

题菱夫竹亭氏钞。纪春秋至清初宫闱有本事可纪者。

右总集类六部。

《徐钧史咏集》，一册。

凡集之属五类都百二十六部三百四册。

宋集多二：

《心史》，一册。

《鹿皮子文集》四卷。宋陈樵。

明集类多二：

《墨华集》不分卷，八册。明安舒。稿本。安舒自印，王士桢序。

《顾颔集》不分卷，五册。明吴骐。

海宁杨芸士藏书印。秀水顾氏樊桐山房藏书之印。袁氏卧雪庐印。

清集类多三：

《杜茶村诗抄》八卷，四册。清杜浚。

未刻，凡诗六百五十九首。康熙间刻本诗文变雅堂集，此钞之诗多未刻。汉阳彭湘怀编辑。爱山道人印，西堂藏书印。

《流铅集》不分卷，二册。清吴农祥。

农祥康熙间举鸿博为益都相国，佳山堂六子之一。六子谓陈迦陵、毛西河、吴任臣、王嗣槐、徐林鸿，其一及农祥也。

《雪鸿小草》二卷，三册。清刘鸿翱。手稿净本。

附：黎承福《复壁书目》跋

右《复壁书录》一册，为湘乡王佩初礼培所藏精钞本书目，余假得手钞者。佩初工书画，精鉴赏，收藏尤富，以贫困欲货所藏书。茶陵公闻而语湘中政府，出金收置长沙图书馆，乃诸人视为不急之务，久不答。佩初乃挟之来金陵。既至，贫日益甚，有朝贵闻知，以三千金欲选购其冣者。佩初不得已徇所请。此册中有朱圈所识者是也。

方余始识佩初时，文采豪华倾动一世，岂意其垂老困厄一至于斯耶！盖前此四十年，为光绪庚寅，余从先兄鲁庵、不翁两先生读书省城，曾文正祠浩园之池北楼，同居者为长沙陈季原保彝、饶石顽智之、黄联笙膺陶，佩初则居祠西思贤讲舍，与湘阴郭润珉，偕其不居祠园而过从最密者有长沙徐健实崇立、湘阴张芝岑崇树、湘潭胡子夷之常、临川李雨农瑞清。先五兄殇最早，先六兄去冬亦逝，余人皆先后化去，唯佩初、健实，与余三人犹在，然皆侘傺穷愁，追忆尔时，海内外承平，吾辈谈艺徵逐，极文人之乐，今则大地干戈，故园烽火，苟全性命，萧瑟江关，回首前尘，都如梦幻。泚笔记此，曷禁泫然。庚午闰月朔杏钞竟并记，黎承福。

意此目录中之尤雅者，必同付劫灰。多藏厚亡，足昭炯鉴，况其悖入者，人皆指目之。他物举不足惜，所惜者是录中之传钞孤本，尤痛惜者，《日本舆图》也。吾言不幸而中，是则此书之大不幸矣。吾前跋时，距今未及半载，乃遽遭斯劫，臆论遂炳若耆蔡，可不戒哉？可不惧哉？

附：徐崇立《复壁书目》跋

此《复壁书目》为湘乡王佩初孝廉所藏本，黎铽翁手钞见示予，亟欲迻录，恒苦客扰，乃属从弟绵春传写，复加勘校。佩初挟书来，本欲罄目录中书帙悉售之。易培基方挟重赏，乃欲挟其精华而剔去其有通行刊本者。佩初虽不欲，而迫于生事，遂不得不听其割裂。书眉著朱圈者是也。铽翁不屑齿其名，而特揭而举其状，俾世之嗜书者知之，其中多名著精钞，使通人得之，略汰其习见者，悉依原本尺度，景印行世，即名之曰《复壁丛书》；岂唯公之字合以饷学者，兼可自利焉。

佩初当年裘马翩翩，游冶平康，有《两丝集》之作。回首前尘，都成梦影，昔嗜收藏，今则鬻书以自给矣。校竟有感于铚翁之言，低徊往事，因援笔记于卷末，灯下作细字，老眼益昏，适于丑劣耳。辛未重九日，瓻翁徐崇立，书于金陵寓斋。

此册原来系用兰色直行格纸，凡三十七叶。每半叶十行，每行字数无定。每书卷册之下，著者姓名直写于每行之底，今改小字旁写。第六叶第二行总文史部二字一行，今补。第十三页《两浙人物考》一册，七字一行。第二十三叶《冠谱》一册，四字一行，均系添写。第三十三叶《吴志仁先生集》十卷三册注二行，系添写于阑外左方，今补正。第三十七页《徐钧史咏集》一册，七字一行，系添写于夹缝，今钞并为改正，故行款均有移动。原跋六行，起于第三十七叶后半叶，第一行今移过四行矣。原册之首护页上题有：此录净本，并无副书，借阅诸友幸随阅随还，勿久留滞也。二行二十二字。钤长方形复壁藏书朱文印。

去腊日本兵侵轶上海，江湾适当兵冲。中日两军苦争匝月，卒以孤军无援，退保昆山，而江湾久经兵火，遂成焦土。易氏夙于是地筑高楼大厦以居，更于其旁构屋以赁人，而坐享厚直。云连栉比，湘人之居海上者，莫能匹也。闻其书画，战事起复运出，独得瓦全，而多赝品。惟藏书多善本，乃到二百匮，繁重不得出，至是并其庐舍同燔焉。意此目录中之尤雅者，必同付劫灰。多藏厚亡，足昭炯鉴，况其悖入者，人皆指目之。

又，《日本环海险要图志》一书，出自近人王氏，迭经校补，测验翔实，尤为今日有用之书，亟当先印单行，流布学校，供群居探习之助备，异时讨伐之资，更不可秘之枕中，私为己有。今捐书者扃锢经年，不闻刊布。当此沧海横流，干戈扰攘，古人毕生精力所聚，幸存至今，若必诩为孤本，矜其富有，漫藏则徒饱虫鼠，有警则投诸水火。此曹倦圃所谓："若与古人有深仇宿怨者，直与秦焚等耳！"

附　　录

忆石塒上

易新农

一、湘乡文化的承传者

石塒上是外祖父王礼培世居之地，位于湘乡县城以南约十华里的后峰冲。外祖父出生名门，其叔祖王鑫、祖父王人树都是中兴名将，在湘军与太平军之役中立下奇功。外祖父本人则是民国著名的藏书家、学者和诗人。

湘乡地处湘中丘陵地区，至少五千年前，湘乡先民即繁衍生息在这块土地上。湘乡境内有古石器时期、龙山文化和商周文化遗址，湘乡城郊东南至西南十余公里的战国时期墓葬群共有五千余座。湘乡在秦属湘南县，西汉哀帝建平四年（公元前 3 年）封长沙王子刘昌为湘乡侯，自此有湘乡名。东汉时改为湘乡县。

湘乡历史悠久，地灵人杰。蜀汉大司马（丞相）蒋琬（约168—246）、南宋丁未科状元王容（1163—1206）、元代文学家冯子振（1253—1348）等均出自湘乡。明清以降，湘乡更是人才辈出，以曾国藩为代表的一大批湘军将领也都出自湘乡。

钱穆在《中国文化史导论》中说："各地文化精神之不同，穷其根源，最先还是由于自然环境之区别，而影响其生活方式。再由生活方式影响到文化精神。"钱穆此处所说，系从全世界角度而言中国文化，总体来说，各地文化亦确有各自不同的地区特色。

湘乡古属楚国，以屈原为代表的楚文化与中原文化既有联系又有显著的独自特色。随着中原文化重心南移，湖湘文化逐渐形成和崛起。北宋周敦颐（1017—1073，湖南道县人）"作《太极图说》、《通书》，契性命之微于大易，接孔颜之学于一诚，而以太极人极发明天人之蕴，倡理学以开宋学程朱之性理"，为宋代理学的创始人。

南宋胡安国（1074—1138，原籍福建崇安）于绍圣年间中进士，为太学博士，旋举湖南学事，后落籍湘潭，从事学术研究及讲学，与其子胡宏（1102—1161）创立了以经世致用为核心理念，以理学为学术特征的湖湘文化。公元1167年（宋乾道三年），朱熹自闽来湘，与张栻（1133—1180，湖南衡阳人）共同讲学于岳麓书院，推动了湖湘文化的发展。明末清初王夫之（1619—1692）发扬宋儒张载之学，"注《正蒙》数万言以讨论为仁之方，为《礼记章句》数十万言以阐明记礼之意"，进一步推动湖湘文化与政治、军事、经济的结合。

古代湘乡文化是湖湘文化的承传者，又是发扬光大者。南宋彪居正是湘乡人，他继张栻之后（1169年）出任岳麓书院山长，渐次使岳麓书院成为湖湘学派的大本营。另一位湘乡人易宗涒（1682—1776）学有大成，著有《五经辨疑》、《四书绎注》等，也曾任岳麓书院山长，他还曾作《岳麓书院记》。

但是，客观而言，清代以前，湖湘文化落后于全国。清雍正年间湖南、湖北乡试"分闱"对湖湘文化的发展起到重要的促进作用。湘乡人曾国藩促使湖湘文化由文化发展而引发重大社会变革，成为湖湘文化发展史上一个里程碑式的人物。曾国藩的周围聚集了一大批深受湖湘文化熏陶的文人士子，其中湘乡人罗泽南、王鑫、刘蓉等人就是湖湘文化的著名学者，也是湘军的重要将领。他们以书生领兵，用理学治军，"朝出鏖兵，暮归讲道"，将湘军打造成一支有文化有思想的部队，对中国社会发展产生了重要影响。曾有论者指出：湘军之所以能战胜太平天国，最重要的是在文化上具有优越性，太平天国是中国传统文化的破坏者，它对凡一切孔孟诸子百家之说，尽皆排斥，而湘军则是以"卫道保教"为旗号，获得文人士子以至广大百姓的拥护。

出生在这样一个有深厚文化涵养之地的王礼培，自然成为湘乡文化以至湖乡文化的承传者。

二、洙津渡与万福桥

从湘乡县城南门出城，沿潭宝（湘潭—宝庆）公路行约十华里，即到洙津渡。西来涟水在此转一急弯，折向东流，左依峭壁，右卧平原，水流湍急。湘乡古代有民谣曰："走尽天下路，难过洙津渡。"
涟水这一段当年无桥，渡口为恶人把持，敲诈欺凌过往客商。明代
包汝楫《南中纪闻》载："洙津渡渡夫最刁，客担经涉，受其逼诈
者无不切齿。"邵阳人徐公明出于义愤，变卖家产，筹资在此建桥。
清雍正四年（1728），大桥建成，为九拱石桥，横跨涟水，异常壮
观，遂成南来北往的交通要道。

　　此桥名万福桥，桥居中一拱下嵌青铜大镜一面，据说是为镇邪
之用。桥东山崖有"楚南大观"牌坊一座，还有一座杨泗将军庙。
民船业奉杨泗将军为师祖，湘江流域及洞庭湖一带多有杨泗将军庙，
杨泗将军为民间传说的斩孽龙为民除害的英雄，又有人说杨泗为宋
代洞庭湖畔农民起义领袖杨么。在新农童年记忆中，万福桥畔的杨
泗将军庙香火颇旺，不少善男信女都到此烧香叩头，祈求福祉。

　　新农小时常到万福桥游玩，听说此桥建成，还留下一段神话传
说。据说当年建桥时，过往船只都要载一块石料至此卸下，否则会
有沉船危险。大桥将竣工时，尚缺一块大石难以合龙，此时一老人
驾船而来，所运一块巨石恰好能使大桥合龙。人们正待感谢老人，
但回头一看，老人与船只均已不见，于是传说这是仙人助成此桥。

　　抗日战争时期，1944 年 8 月 13 日，为阻止日寇继续西犯，国军
第 73 军曾主动炸毁万福桥第一拱，第五拱亦遭破损，抗战胜利后随
即修复。此桥修复时，过往汽车尚需轮渡，新农在此见过轮渡。万
福桥全为石砌，但修复时，找不到足够石料，只能以青砖代替。

　　外祖父王礼培曾有诗题咏万福桥："始信弥天力，投鞭此水滨。
咎徵疑有数，往事已如尘。江吼潜虹走，云昏地轴沦。断碑无可读，
空忆国初人。"其题记曰："万福桥始建于雍正元年，为上通云南衢
路，近自公路经过，填高两岸以防水溢道阻，而桥与水争地矣！夏
秋潦涨，冲击若怒雷，桥基益危。作诗以诏后人。"

　　夏秋之际，山洪暴发，漫天洪水，确实惊人。新农小时在石墈
上见到山洪来时，月台下所有田园全被水淹。表哥王公绥就在月台
上撒网，网到被洪水冲来的大鱼。曾有一次，洪水曾涨至石墈上的
大草坪。当然，外祖父不曾预见到今日物力科技的发达，已能较好
地控制洪水。湘乡在 20 世纪 60 年代修了大型水利工程——韶山灌
区渠道。2005 年，又在万福桥上游 200 米处建了一座钢筋水泥大桥，
新桥比原先的石桥更宽更长。潭宝公路亦已成为国道。外祖父所担

忧的洪水为患桥基不复再有。旧桥今仍在，但只作为游览观光地，不再承担交通重任了。

二、石塃上的园林和庭院

过了万福桥，公路左侧有一土路，两旁全是水田。行约两华里，到达后峰冲，即见石塃上。湘中是丘陵地区，多小山，湘乡所言山冲，实即山谷。由此路上行，两旁全是山，山下有水田。愈往前走，则山愈多且愈高，循此进入山区。一条小溪沿众多的山丘蜿蜒而下，由此出平原注入涟水。

石塃上得名，应是王礼培迁湘先祖所带来。塃上多为江西地名，王家迁湘始祖王崧卿即是从江西迁来。王家先人在此建宅是有讲究的。此宅依山而建，山坡作为宅基础，王家世居此地，而大宅应是随着王家的发达而建成。整座大宅背靠小山，连山以围墙围住，后门有上山小路，有四座守望的碉楼，矗立在小山四周。围墙依山势筑成，气势雄伟。

从后峰冲口望石塃上，沿小溪对岸有一排凤尾松，枝叶招展，摇曳多姿，像是迎接远方客人的到来。小溪左侧是水田，有一条斜坡路直上石塃上。斜路尽头，即是石塃上的月台，斜路两侧全是水田，月台距下面的水田高约十米，石塃上大宅高高矗立在山坡上。月台是一块台地，可容数十人。宅院槽门高约5米，有花岗石门柱，门页厚重坚实，门槛亦是一块大石，高约一市尺半，小孩需伏身而上才能越过。槽门四周有墙，左右有小房，为守门人所住。从槽门进去是一大草坪，足有两个足球场大。越过宽阔的大草坪，穿过两侧冬青树，才是进入邸宅的台阶。台阶左右各有一条长约两丈的大木凳，应是供来访宾客的轿夫仆役歇息所在。邸宅正门上方挂着蓝底黄字的"诰命一品夫人"的匾额，这是外祖父的叔祖王鑫获得战功后，清廷诰封其母贺夫人的。

令我永难忘怀的，是石塃上园林花草之盛。台阶前立有两根高大的桅杆，上盖锡顶，是清代中举之家的标志。两列冬青树旁，各有一株大茶花树，高约三米，用石块围住，每株占地约十平方米。茶树枝叶茂密，开花季节，红红火火，生机盎然。靠近邸宅，大草坪左右遍种高大的桂花树、梧桐树、柚子树、槐树、青果树、桃树、李树、枇杷树，还有成片竹林。大草坪左右还有小花园，种满蔷薇、海棠、月季、腊梅等等花卉。春天桃红李白，秋天丹桂飘香，冬天腊梅花开，浓香沁人。桃、李、青果、枇杷、梧桐等结实时，是我们孩童最为开心之时，桃、李、枇杷、青果的果实是我们最爱吃的水果。印象最深的是在雪地里赏腊梅，别有一番风味，那时我们已能情不自禁地唱起《踏雪寻梅》歌：

雪霁天晴朗，腊梅处处香，骑驴灞桥过，铃儿响叮当。响叮当，响叮当，好花采得瓶供养，伴我书声琴韵，共度好时光。

外祖父有《西园感旧图诗》："旧德留迁阔，回廊窜伏龟。故山寥落梦，荒雨草虫悲。冷翠看生意，寒花感后时。风流今在眼，庭树傥能知。"诗序云："和白翁客舍下，礼培为述昔时园林宾从之盛，与李氏芋园并致奇花怪石，乞翁画长卷未及脱稿，盖又十年，翁已归道山矣！补诗一首，以告居者。"

芋园在长沙浏阳门正街之南，是长沙著名的园林邸宅，始建于1874年，其主人李星沅（1779—1851，字子湘，号石梧），是晚清大臣，先后任兵部尚书、陕西巡抚、陕甘总督、江苏巡抚、云贵总督、云南巡抚、两江总督等职，曾参与禁烟与鸦片战争。芋园内有亭阁花榭假山，几近半圆的池塘，四周有丝丝小竹林，玲珑雅致。景致间有卵石小径，木制回廊蜿蜒连接，园内遍植名贵花木。民国初，芋园中怀庐的一个院落，曾被借作省立一师的教师宿舍，杨昌济、黎锦熙等曾居此。今园已废，但芋园作为街道名仍存。

外祖父将石塘上与芋园相比，可见当年石塘上园林之盛。大宅前除大草坪四周遍种花果林木，后山更是林木密布，有松、杉、橡、栗、苦槠等。橡实可食，苦槠果味稍苦，去壳后经水浸泡，可制苦槠豆腐，用以佐餐。特别是后山紧靠大宅，两旁有两株高大的璎珞柏，树高约二十多米，树冠成圆锥形，枝叶茂密下垂，摇曳多姿。璎珞柏所结种子与中药材苍术等燃火焚之，有香味，可驱瘴气。

大宅为一进两横式。踏上几级台阶，便是纵深两进的堂屋。下屋为大厅，悬有木匾金字，为外祖父所书篆字，所书之字当时年幼不识，今已忘却，殊为可惜。过了"鼓皮门"，有一天井，再上进便是正堂屋，两旁各有一长溜太师椅，正面神龛供着祖宗牌位。正堂屋后有窄长房间，有大木柜，专放香火蜡烛纸钱及供品等物，备为敬神拜祖之用。

正堂屋两边分为东西两横，两旁各有穿堂屋，再进便是卧室、储物室、厨房、酒房等等。东西两横各有东花厅、西花厅及外大厅。大厅后是荷花池、花园。东花厅旁天井有两株苏铁，新农小时见过铁树开花。小天井有多个，是为间隔各房及采光之用，下雨时，雨水从屋檐滴入天井，水随阴沟流走。正屋往西有一穿堂屋，亦有天井，有门十个通向四周各个房间，这是我印象中门最多的一间房。整座大宅，包括厅堂、卧室、杂屋、灶屋（大小厨房）、碓屋（把谷物捣成白米的大屋，内有石磨、石臼、风车、筛子等等工具），还有一间很大的猪栏屋。石塇上大小屋舍共80多间，占地应在三千平方米以上。

四、母亲带我们住进石塇上

新农母亲王馀文是外祖父王礼培的幼女。1928年2月，母亲与父亲易维扬结婚，是由我们舅公公文希汉介绍，父亲上司李明灏参加婚礼并证婚。

父亲易维扬生于清光绪二十四年（1898）农历八月十五日，早年肄业于湖南第一师范学校，1922年6月考入湖南陆军讲武堂，与黄公略、彭德怀等同班同学。父亲曾在湘军任连长等职，后随军南下，参加孙中山领导的国民革命军，曾参与军政府大本营讲武堂的筹建和招生，担任讲武堂学生大队副大队长。讲武堂校长为程潜，教育长兼学生大队大队长李明灏，该校后并入黄埔军校。

北伐战争开始，父亲任国民革命军第6军第17师一团团长。程潜任6军军长，李明灏任旅长。父亲三战南昌，下芜湖，克南京，由于军纪严明，作战英勇，多次立功受奖。后因程潜与蒋介石不和，6军被解散，程潜被捕，党代表林伯渠被通缉。父亲投奔湖南省主席何键，又因与何意见相左，离职赋闲。不久，父亲再赴南京，在军事参议院挂职少将参议。1933年祖父易旭暄去世，父亲为他举办了隆重的丧事。1934年秋，父亲赴广东，参加酝酿中的两广反蒋斗争，以壮年死于不明不白的暗算之手，由勤务兵钟松藩扶枢回乡，葬于潭市石塘杨梅塘。

父亲于民国初年与张氏结婚，生下大姐新家、二姐新姜和大哥新亚，张氏生下新亚七天后得产病去世。后来才有父亲与母亲王馀文结婚。母亲育有二哥新夏、三姐新德、新农和妹妹新伟。

　　父亲和母亲的结合，也许是时代玉成。但这结合并没有给母亲带来很多幸福（虽然当时人们认为她是幸福的）。作一个革命军人的妻子是艰难的，不到十年的婚姻生活，给她留下的只是四个牙牙待哺的孩子，和太多咀嚼不烂的悲哀。这悲哀与生活的负担竟如此沉重，最终夺走了她的生命。

　　父亲去世，灵枢运回来后，母亲要求"冲棺"一见，作最后的诀别，但迫于乡下迷信的习俗，这一要求也被拒绝了。草草办完丧事，变卖住屋晋德堂和田产后，母亲带我们兄弟姐妹四人，租屋住进湘乡县城。新夏兄、新德姐和我在县城第三小学读书半年。外祖父心疼女儿丧夫及抚养儿女之难，就要母亲征得祖母同意，带着我们兄弟姊妹四个，回到娘家，住进石塅上。外祖父在东花厅拨了几间屋给我们住下。母亲是想让我们在这个世代书香之家呼吸着书香之气，在深厚的文化氛围中成长。我们就这样在石塅上度过了童年。

　　母亲性情文静，很合乎外祖父给她取的名字——馀文。母亲年轻时能歌善舞，也喜欢读古诗词，是表姐妹眼中热情和充满活力的"满姑"。在大革命时代，年轻的母亲凭着一股热情，由大姨妈领着，举着小旗喊着口号去游行，去动员女人们剪掉"巴巴脑"（一种发髻）。而后，政治风向转变，她们这群年轻的女性还没有明白过来，革命就退潮了。母亲与父亲结婚后，父亲常年奔波在外，他们只在长沙有过短短几年平静的生活。

　　至今我手头还保存有一帧父亲和母亲带着我照的相片，此相片历经"文革"动乱，幸由德姐保存下来，成为我们兄弟姐妹最为珍视的家传文物。相片中，父亲着西装戴眼镜，母亲着旗袍，也戴着一付眼镜，其时新农约两岁。还有一帧母亲抱着德姐照的相片，母亲穿绸上衣，大袖口，留刘海发型，惜已毁于"文革"。

　　父亲母亲带我照的相片上，母亲身着的那件浅荷灰色旗袍，后来母亲把它剪掉下半截，用上半截改成一件小棉袄给新伟穿。这样好的衣服，母亲也舍得剪掉。母亲对儿女的爱心一直深深地刻印在我们的脑海里。

　　我们手头还有一帧父亲在湖南陆军讲武堂的毕业照，父亲着军装，肩挎斜皮带，是那时典型的军人照。我们得见这帧照片，也是一种奇遇。那是 20 世纪 80 年代，彭德怀平反后，报上登有纪念他的文章和照片，其中就有他在湖南陆军讲武堂的毕业照。我们小时在家中见到过父亲留下的湖南陆军讲武堂纪念册，中有包括彭德怀在内的同学毕业照，他们身着军装，肩挎斜皮带。我和新夏兄就此去湖南省档案馆，找到这本纪念册，把父亲的照片复制下来。父亲母亲的相片留下的就只有这两帧了，多么宝贵的相片啊！

母亲本来就体弱多病，患腿疾，常失眠。长辈们和我们说起母亲，总是说她懦弱。"她太爱哭了，总是以泪洗面"，大姨妈就多次和我们这么说。她怎能不哭呢？父亲这么早就去世了，抚育子女的重担就全压在她身上了。

母亲带着我们兄弟姐妹四人住到石塅上后，大姐新家、二姐新姜、大哥新亚和祖母住在老家潭市大坪，但他们也常从老家来石塅上作客。那时大哥不到十岁，有一个邻家女孩也常来石塅上玩，大姐和细姑（易曼如）逗大哥玩，说要把这个女孩嫁给大哥。大哥年纪小不懂事，信以为真，就去对母亲说他要娶媳妇。母亲还没有起床，笑着回答："你屁股还没脱黄，就想娶媳妇？"屁股没有脱黄，是指小孩子拉的黄屎，意即大哥还太小。大哥能如此在母亲面前撒娇，在他心中母亲就是他的亲妈妈。新姜姐后来出嫁时，母亲还把自己有穿衣镜的大衣柜给她作嫁妆，她对张氏所生的三个子女，也如同亲生一样爱护着。

母亲太不幸了，终日操劳与忧郁终于使她患上了肺结核，于1939年12月逝世。她那时只有31岁，生命于她是太短太短了。

当她得知此病，立即在生活上和我们隔离，饮食分开，很少让我们进她的房子里去。我们也记得她临终的那个晚上，她叫了我们进房去。我们走近床边，她伸出枯瘦的手握着新夏，取下一枚戒指戴在新夏手上，流着泪说了一些对我们这些孩子来说太艰深的话。她又一一叫着我们四个的名字，仔细看了我们，再挥手叫保姆领我们出去。屋里一灯荧荧如豆，屋外夜色那样浓，伸手不见五指。她和父亲一样，在寂寞中走完了生命的旅程……

保姆刘嫂后来告诉我们，母亲听说肺结核病人去世时，细菌会飞出来，所以强忍着痛苦，不让孩子们守在身边。

20世纪30年代，肺结核尚是不治之症。在石塅上，因患肺结核病去世的还有好几位。有十一外公的媳妇，我们叫三舅妈的，她是守望门寡（她嫁入王家前丈夫已去世）。还有三嫂左焕璇（表哥公望的妻子）。还有表姐晟姐，已嫁到蒋家，也是年纪轻轻的，就被肺结核夺去了生命。

第二天清晨，我们头上缠着一绺苎麻，到西头外祖父卧室中去。外祖父刚起床，正在洗脸。我们按乡下习俗跪下磕了个头，他望着幼小的我们头上的这绺苎麻，转过身去，用毛巾掩着脸，长长地叹了一声。

外祖父为自己的小女儿在附近十多里的地方——桃家冲，找了一块坟地。此后我们每年清明节都去母亲的坟头扫墓。20世纪60年代，湘乡因修筑大型水利工程——韶山灌区及附属简易公路，桃家冲两旁的坡地都开成了梯田，母亲的坟也被平去。可以告慰母亲的是，我们兄弟姐妹四人都已成人成家，我们的下一代也都已成材，母亲的生命力正我们身上延续。

母亲去世后，我们兄弟姊妹四人仍在石塅上住了一个短暂时期，不久就由祖母接去住到老家潭市大坪。那是一所青砖屋，有正屋、卧室、客户、灶屋、杂屋等共17间房，我们和叔父易维枢同住。大姐、二姐已出嫁，大哥高中毕业后当了小学教师，他和嫂子陈上让负起了家长责任。乡下习俗是长兄当父，长嫂当母。

但我们兄弟姐妹每年仍常去石塅上住一个时期，那是我们的第二个家。大姨妈王慈南（传芬）终身未婚，把我们当作自己的儿女。表哥王公绥和表嫂刘道娥待我们如亲人。我们在老家潭市大坪和石塅上往来穿梭。记得1950年春，我还在大姨妈的指点下，在大宅的草坪上锄了一块土，种上绿豆。直到1950年夏秋，我们兄弟姐妹都参军或参加工作，各奔东西，离开了湘乡，难得再回石塅上。只在20世纪60年代初，新农同二哥新夏去石塅上看过一次大姨妈和满舅妈、表嫂等人。

五、石塅上的主人

这是一个有着深厚文化氛围的大家族，是一个真正的书香门第。而石塅上的主人，也是当时王氏家族的族长，就是我们的外祖父王礼培。

外祖父是清末举人，著名藏书家，又是诗人。同是清末举人的徐崇立在其所抄《复壁书目》副本后记中，称外祖父"工书画，精鉴赏，收藏宏富"。东花厅是外祖父的书库，清一色乌木方柜，油黑锃亮，共三十六柜。柜门上为外祖父亲笔篆书秦代三十六郡郡名，精工雕刻，涂以醒目的绿色。柜内分两格，一律裱以丝绸，按次排列各类线装书。厅中放着一张紫檀木炕床，一张踏凳。

我们从刚上学识字就知道了什么《左传》《昭明文选》《全唐诗》《宋六十名家词》、廿四史、《湘军志》等等书名。外祖父所著《小招隐馆谈艺录》和《小招隐馆后甲子诗编》的印刷纸版也堆放在这间书库里。我们当时读不懂这些书，也不许随便去翻动，但有些书名，经大人的口却牢牢地刻在脑海中。

外祖父卧室里间还有一间书房，是他读书、校书、写作所在，也是他修补、装订所收藏线装书所在，他特别珍贵的古籍手稿和手抄本，也都珍藏在这里。珍贵手抄本《西汉文》就收藏在这间书房的大书柜内。大姨妈王慈南曾多次同我谈及珍本《西汉文》，但我年幼不懂事，只把书名记在脑子里。这部珍贵的手抄本，"文革"中被抄家散失，至今思之，实在痛心不已。

我们小时常到外祖父书房，看他读书、校书，修补线装书。我们很惊讶他圈点线装书时，用朱笔所划红色小圈，如此之圆，就像刻印出来的一样。有的书破损了，外祖父亲手修补。他小心地掀开书页的里子（线装书都是双面印刷），把破裂之处衬以小纸片粘贴、压平。新夏兄在看外祖父补书装订书页时，因人小个子矮，鼻子刚好够到书桌边，外祖父很高兴，有一次赏他一只小酒杯玩。外祖父曾孙王永年试周时，抓住一只笔，老人家特别高兴，把这个曾孙一直带在身边，由外祖母抚养，希冀这个书香之家有人继承。他没有想到革命把他的美梦粉碎了。永年一家，土改时被划为地主，他只读到小学，就再也不能升学读书，只能成为一个农民。

新农记忆中，外祖父个子中等，不胖不瘦，动作慢条斯理。他起居有时，食物以清淡为主，但也喜欢吃点扣肉，每次只吃两片。晚饭后必散步约半小时。其诗作中有一首《客有劝余服参苓者答之》："莫倚参苓托死生，婴儿武火两无争。置身月窟天根里，枯木春风自向荣。"他的养生之道是清心寡欲，寄情于诗书画，也常静坐闭目养神，他总是教导我们要坐有坐姿，行有行姿。坐要端正，行要挺直腰板，切勿弯腰驼背。

他不迷信佛道，但常读佛经、道藏，也与僧道交往，《后甲子诗编》就有好几首是赠僧道者的。他不是那种刻板的儒家,他在《客有属题孔老释迦像者》一诗中,称"万物各得时,天道常与善",对孔、老、释迦均作平常心评论,并未作特别推崇。他的诗作中有《读佛书八首》,其序曰:"昔司马温公读佛书,谓其善者,不出于吾儒,其诞者,吾不信也。儒家立言若是焉尔,全读译经得诗八首。"其诗中有"藕丝空里乾坤大,魔佛何缘抵死争",对司马光所见并不表认同。他对友人陈壬林沉迷于佛教亦不以为然。陈尔锡,字壬林,湘乡人,光绪七年乡试中举,1910 年毕业于日本帝国大学法律系,1912 年任湖南司法次长,北伐后闲居,为虔诚的佛教徒。外祖父有一道诗题曰:"陈壬林弃官佞佛,买宅西南门新作园林,为赋五小首。"说明外祖父对陈壬林虔诚信佛并不特表赞赏。

外祖父常高声吟诵诗歌,就像唱歌一样。他嗓音宏亮,夜深人静,他吟诵诗词的声音,远在半华里外的潘家老屋的人都能听到。因石塱上地势高,潘家老屋处于同一条小山谷的下风,故声音可以传得很远。邻居潘季良是中医,两家人相互往来。潘家后人亦业医,至今尚藏有王礼培所赠中医书。

外祖父吟诗时,大姨妈总是陪伴在旁。大姨妈也常吟诵诗文,留在记忆中的有这样一些温馨的往事。晚上,母亲带着我们坐在书房里,听大姨妈吟诵唐诗,外祖父躺在藤椅上闭目凝神静听。"雁门山上雁初飞,马邑阑中马正肥。昨夜阴山逢驿使,殷勤南北送征衣。""昔人已乘黄鹤去,此地空余黄鹤楼,黄鹤一去不复返,白云千载空悠悠。"……这都是大姨妈留下的声音。我考上中山大学中文系,入校初的一次班上文艺活动,我吟诵的就是崔颢的那一首千古绝唱《黄鹤楼》。

春节之际,石塱上大宅的正堂屋两边墙上都要挂上郑板桥、何绍基等名人字画,但春节一过,就要取下收箱保存,足见外祖父对这些字画的重视。

外祖父写得一笔好篆字,常有人来求,记得的有国民政府陆军将军关麟征就得到过他的一幅字。外祖父写字时,母亲就带着我们在旁观看。我们那时人小个矮,便搬张凳子,爬上去伏在桌边看他老人家写着一个个像图案样的篆字。碰到题画,更可看上半天。《小招隐馆后甲子诗编》中,有近六十首诗都是题画的。如《题徐文长画孝陵策塞图》《题华秋岳画鹭鸶》《题边寿石画芦雁小景》《八大

山人画大涤草堂图》《题倪高士画》《唐伯虎画仕女》等，所题都是
元明清著名画家作品。更早的有《题宋徽宗画富春垂钓图卷》，近人
则有《张爰为传经画四小景，笔意似白阳山人，传经请题》《张爰
自写倚松大幅，题者甚众，留隙补诗》。

　　张大千原名正权，后改名爰，字季爰，号大千，可见外祖父与
他交谊之厚。新农小时，曾见外祖父所藏张大千所赠《芋头》一幅、
齐白石所赠《荷花》一幅，都有他老人家题诗。这两幅画，表哥王
公绶一直保存在家中，"文革"中被当地贫协组长抄去，下落不明。

　　记得有一次，外祖父展开一幅大画《白云红树图》，让公绶表哥
欣赏，我们兄弟也在一旁观看。此画色彩浓艳，白云红树，对比鲜
明，亦点缀有青松绿叶。此画在我脑中至今仍印象鲜明，只是我们
当时并不懂欣赏。后来，公望表哥告诉我，此画中的绿叶是用翡翠
碾成粉末涂上去的，绝不会褪色。此画是尹金易费时四十六天画成。
外祖父有诗专题此画，其题为："和白翁自号乾秀老人，作画兼金不
易，为余画白云红树图，仿院体，青绿重色，而逸气胜之。盖自伤
老废杳然，有终焉之志。酒酣纵谈往事，若历历有所深惜者，且云
他日展览，画中人可呼余也。屡思拟题，邃难下笔，迄今四十余年，
余亦六十有六，视翁作画之年抑又过之。即成长歌，写入颂端。"其
诗曰：

> 石气青苍木脱发，高林残水送孤月。
> 瘦滕扶我短桥西，南涧题诗心超越。
> 先生隐几作天游，声出金石响清秋。
> 桂树踵蜷小招隐，岁暮蟋蛄鸣啾啾。
> 颇忆过江盛名士，六十年中射脱鞲。
> 长空雁影无留迹，蜗角蚁穴皆王侯。
> 红树青山吾欲老，白云笑我归不早。
> 峰回岭复深复深，酩酊放歌接　倒。
> 清厨爨烟供生事，萧萧槭槭叶如扫。
> 自写人天诸佛机，莫因王孙怨芳草。
> 殷勤赠我九秋图，为言此中茅可诛。
> 残年细字补画隔，想见掀髯貌清癯。

　　尹金易名锡，字和白，湘潭人。齐白石与杨度在宋人杨补之的
梅花手卷上题跋，对他的画作深为赞赏。杨度在论中国墨梅画时，

有如下一段记述：

　　前清之末，予从王湘绮师，自云湖山庄入长沙，同县老画家尹和白丈亦在，适遇湘绮师生日，亲友集贺于贾太傅祠。和丈自画通景绿萼梅屏四幅为寿，祠壁高悬，清芬满屋，枝繁花密，颇似冬心，而枝杆不为怪状。气韵自然秀逸，实予前此目所未见。予时惊叹欲绝，即询和丈画法，和丈答曰："墨梅以宋杨补之为祖，后人鲜能学者。予前在湘乡王莼农观察家，见所藏杨补之墨梅长卷，因从假得手摹一通，师之终身，故画法全与世人殊异。"予既知其所师，惟恨未见杨卷。其后二十馀年，岁在戊辰，予居北京，湘乡王绍先兄来客予家，绍先为壮武公孙莼农观察子也，其家藏杨补之梅卷，在行箧中，出以示予，墨光浅淡，不工不率，枝柔而劲，花密而匀，平淡天真，若不经意。历来画梅无此意境。尹梅奇逸，几欲过扬，若其淡雅自然，或犹不及。以吾国画史论，画梅仍推杨补之独步，尹则杨后一人而已。尹为先君画友，又为予弟重子外舅，即为重子夫妇之师，予自童时闻其谈画，然其平生江湖落拓，身无重名。予向推尹梅空前绝后，人多忽之，独同县齐君白石论与予同。因皆深知尹画师杨故也。绍先告予，扬画原有元明名人题跋甚多，昔因尹老建议分裱成为正副二卷，后经戊午（辰？）湘乱，失其副卷，幸存杨画正卷而无一跋，因索予与白石题记。予为略述历年闻见于此，兼译尹画，以明杨卷来历，及其梅法之源流等。戊辰季夏，湘潭杨度题于北平，时北京改名北平未及一月。

　　杨度文中所提王绍先，是新农的九外祖父，在石塸上曾多次相见。他后来去了香港，他的女儿（我们叫丽姑）也去了香港，他的儿子很早就到了台湾，是台湾一个炮台的司令。五外祖父王礼恒（字伯伦），其子王传栋，孙王耀祖也都早已去了台湾。

　　新农在互联网上看到一篇杨度女儿杨慧云所写回忆文章，提到王绍先是中共党员，还说他带其他中共党员（包括陈赓）常去杨度家。此文重在说明杨度晚年作为党员所作贡献。但杨慧云的回忆应有错误。王绍先是王诗正之子，壮武公王鑫之孙，他老年时还带着新娶的年纪小小的姨太太回到石塸上，受到王氏家族的非议。他绝不是中共党员。何况以当时地下党的严明纪律，也不允许多名共产党人在杨家聚会活动。杨度是周恩来介绍入党，指定单线联系人是夏衍。要不是周恩来临死前特地交代此事，即使是老一辈共产党人，也都不知道杨度是中共党员。

外祖父也善画。《小招隐馆后甲子诗编》，有《画龙重付装手偶题》一诗：

尘土沉埋不纪年，叶公心事绝堪怜。

欲将龙意商刘累，西去乘云便到天。

受外祖父指导，二姨妈王崇南也会画画，惜去世太早。《小招隐馆后甲子诗编》卷九有《女儿崇南既折且十年矣，检遗画东坡洗砚图轴题诗二首》。表姐庄灿也会画，外祖父诗中有《重题二首，女孙庄灿写洗砚图乞题》《庄灿画兰石狸奴小景，济光乞题》。济光即王公绥。最能继承外祖父衣钵的是宜舅王传书，因他最爱读书，工诗文，不幸因病英年早逝。外祖父有《尘篋得亡儿传书遗墨》诗痛悼：

平生短札数行墨，今日荒邱三尺坟。

何事聪明斩肝肾，暮山重叠灭知闻。

又有《女儿传芬检得传书咏辛夷诗，恸传书逝世已三十年，作二首并示小孙济光》：

携手西园树下行，辛夷如雪破新晴。

廿年旧梦谁能说，树老花艰识此情。

百年书锁万莓苔，尔父当年擅赋才。

恸绝芳春晴雨地，柘岗花发迟归来。

诗末他老人家有如下文字说明："一晴一雨地，半死半生人。传书病中所吟，下句出枚乘赋。"

六、石墈上的生活

我们住在石墈上时，这所大宅住了十多户人家。除了凌敏刚一家因避日寇之祸，是临时租住之外，其余全是外祖父家族的人，他们又分成众多的家庭。

外祖父、外祖母及其养子王玲石（我们叫他铁舅），他们为一家。铁舅王玲石因考不上大学，自称"无脸见江东"，后来参加青年军，去了外地未再归来。

　　大舅妈（大舅王传经早已去世）和表哥王公绥（济光）、表嫂刘道娥及他们的七个子女（他们后来还育有三个子女）自成一家。

　　五舅王传麟（君谦）时任职国民政府行政院，常住南京，但五舅妈、姨舅妈，表哥王公望（济美）、表嫂左焕璇及其子女自成一家。五舅还有一个三姨太，我们叫她纯姑，她还带着四个子女分灶煮食。纯姑原本是护士，后来去了长沙一医院工作。

　　表姐王庄灿（王彦）带着四个子女也曾回石塝上居住，和她同来的有一位姓郝的副官和一位姓李的司机。表姐夫颜寿廷是著名国军将领关麟征属下的一个辎重兵团团长，后来去了台湾。庄姐后来去长沙办了一所职业女校——纯德女校。

　　还有满舅王锡宾、满舅妈一家。满舅妈曾昭熏是曾国藩后裔，也是读了不少书，还会讲英语。表哥王公绥（济光）写得一手好字。

　　以上各家均有保姆或长工，分灶煮食。母亲带我们兄弟姊妹四人，也是一家。

　　外祖父诗文中多次提到的传芬，即大姨妈王慈南，她终生未婚，也是饱读诗书，能背诵大量古诗文，也会写古诗。外祖父给了她少许田地，可够养活自己，她独自成一家。

　　此时住在石塝上的，尚有十一外祖父（王礼绳）、十三外祖父（王礼荣）、十四外祖父（王礼实）三家，他们都各有子女。

　　另外，还有一个看门的老人危师傅，带着他的独生女（我们叫她冬姐），自煮自食，亦是一家。当年住在石塝上的应有七十多人。

　　住了这么多人，是很热闹的了，特别是小孩多，屋前屋后，跑来跑去。但因旧宅太大，许多地方我们仍不熟悉。东花厅外的外大厅，紧靠荷花池。说是有人见到狐狸精变的白胡子老头；还有人见到大厅楼梯口垂下一对穿着绣花鞋的小脚。小孩没有大人带，即使是大白天，亦不敢去那个地方。

　　这所大宅有一间很大的灶屋，灶头上有四口大锅，可容三户人家同时做饭。灶屋特别高和空阔，烧柴禾的烟容易散去。灶屋外侧有一大窗，推开窗户是三合土筑成的大水池。大宅围墙后门外有一水塘，还有菜园，水塘依靠小山，下边便是稻田。水塘是石塝上食用及洗漱用水的水源，但从灶屋到水塘至少有三百米远，取水不易。以前是用打通的竹管连接，输水入大水池。竹筒太长，已废，只能挑水吃用，甚为不便。除大灶屋外，各家分食都有小灶屋。我们家的灶屋就在住屋旁边。

石墈上的生活也颇有文化气息。有时是大人玩文学游戏，大家轮着背《水浒》一百零八将的姓名及绰号，按天罡星、地煞星的顺序排列下去，不许有错。有时是背《红楼梦》的回目和诗词，争论"怡红夜宴"的座次。《葬花词》《芙蓉女儿诔》《好了歌》等等，自小就留在我们的脑海里，当然只记得其名而已。唐诗、宋词及《岳阳楼记》等古文，我们则自小就能背诵多篇。

石墈上的另一文化生活是猜文字谜语。有一条是以《西厢记》故事打一句《孟子》："晋国天下莫强焉。"母亲给我们讲解过："普救寺，草日稀"寓一"晋"字，"花园里，或借栖"寓一"国"（繁体为國）字，"夫人抱病把头低"寓"天"字，"一炷馨香卜桃园"寓"下"字，"日暮已西沉"寓"莫"字，"张生长别离，虽有会无佳期"寓"强"字，"错认了白马将军来解围"寓"焉"字。还有字谜，也都至今仍牢牢地刻印在脑海里。"半放红梅"，谜底"繁"字；"火烧犬腹，水不能救"，谜底"灭"（繁体为滅）字，此字是从十二生肖中，戌属犬而来，不知十二生肖即不能猜出谜底。更有一字，说出谜底，亦难懂得。此谜为"左边是天，右边也是天，拿去中间两根擎天柱，是地不是天"。谜底为"非"字。原来它是从《易经》八卦而来，"非"左右都是三横，可视作乾卦"☰"，乾为天，拿去中间两根擎天柱，即去掉中间两竖，即可视为坤卦"☷"，坤为地，故说"是地不是天"。如此猜谜，让我们学到不少知识。

我还想起外祖父为我们东花厅写的春联："津渡烟花春似海，板桥灯火夜如年。"津渡即洙津渡，板桥是石墈上到潘家老屋横过小溪的小石板桥。如今小溪已只是一条小沟，原来的小溪已填土改成了公路，板桥已不复存在。一切已如云烟，永远消逝了。

七、石墈上的劫难

石墈上兴于盛世，毁于乱世。外祖父曾在自己的诗作中感叹中兴诸将的凋零，并寄希望邑人有所兴起。其实这只是一种良好的愿望，到外祖父那一代，石墈上的经济与政治地位已开始衰落。外祖父虽然代表了石墈上文化的高峰，但自他老人家去世后，战乱频仍，社会动荡，石墈上更是一落千丈。

1943 年 4 月 7 日（农历三月初三），外祖父王礼培病逝于故居石塝上，享年八十岁。五舅王君谦、表哥王公绥等人为他操办了隆重的葬礼，为期三天。前来吊唁者络绎不绝，石塝上大堂及左右横堂都挂满了挽联，其中一幅写道："摇笔动星辰，看虎将三代哲嗣；拨云赵风雨，哭龙城一代诗人。"湘乡旧称龙城，这幅挽联对仗工整，气魄宏大，很准确地概括了外祖父的出身及生平。外祖父归葬于石塝上附近的土桥。

外祖父去世一年后，1944 年 6 月，日寇铁蹄侵入湘乡，其兵力包括 40 师团及 116 师团的步兵 133 联队约 18 000 人。21 日，湘乡县城沦陷。当时驻守益阳的国民革命军 73 军接国防部电令，立即派遣 15 师为先锋部队，开往湘乡阻止日军西犯。73 军军长彭位仁、参谋长徐亚雄都是湘乡人，15 师于 22 日凌晨赶到湘乡以西 40 里的潭市，并迅速控制石狮江一带，逼日军自石狮江缩回县城。

除这次大规模的战役外，同年 1～6 月，潭市、谷水一线多次发生小规模战斗。盘踞县城的日军曾一度占领潭市，中国 73 军从兰田赶至，6 月 5 日克谷水，6 日克潭市，击毙日军三十多人。73 军所部一排长及士兵 23 人以身殉国。自此日军再未西犯，直到抗日战争胜利。

潭市收复后，当地军民为殉国战士举行了隆重的追悼大会。当时新农正在潭市聚英小学读高小，他记得聚英小学全体师生参加了追悼会，唱了"安息吧，勇士！"一歌。此歌词为新农的大哥易新亚所作，他当时是聚英小学校长，聚英小学是易氏族学，校址在潭市的易氏宗祠。

日寇占领湘乡县城后，多次出城至洙津渡一带抢掠，深宅大院是其重点目标。当时的石塝上，王公绥早已率家人逃往山区，大宅内空无一人。大概是 1944 年 6 月底的一天，日寇在石塝上抢掠完物资后，就在大宅两边的柴屋纵火，然后引火至内宅。因无人敢去救火，大宅足足烧了一天一夜，最后只剩下中间堂屋及正屋未被烧毁。大宅旁的柏树、樟树、桂花树等都着火焚烧，这些树木燃烧时散发出香味，远至两三里地都能闻到，这是后来石塝上附近居民传说的。

原来帮王家守院的危师傅早已逃出石塝上，住到离大宅不远的危家崙上。危师傅时已病重，那天夜半时分，他听女儿说石塝上着火了，他老人家长长地叹了一口气，即告别人世。这段往事是危师傅女儿说的。

据称，当时日寇在湘乡见到大宅就纵火焚烧。离石塍上不远的蒿子坪也是一栋有围墙的大宅，只不过不及石塍上壮观而已。日寇焚烧蒿子坪，是把屋子里的大衣柜点火，再引火烧屋。日寇纵火后即离去，因屋中大衣柜着火后中途倒下，蒿子坪幸免于难。

王家人避难时，将外祖父遗存的部分藏书转入一个山区较封闭的谷仓内，烧了一天一夜的大火也未殃及。外祖父的部分藏书得以幸存。

凌敏刚原为保定军校教官，他当时躲在石塍上避难，但仍未能避过日寇之祸。日寇侵湘后，凌敏刚被俘，并被逼迫充任伪职，凌威武不屈，终于被害。

我的姑祖父吴剑学曾留学日本陆军士官学校，参加过反清革命和北伐战争，历任宝庆镇守使、湘军第四军军长等职，晚年淡于名利，辞职返乡，深居简出，但也被日寇逼迫就任伪职，吴剑学不但拒绝合作，甚至拒绝用日语与对方交谈，他与凌敏刚同时被害。时重庆《中央日报》《新华日报》等均发表消息，国民政府颁令褒扬，追赠吴剑学上将衔，并将其生平事迹付国史馆。

此时遇害的还有外祖父的挚友郑家溉（前清翰林）和乡绅杨让德。杨让德早年留学日本法政学校，亦因拒任伪维持会长职，被日军以刺刀相戳，乘隙投塘自尽。他的两个孙女杨国琳、杨国琅于同时抗拒日军强暴，投井自尽。他的妻子李氏在外地闻此凶讯，悲愤而死。《湘乡民报》以《一门忠烈在杨家》为题，撰文表彰其一家坚贞崇高的民族气节。

我的堂外祖父王礼实的儿子王传业，当时尚在读中学，亦遇害。我的这位小舅舅，面对日军刺刀，坚贞不屈，高呼"打倒日本帝国主义！"被日寇砍下头颅。

据湖南省政府编《湘灾实录》（1946年），日军在湘乡杀害15 216人，打伤17 121人，污辱妇女1655人，烧毁房屋24 460栋，罪行累累，罄竹难书。本文是叙外祖父生平事迹，行笔至此，国仇家恨，涌上心头，故于此多书几笔。中国人民自甲午战争以来，受日寇侵略祸害，死难同胞何止上千万，这是国人永远不会忘记的。

1944年，石塍上受到当地土匪的骚扰。那年秋天的一个深夜，蒙面土匪闯进石塍上，五舅妈（王君谦妻）躲在正堂屋后窄长房间的大木柜下，保险箱钥匙藏在她身上。土匪捆绑姨舅妈（王君谦之妾），强灌辣椒水，姨舅妈视死如归，始终不说。土匪无奈，抢了一些零散财物后逸去，所以那次石塝上损失不大。

新中国建立后，于 20 世纪 50 年代初实行土地改革，五舅王君谦及表哥王公绥等被扫地出门，石塝上被日寇焚烧所余半个大宅，大都分给了农民。后来，富丽堂皇的旧宅被拆除，改建成一家一户的房舍。

1949 年底至 1950 年代初，内地通往香港的大门并未完全关闭，人民尚有往来自由。著名作家张爱玲曾在内地参加过土改，1952 年，她经罗湖桥移居香港，后来旅居美国。五舅王君谦那时也从香港到内地自由往返。但随着国门紧闭，他回到内地便出不去了。他把手头的金条献给政府以冀宽大，但后来仍被判刑劳改，因他曾任国民政府行政院简任官，被定为历史反革命。五舅劳改后不能再回石塝上，生产队分配他住在附近的潘家老屋。20 世纪 60 年代困难时期，五舅饿死在潘家老屋。

表哥王公绥亦曾被判劳改，后获平反，又获准搬回石塝上。表哥因在矿山劳改，得了肺矽病，于 20 世纪 80 年代初去世。

表哥王公望毕业于广西大学，后执教于湖南衡阳铁路中学，被评为湖南省特级教师，已于 20 世纪 90 年代去世。

满舅王锡宾因抽鸦片烟，花光了祖传田产，土改时划为贫民，还享受五保。大姨妈因是单身女人，又无劳动力，田产很少，只被划为小土地出租者，土改复查时，又被划为破产地主。他们仍能住在石塝上直到去世。

石塝上旧宅前的柏树、樟树等，连同旧宅大半被日寇放火烧得精光。原小溪旁的一排凤尾松，土改时分给被划为贫农的王锡宾。经济困难时期，迫于饥饿的威胁，王锡宾将它们陆续砍伐出卖尽净。旧宅后山两侧高大的璎珞柏，后来也被当地政府砍伐，作为附近一座新建小学的建材。旧宅后菜园的那口大水塘，也在 20 世纪 50 年代大跃进运动时排水填土，改造成农田了。真是山穷水尽、一无所有了。因水塘被填，住在石塝上的人取水更远。至 20 世纪 60 年代，韶山灌区渠道通过石塝上，取水已不成问题，但经过改天换地，石塝上面貌大变，已经不是原来那个石塝上了。

外祖父残存的部分藏书，1952 年土地改革时被文物部门征收，现大多藏于湖南图书馆。据称他手抄的《复壁书目》，是文管会在造纸厂的废纸堆中发现的。外祖父朱笔批注的《小招隐馆后甲子诗编》，公望表哥曾保存在他在衡阳铁路中学住宅内，"文革"时被红卫兵抄去烧毁。

2012 年 12 月 15 日，我为写《王礼培传》，曾作石塅上之游。石塅上与我半个世纪之前所见又有不同，旧宅已全无踪迹。因韶山灌区渠道由此经过，山边的小溪也都填平成公路。我只在旧宅后山边查看到当年碉楼的地基，据此回忆石塅上旧貌。表哥的小儿子王时礼与我作了简短交谈，他出生在 20 世纪 50 年代，石塅上旧宅在他脑子里只能是一片空白。失去了！永远失去了！我只能怅然而返！

图书在版编目(CIP)数据

王礼培辑 / 易新农, 夏和顺编. —北京：民主与建设
出版社, 2015.10
ISBN 978-7-5139-0809-2

Ⅰ.①王… Ⅱ.①易… ②夏… Ⅲ.①社会科学–文
集 Ⅳ.①C53
中国版本图书馆 CIP 数据核字(2015)第 236674 号

王礼培辑

出 版 人	许久文
编 校	易新农　夏和顺
责任编辑	王　颂
封面设计	长沙市宏发印刷有限公司
出版发行	民主与建设出版社有限责任公司
电 话	(010)59417749　59419770
社 址	北京市朝阳区阜通东大街融科望京中心 B 座 601 室
邮 编	100102
印 刷	长沙市宏发印刷有限公司
规 格	710mm×1000mm　1/16
印 张	16.75
字 数	247.5 千字
版 次	2015 年 11 月第 1 版　2015 年 11 月第 1 次印刷
书 号	ISBN 978-7-5139-0809-2
定 价	40.00 元

注:如有印、装质量问题,请与出版社联系。